Auf den Spuren des Geisterjaguars

Georg O. Gschwandler

Auf den Spuren des Geisterjaguars

Eine Initiationsreise durch die Regenwälder Ecuadors zu den Quellen schamanischer Kraft

HANS-NIETSCH-VERLAG

Für Heidi

Eine Lizenzausgabe des VetH Verlags, Böhl-Iggelheim

Korrektorat: Sylvia Schaible
Umschlaggestaltung: Falk Wegner, www.lightshapes.de
Innenlayout und Satz: Hans-Jürgen Maurer

Hans-Nietsch-Verlag
Postfach 228
79002 Freiburg

www.nietsch.de
info@nietsch.de

ISBN 978-3-939570-26-4

Jede Reise beginnt mit einem
ersten mutigen Schritt.

Vorwort

Schamanismus ist so alt wie die Menschheit selbst. In den Höhlen von Lascaux in Frankreich können wir Höhlenmalereien eines schamanischen Rituals aus der Steinzeit betrachten. Auf den Schamanentrommeln Sibiriens und Lapplands finden wir die Darstellungen des schamanischen Kosmos und der schamanischen Welt. Wenn wir uns über unseren Horizont hinauswagen, treffen wir schamanische Kulturen auf der ganzen Welt: in Nordamerika, Zentralasien, in den Steppen Sibiriens und an den vereisten Küsten weit im Norden. Wir finden Schamaninnen und Schamanen auch im Himalaja und im südamerikanischen Regenwald – überall dort, wo die Wildheit der Natur diese Menschen vor dem Übergriff der Zivilisation bewahrt hat. Wenn wir uns auf die Reise zu einem dieser nativen Völker begeben, die Strapazen auf uns nehmen, dann gehen wir gleichzeitig in unserem Innersten auf eine Reise und unsere bisher vergebliche Suche nach uns selbst wird zum Abenteuer; wir sammeln Erfahrungen auf einem neuen, mystischen und Heil bringenden Weg. In den schamanischen Welten erleben wir die Existenz der Verbündeten, unserer Krafttiere, Lehrer und Hilfsgeister. Mit dem Erkennen und der Erfahrung dieser Welt erweitern wir unseren Horizont und entwickeln Fähigkeiten, deren Existenz unsere Gesellschaft verleugnet und vergessen hat. Diese Welt eröffnet sich uns aber nur, wenn wir bereit sind, einen Weg abseits der boomenden Esoterikwelle zu beschreiten, und wenn wir uns bewusst machen, dass es Arbeit und persönlichen Einsatz braucht. Nur so wird das, was wir erfahren, zu authentischer Erfahrung, denn: Wissen ist nichts, Erfahrung dagegen ist alles.

1998, mitten in einer persönlichen Krise, erhielt ich von meinen Krafttieren den Auftrag, mich in den Regenwäldern Ecuadors auf die Suche nach einem Schamanen aus dem Volk der Shuar (sprich: Schuar) zu machen. Ich erhielt die Anweisung, allein zu gehen. Ohne viel über dieses Land, seine Bevölkerungsgruppen zu wissen und vor allem mit nur geringen Kenntnissen der Landessprache machte ich mich im Januar 1998 auf den Weg. Obwohl ich schon seit Jahren mit schamanischen Praktiken vertraut war, sollte diese Reise zu einem Schlüsselerlebnis in meiner schamanischen Arbeit werden. In diesem Buch geht es um meinen Weg, der mich nach Ecuador und zu meiner persönlichen, emotionalen und energetischen Mitte geführt hat; um meine Initiation durch den Schamanen der Shuar, seine Übertragung der schamanischen Kraft und meine Erlebnisse in der schamanischen Welt. Das Thema „Krankheit und Heilung“ war mir schon damals ein Anliegen und das in einem *ayahuasca*-Ritual erworbene Wissen fließt nunmehr in meine schamanischen Behandlungen ein.

Meine Erlebnisse im Regenwald sind mystisch und einschneidend gewesen und dennoch sind sie nachvollziehbar und jedem zugänglich, der bereit ist, sein bisheriges Verständnis von Realität aufzugeben und sich auf die Reise zu begeben; auf eine Reise in innere und äußere Räume, die bisher verschlossen waren, auf eine Reise in eine andere Wirklichkeit, jenseits aller Grenzen unserer Vorstellung, eine Reise in die Realität der Schamanen, der Geister und Verbündeten, die durchaus greifbar, organisch und erfahrbar ist.

1

Ich schlage die Trommel und ihr immer gleicher, monotoner Rhythmus erfüllt das Halbdunkel und durchströmt mich mit vibrierender Energie. Die wenigen Kerzen erhellen den Raum nur schlecht, aber ich brauche kein Licht, um zu erkennen, dass der Mensch, der zu meinen Füßen liegt, dringend Hilfe braucht. Der reinigende Duft von glimmendem Salbei liegt in der Luft, die Stimmung ist geheimnisvoll, mystisch. Jetzt scheint die Trommel einen anhaltenden tiefen, summenden Ton zu erzeugen – ich meine, die Schallwellen durch den Raum fliegen zu sehen. Ich knie mich nieder, betrachte die Frau vor mir. Ihr Atem geht stoßweise, sie ist aufgeregt, hat vielleicht Angst, wie ich sie hatte bei meiner ersten schamanischen Reise in eine mystische, unbekannte Welt, jenseits der alltäglichen Realität.

Die Atmosphäre im Raum hat sich verändert. Ich fühle die Anwesenheit der Geister, jener Wesenheiten aus der anderen Welt, die mir bei dieser Behandlung helfen werden. Ich fühle den Schweiß auf meinem Körper, ein sicheres Zeichen für ihre Anwesenheit. Ich schließe die Augen, aber das Bild der Frau vor mir bleibt wie eingebrannt auf meiner Netzhaut. Mein innerer Blick tastet ihren Körper ab, Zentimeter für Zentimeter suche ich nach den Eindringlingen, die ihr das Leben schwer machen. Immer tiefer dringt mein Blick in ihren Körper ein. Ich erkenne Organe, Blutgefäße, Knochen. Plötzlich wird meine Aufmerksamkeit auf eine Stelle knapp unter der untersten Rippe auf der linken Seite gezogen. Dort, tief im Gewebe, kann ich ein münzgroßes Knäuel leuchtend roter Fäden erkennen: den Eindringling. Ich lege die Trommel zur Seite, strecke die Hand aus, halte sie dicht über die Stelle, an der ich den Eindringling lokalisiert habe. Erst jetzt öffne ich die Augen. Meine Hand ruht nur wenige Zentimeter über dem Körper der Frau, auf ihrer linken Seite, knapp unter der unteren Rippe.

Nun beginnt der schwierige Teil: Es gilt, den Eindringling zu entfernen. Alles habe ich vorbereitet – die Rassel liegt bereit; Tabakwasser, um meine Hilfsgeister zu erwecken –, alles ist vorbereitet, aber bin ich es auch? Kurz macht sich Unsicherheit in mir breit, meine Gedanken beginnen abzuschweifen, mir ist schwindelig. Bilder drängen in mein Bewusstsein, Bilder vom Regenwald. Ich sehe den Schamanen der Shuar vor mir: Er lächelt. Es scheint, als amüsiere er sich über meine Unsicherheit. Er winkt mich zu sich. Ein leichter elektrischer Schlag durchzuckt meinen Körper, dann habe ich das Gefühl zu fallen. Panik steigt in mir auf … ich bin im Regenwald, über mir das Blätterdach der Baumriesen, unter mir die feuchte Erde, das Fleisch des Regenwaldes, dessen Geruch ich niemals vergessen könnte …

Hunde kopulieren am Straßenrand; Kinder suchen in Mülltonnen nach Essbarem; die Luft riecht süßlich herb … Eine faszinierende Stadt hat mich empfangen: erdrückend, fremd, schön, anders. Quito liegt auf knapp dreitausend Metern Höhe, das macht mir einfach zu schaffen. Was ich im Reiseführer gelesen habe, scheint zu stimmen: „Lassen Sie sich Zeit, sich zu akklimatisieren!" Meinen Plan, gleich am Montag nach Macas, das etwa zwei Flugstunden südöstlich von Quito liegt, aufzubrechen, lege ich daher einstweilen auf Eis.

Es ist Januar, zu Hause, in Österreich, liegt sicherlich Schnee, es ist kalt. Morgens muss man erst einmal das Auto von Schnee und Eis befreien, dann kann die Fahrt zur Arbeit auf matschiger Straße und im Nebel losgehen. Hier aber verbinde ich mit dem Gedanken an Eis die Vulkane – den Cotopaxi, den Chimborazo, den Tungurahua, alle knapp fünftausend bis sechstausend Meter hoch, mit schneebedeckten Gipfeln, einige sind noch aktiv. Doch zum Bergsteigen bin ich nicht nach Ecuador gekommen.

Meine Ziele liegen im Regenwald, bei den Shuar-Indianern im Amazonastiefland. Was für ein Gedanke!

Nach fünfzehn Stunden Flug, der Zeitverschiebung, dem schlechten Essen der Bordküche und nicht zuletzt dem abenteuerlichen Anflug auf den Flughafen von Quito bin ich unglaublich müde. Die Landung auf dem Asphaltstreifen war ebenso atemberaubend wie die Taxifahrt vom Flughafen zum Hotel. Dass ich kaum ein Wort Spanisch spreche, hat den Taxifahrer nicht daran gehindert, während der ganzen Fahrt zu reden. So viel ich verstanden habe, ist Quito die schönste Stadt überhaupt, Ecuador das schönste Land, die Ecuadorianer sind die nettesten Menschen, die Ecuadorianerinnen die schönsten Frauen und er der beste Fahrer in der Metropole ... und dort drüben kann man das beste gegrillte Meerschweinchen in der Stadt bekommen. „*Cuy rico!*", leckere Meerschweinchen. Meinem Magen ist's einerlei, der fühlt sich an wie ein harter Klumpen. Und dass die Taxifahrer hier gerissen sind, muss ich auch erkennen. Ich überlege noch, ob ich vielleicht zu viel bezahlt habe, da steckt der Fahrer meine fünf Dollar schon grinsend ein und jagt mit Vollgas davon. Egal. Hier wartet ein Bett auf mich und mit ein wenig Glück eine heiße Dusche. Der vergangene Tag hat mich ausgelaugt, die Geräusche von der Straße sind ebenso fremd wie der leicht modrige Geruch des Zimmers, der Geschmack des Wassers und das Essen in diesem Land, von dem ich bis vor drei Monaten nur wusste, dass es irgendwo in Südamerika liegt.

Einen Rundgang durch das Viertel, in dem mein Hotel liegt, breche ich frühzeitig ab und kehre um. Es wird rasch dunkel hier. Die Nähe zum Äquator lässt keine Dämmerung zu. Auf meinem Rückweg sind die Straßen menschenleer; mir begegnen nur umherstreunende Hunde, bissige Straßenköter, die mich glücklicherweise in Ruhe lassen. Im Hotel ordne ich mein Gepäck; ich bin gut ausgerüstet für meine Expedition zu den Shuar. Als ich mich kurz aufs Bett lege, um meine Finanzen zu prüfen, falle ich in einen tiefen, traumlosen Schlaf. Nur einmal wache ich durch den Lärm kämpfender Hunde auf, der von der Straße her in mein Zimmer dringt. Am nächsten Morgen wecken mich der Straßenlärm und das Zimmermädchen, das unablässig an meine Zimmertür klopft.

„*Perdón, señor!*", ruft sie mir, mit Besen und Mopp bewaffnet, entgegen, als ich die Tür öffne. Es ist kurz nach zwölf, die Sonne brennt bereits auf die Dächer der Stadt, im Hinterhof trocknet Wäsche, die Straßen sind von Lärm erfüllt ... Die Welt hat schon mal ohne mich begonnen.

Der Schlaf hat mir einen Teil meiner Energie zurückgebracht. Nach einem kräftigen ecuadorianischen Mittagessen – mit Reis, Ei und einem sehr dünnen Stück Fleisch, dazu eine große Schüssel merkwürdig aussehender Suppe, in deren trüber Tiefe ich noch ein kleines Stück undefinierbaren Fleisches entdecke, sowie einem großen Glas absolut köstlichen Fruchtsaftes – mache ich mich auf den Weg, die Millionenstadt bei Tage zu erkunden. Eigentlich hatte ich vor, weiterzufahren nach Macas, aber irgendein Gefühl sagt mir: Warte, lass die Dinge einfach geschehen. Das Warten fällt mir nicht schwer: Es gibt so viel zu bestaunen, es ist wunderbar, all die fremden, neuen Eindrücke aufzunehmen.

Die Stadt zieht sich bis auf fast dreitausend Meter hinauf. Oben wohnen die Reichen, weiter unten die Armen. Und wenn in Ecuador jemand arm ist, dann ist er wirklich arm. Nirgendwo ist mir der Unterschied zwischen Arm und Reich so deutlich entgegengetreten wie hier. Doch auch die Armen lächeln, zumindest die, denen ich begegne. Ich sehe Bettler an vielen Ecken dieser hoch gelegenen Metropole. Doch auch sie sind wohl zufrieden, aber vielleicht erscheint es mir auch nur so. Erschreckend ist das Verkehrs-Chaos. Katalysatoren und TÜV gibt es hier nicht. Am meisten verblüfft mich der Fahrstil der Ecuadorianer. Autos, Busse und LKWs fließen fast durch die Stadt. Das Hupen, das mir zu Anfang sehr auf die Nerven geht, verstehe ich bald: Es dient der Verständigung. Allerdings ist es stets ein

Abenteuer, eine Hauptstraße zu überqueren. Ein Stoppschild bedeutet nicht viel und ein Zebrastreifen gilt noch weniger … als *gringo*, als Fremder, ist man Freiwild. Ich beobachte die Einheimischen, mache es wie sie und finde mich dann ebenfalls schon bald im Gewühl und Getümmel der Großstadt am Äquator zurecht. Nachahmen funktioniert, das ist bewiesen!

Alles braucht seine Zeit. Im Grunde weiß ich, dass alles geschehen wird, wie es geschehen soll. Das war bisher immer so. Und diesmal hat mich meine Reise in ein Land geführt, das ich nicht kenne. Warum Ecuador, warum das Amazonastiefland, warum zu den Shuar-Indianern? Ich habe Zeit, noch einmal in Gedanken zurückzugehen und mich daran zu erinnern, wie ich hierhergekommen bin und wozu ich hier bin … während ich schon hier, in Ecuador, weile.

2

„Zurückblicken" heißt für mich, weiter zurückzuschauen, als mir lieb ist. Viele unangenehme Erinnerungen habe ich schon verdrängt. Seit einigen Jahren beschäftige ich mich intensiv mit Schamanismus und schamanischen Techniken. Ich habe gelernt, wie man in die nicht alltägliche Wirklichkeit reisen kann, pflege den Kontakt zu meinen Verbündeten, halte Seminare, biete Beratungen und Behandlungen an.

Vor fünfzehn Jahren wusste ich noch nichts über Schamanismus. Das einzige Bild, das ich damals von Schamanen hatte, war das allgemein bekannte der nordamerikanischen Indianer. Mit ihren Tänzen, ihren mystischen Ritualen, ihrer Kleidung und dem imposanten Federschmuck sind sie für die meisten Menschen der Inbegriff des Schamanismus – doch das sind Vorstellungen, die mit der Realität meist nicht viel zu tun haben. Dass Schamanismus ein weltweites Phänomen ist, war mir damals noch nicht bewusst. Durch meine Krankheit, die zu jener Zeit zum Ausbruch kam, lernte ich mehr über den mystischen Kosmos der Naturvölker und die Techniken, mit deren Hilfe man diesen Kosmos aufsuchen kann, um dort Rat und Hilfe für sich selbst und andere zu finden.

„Krankheit als Weg" scheint mir, wenn ich mein Leben betrachte, die treffendste Formulierung zu sein. Mit einundzwanzig Jahren, nachdem ich meinen Wehrdienst bereits absolviert und meine Berufsausbildung als Chemielaborant abgeschlossen hatte, begannen schlagartig – und es war wirklich ein Schlag für mich – meine gesundheitlichen Probleme. Ich erinnere mich nur ungern an diesen eisig kalten Wintertag, an jenen eher unangenehmen Wendepunkt, der den Beginn meiner „Lebensreise" markierte.

Auf meinem täglichen Fußmarsch zur Arbeit – ich arbeitete damals in meinem erlernten Beruf – traf es mich ohne jede Vorwarnung: ein epileptischer Anfall. Für mich folgte ein nicht enden wollender Sturz in die absolute Finsternis. Schlimmer noch als die zwanzig Minuten, in denen ich mich krümmend und stöhnend im Schnee wälzte und mir die Zunge zerbiss – wovon ich selbst nichts mitbekam –, war, dass mir nachher jede Erinnerung fehlte, und zwar noch weit über diesen Zeitraum hinaus. Wo war ich gewesen? Was war da mit mir passiert? Und wann würde es das nächste Mal geschehen? Das waren die Fragen, die mich, im wahrsten Sinn des Wortes, quälten. Tag und Nacht lebte ich in der Gewissheit, dass ich nichts dagegen tun konnte. Jeder neue Tag begann mit Angst, jeder überstandene Tag war eine Erlösung. Dann kamen die Anfälle auch nachts. Die körperlichen Begleiterscheinungen – die völlige Erschöpfung, der schmerzhafte Muskelkater und die Verletzungen durch die Stürze – waren nichts im Vergleich zu den Ängsten und der Qual der Gewissheit, dass ich nicht mehr in der Lage war, ein „normales" Leben zu führen. Die Angst fraß an meiner Seele und die Wut an meinem Herzen.

Die Schulmedizin bot Hilfe an. Etliche Stunden in Kliniken und unangenehme Untersuchungen standen für die nächsten Monate auf der Tagesordnung. Ich erhoffte mir Heilung und war bereit, alles zu tun, um diesem Zustand, dieser Hilflosigkeit, ein Ende zu bereiten. Medikamente wurden verschrieben und wieder abgesetzt, Ärzte und Krankenhäuser gewechselt. Hoffnung, Erleichterung und Rückfälle wechselten sich ab wie die Jahreszeiten. Geraume Zeit bestimmte die Krankheit unübersehbar mein Leben. Nachdem die Ärzte – so sehr sie sich auch bemühten – mich nur mit Diagnosen und Medikamenten abspeisen konnten, in meinem Terminkalender mehr Kontrolltermine als Urlaubstage auftauchten und sich keine wirkliche Besserung meines Zustandes einstellte, resignierte ich allmählich immer mehr und geriet in einen Zustand der Depression.

Bevor ich das erste Mal mit der Diagnose „Epilepsie" konfrontiert worden war, hatte ich mich nur wenig für Themen wie „Homöopathie", „Akupunktur" und andere alternative Heilmethoden interessiert. Doch jetzt hieß das neue Zauberwort „alternative Medizin". Ich wollte einfach glauben, was mir einige besorgte Bekannte und meiner Eltern gesagt hatten, nämlich dass jede *Krankheit heilbar sei. Diese Methoden und die durchaus intensiven Bemühungen meiner Homöopathin konnten mir allerdings nicht wirklich helfen. Erst ein Zufall brachte mich mit dem Schamanismus in Berührung. Ein einziges Wort in einem dieser Bücher brachte Licht in meine damals dunkle Welt: Hier wurde Epilepsie als „Schamanenkrankheit" bezeichnet. Was hatte es mit dieser Krankheit auf sich? Erst konnte ich das schwer akzeptieren und verstehen. Mein westliches Denken, geprägt durch Elternhaus und Schule, machte es mir zunächst fast unmöglich zu glauben, was ich da las … es zu glauben ist eine Sache, aber sich selbst damit in Verbindung zu bringen, eine völlig andere. Alle Werke, die ich las, jeder Querverweis, dem ich folgte, brachte ein und dasselbe Ergebnis: In allen schamanischen Kulturen, bei nahezu allen Völkern, die bis heute schamanische Techniken anwenden, gilt Epilepsie als sicheres Anzeichen, dass der Betroffene zum Schamanen berufen ist. Schon seit einiger Zeit beschäftigte ich mich mit Techniken aus der Naturmagie – ich betrachtete sie allerdings mehr als skurriles Hobby, das der Ablenkung diente, als dass ich mir von ihnen wirklich Hilfe bei der Heilung meiner Krankheit versprach. Die Parallele zum Schamanismus hatte ich da noch nicht entdeckt.*

Die „Schamanenkrankheit" zu haben ist eine Sache – sich das Wissen eines Schamanen anzueignen, die eigene schamanische Kraft zu entdecken, mit den Verbündeten in der nicht alltäglichen Wirklichkeit zu kommunizieren, Menschen zu helfen und sie zu unterstützen oder gar zu heilen, das ist natürlich etwas völlig anderes. Ich begann mich mit dem Schamanismus zu befassen, eignete mir verschiedene Techniken an und experimen-

tierte damit an mir selbst. Ich verbrachte viel Zeit in der Natur und in meinem Inneren wurde es nach und nach ruhiger. Die Dunkelheit, die mich nun schon einige Jahre umgeben hatte, schien sich mit jedem Buch, das ich las, ein wenig mehr zu lichten. Bücher können allerdings nie eigene Erfahrung ersetzen ...

Dass ich mich für Naturmagie interessierte, kam mir dabei zugute. So war ich bald vertraut mit einigen Kräften in der Natur. Nur erschienen mir die magischen Methoden zu kompliziert. Und es gelang mir nicht immer, zwischen Wunschdenken und dem, was wirklich passiert war, zu unterscheiden: Hatte ich mit einer magischen Anrufung tatsächlich Regen erzeugt oder war ich, da ich durch die magische Arbeit vielleicht etwas sensitiver geworden war, einfach nur zur rechten Zeit am rechten Ort gewesen? Die im Überfluss angebotenen Seminare brachten mir ebenfalls keine echte Befriedigung. Je mehr ich mich von der im Aufwind begriffenen Esoterikwelle abwandte, desto mehr wuchs mein Interesse am Schamanismus der Naturvölker. In ihm fand ich die Möglichkeit, ja sogar den Auftrag, selbst die nötigen Erfahrungen zu machen, meine inneren Welten zu erforschen, meinen ganz persönlichen Weg zu finden, um frei entscheiden zu können, ob ich diesen Weg nun gehen wollte oder nicht.

Schamanisch tätig zu sein, das lernte ich schnell; es war wirkliche, harte Arbeit, die man am besten ganz allein erledigt. Das ist wohl einer der markantesten Unterschiede zu den vielen anderen Selbstfindungsmethoden. „Wenn du wirklich etwas verändern willst, musst du etwas dafür tun“, so lautete mein Wahlspruch schon damals. Natürlich hatte diese Einstellung zur Folge, dass ich mich nach einiger Zeit etwas außerhalb dessen wiederfand, was in unserer Gesellschaft üblich ist. Doch ich betrachte diesen Umstand als Erweiterung und Befreiung und keineswegs als Einschränkung. Mitunter ist eben dieser von der Gesellschaft künstlich erzeugte Denkrahmen unser größtes Hindernis und der eigentliche Grund, weshalb wir so große Pro-

bleme haben, die Welt so wahrzunehmen, wie sie wirklich ist – alle existierenden Realitäten, ohne Ausnahme. Ich erinnere mich an einen Satz, den ich in Carlos Castanedas Die Lehren des Don Juan *gelesen hatte: „Realität ist etwas, worauf sich eine Gesellschaft geeinigt hat." Diese Aussage hat mich lange Zeit beschäftigt und mich neben dem Schamanenmeister in Ecuador am meisten gelehrt.*

3

Ecuador 1998 … Ich bin auf dem Weg. Meinen Rucksack habe ich zuerst einmal um gute fünf Kilo leichter gemacht. Muttis Wollsocken, Wollmütze und Schal, ein Paar Handschuhe, die Hälfte meiner Unterwäsche, Duschgel, ein großes Bowiemesser, die größere der beiden Taschenlampen inklusive Batterien, die leckeren Müsliriegel, die ich später noch vermissen werde, und zwei himmelblaue Handtücher mit gelben Enten in den Ecken finden ebenso den Weg in die Abstellkammer des Hotels wie zwei Bände von Carlos Castaneda und mein Campingbesteck. Auch die Einstellung: Was man am Körper trägt, braucht man nicht zu tragen, werfe ich über Bord; denn wer braucht schon eine Wolljacke im tropischen Regenwald? Überzeugt davon, dass ich meine Sachen bei meiner Rückkehr wiederbekommen werde, setze ich mich erwartungsfroh zu Fuß in Richtung Busbahnhof in Bewegung. Zehn Minuten später sitze ich im Taxi, das kostet vier Dollar und der Taxifahrer redet unglaublich viel – das kenne ich schon, nur dass der Wagen keine Seitenscheiben hat, ist neu.

Der Busbahnhof von Quito ist eine brodelnde Maschinen- und Menschenmasse, für den Europäer das reinste Chaos. Bei genauerem Betrachten jedoch findet sich eine Ordnung, ein funktionierender Mechanismus, der allen Nöten Rechnung trägt. Bedienstete der verschiedenen Busgesellschaften rufen laut die Ziele aus, die ihre Busse anfahren. Indianer in verschiedenen Trachten – mittlerweile kann ich eine Frau vom Stamm der Otavalo an ihrer Kleidung und vor allem an ihrem wundervollen Schmuck erkennen –, bepackt mit ihren Habseligkeiten oder mit Hühnerkäfigen, drängen sich in der Halle. Händler, die alles Mögliche und Unmögliche anbieten – von gebratenen Meerschweinchen am Spieß, frittierter Schweinehaut, Sonnenbrillen, Losen der staatlichen Lotterie, Kaugummi, Uhren, Schuhen, lädiertem Obst bis hin zu Getränken in Plastiktüten und Autoradios –, klappern systematisch jeden Bus mit Neuankömmlingen und alle Wartenden ab. Ich habe noch etwa zwanzig Minuten Zeit, also lasse ich mich von einem Händler zu einem Stück frittierter Schweinehaut überreden, das ich in mich hineinzwinge. Den Rest werfe ich in den Mülleimer. Nicht ohne schlechtes Gewissen, wenn ich die Schuhputzerkinder um einen braunen Apfel streiten sehe. Ich lerne dazu. Hier gelten andere Gesetze. Ich scheine der einzige Europäer in diesem Abschnitt des Terminals zu sein – ein Umstand, der mich nicht gerade beruhigt, habe ich doch im Reiseführer warnende Worte gelesen. Hoffentlich behält er nicht recht und mein Gepäck bleibt unangetastet.

Endlich kommt der Bus, ein bunt bemaltes ecuadorianisches Ungetüm aus den Fünfzigern, das heißt Sitze für Menschen mit knapp einem Meter sechzig Körpergröße und die Abstände zwischen den Reihen erinnern an einen Billigflieger. Es ist wenig Platz für meine einhundertzweiundachtzig europäischen Zentimeter.

Aber alles geht *tranquilo*, langsam, kein Hetzen, niemand drängelt, es ist beinahe angenehm. Während ich auf die Abfahrt hoffe, es ist drückend schwül und die Hühner im Käfig hinter mir riechen entsprechend, beobachte ich die anderen Fahrgäste: meist Indianer, auch Mestizen, alle strahlen die ecuadorianische Ruhe aus; sie sind wahre Busfahrprofis, die das gar nicht anders kennen. Das steckt an und schon bald lümmle ich, den Hut ins Gesicht gezogen, in meinem Sitz. Fast schlafe ich ein und plötzlich setzt sich unser Bus unter ungeheurem Getöse in Bewegung. Der Motor hustet schwarze Verbrennungsgase aus seinem Innersten in den Tag hinein, brüllt in den Eingeweiden kurz auf und klappert endlich fröhlich im Gleichtakt. Die Türen bleiben offen, vom Armaturenbrett blinkt mir eine große Madonnenstatue aus Plastik zu und an der Decke baumeln verblichene Fußballwimpel aus aller Welt. Österreich ist nicht dabei, was mir gleichgültig ist, denn ich bin ohnehin kein Fußballfan.

Nachdem wir die Hauptstadt und ihre schmutzigen, verfallenen Außenbezirke hinter uns gelassen haben, sind kaum noch Menschen am Straßenrand zu sehen. Wir fahren an riesigen qualmenden Müllbergen vorbei. Ich kann im Rauch Kinder erkennen, die im Müll stochern. Wir machen hie und da noch halt, um verspätete Fahrgäste aufzunehmen, überfahren beinahe ein Hundepärchen und entfernen uns von der Stadt.

Einmal steigt noch ein fliegender Händler zu und versucht Meerschweinchen am Spieß an den Mann zu bringen, doch schon bald sind wir unter uns: eine Gruppe Reisender, die für die nächsten sechs bis acht Stunden oder länger den Fahrkünsten des niemals lächelnden Busfahrers und dem Wohlwollen der blinkenden Madonna am Armaturenbrett ausgeliefert sein werden. Der Busfahrer umklammert das Lenkrad wie einen Rettungsring, das beunruhigt mich ein wenig. Doch er ist ganz aufs Fahren konzentriert trotz des Lärms, denn während der Fahrt gibt's Unterhaltung: Das Radio läuft bei voller Lautstärke.

Nach langer Fahrt ändert sich der Straßenbelag. Die Straße ist in mehr als schlechtem Zustand, meist unbefestigt, der Asphalt wurde von den Regenfällen weggespült. Die kleinsten Schlaglöcher haben etwa die Größe eines Fußballs, auszuweichen ist fast nicht möglich. Links ergießen sich von einer Felswand, deren Ende ich nicht erkennen kann, Sturzbäche auf Straße und Fahrzeuge, rechts lädt ein unglaublich tiefer Abgrund ein, sich am Sitz festzuklammern und sich an die Gebete aus seiner Kindheit zu erinnern.

Aber es ist schön … so schön, dass ich nur noch Augen für die Landschaft habe und die Schlaglöcher, die der Fahrer stets genau erwischt, gar nicht spüre. Die Landschaft ist so wild, so üppig grün und voll von geheimnisvollem Nebel, dass ich aus dem Staunen nicht herauskomme. Gewaltige Bergmassive, an den Abhängen zum Teil mit üppiger Vegetation bedeckt, von Wasserfällen durchzogen, und auf der anderen Seite dieser gigantischen Schlucht ein winziger, bunter Fleck – vermutlich ein Indianer mit seinem Esel, auf einem fast unsichtbaren Weg. Wir verlassen *el altiplano,* das Hochland, und kommen ins Tiefland; in kurzer Zeit befinden wir uns in einer anderen Klimazone.

Luftfeuchtigkeit und Temperatur steigen von Stunde zu Stunde. Wir halten nur selten an, doch gelingt es einigen Fahrgästen, den Busfahrer zu einer außerplanmäßigen Pause zu überreden. Zeit, sich die Beine zu vertreten, dem Ruf der Natur zu folgen. Ich habe endlich die Möglichkeit, ein paar Fotos zu machen. Da kriecht dichter Nebel über die Berghänge herauf, unheimlich schnell schleicht er sich an uns heran, umfängt uns mit seinen kühlen, feuchten Armen, erstickt die Gespräche zwischen den Reisenden ... und alles verliert sich in Grau. Ich denke wieder an den Regenwald, an meine Erwartungen, meine Ängste, an zu Hause. So schnell, wie er gekommen ist, reißt der Nebel wieder auf. Der Fahrer drängt zur Weiterfahrt, denn auch in Ecuador gibt es Fahrpläne, und die wollen eingehalten werden.

Viele Stunden später erreichen wir, nachdem wir eine Reihe riskanter Überholmanöver überstanden haben, das kleine Städtchen Banòs auf 1800 Metern Höhe. Es ist bekannt für seine heißen Quellen und eignet sich gut, um von hier aus Touren in die Regenwälder zu unternehmen. Banòs ist heute ein quirliges Städtchen, in dem man Globetrotter und Abenteurer findet. Allein die umgebenden Berge und den Vulkan Tungurahua mit fünftausend Metern Höhe kümmert das wenig. Die wenigen Rucksacktouristen und Bergsteiger richten keinen großen Schaden an, die Hotelbesitzer vermieten für gutes Geld saubere Zimmer und so mancher Bauer hat von der ohnehin nicht gewinnbringenden Landwirtschaft Abschied genommen und auf

Touristenausflüge mit Pferden und Mauleseln in die nahe gelegenen Berge umgestellt – wobei der Tourismus dem Bruttosozialprodukt des Landes nicht wirklich zu nutzen scheint. Die Landeswährung ist nichts wert, die Inflation steigt unentwegt, die Löhne sind lächerlich gering, die Menschen sind arm und kämpfen ums tägliche Überleben. – Man baut auf Erdöl und opfert den Regenwald. So hat alles seine zwei Seiten.

Ich bin müde, durchgeschüttelt, meine Zunge ist trocken und fühlt sich an wie Leder, ich habe Rückenschmerzen und fühle mich, als ob ich seit Tagen unterwegs wäre. Erst einmal werde ich mir ein Zimmer besorgen und duschen, wenn möglich warm, dann essen und schlafen. Morgen werde ich mich nach Führern erkundigen, sie sollen mich in den Regenwald zu den Shuar bringen.

Es zieht mich in Richtung Puyo, eines kleinen Städtchens, etwa vier Stunden Fahrt in Richtung Südosten über eine Urwaldpiste. Irgendwo zwischen Quito und Banòs habe ich beschlossen, nach dem Gefühl im Bauch zu reisen. Das scheint die beste Methode zu sein, um meine Pläne verwirklichen zu können.

4

Nachdem ich mich einige Zeit lang mit schamanischen Techniken beschäftigt hatte, in die Mystik und die nicht alltägliche Wirklichkeit eingetaucht war, stellte ich eines Tages fest, dass meine Krankheit nicht mehr mein Leben bestimmte. Sobald ich begonnen hatte, meine gesundheitlichen Probleme als Aufforderung zu verstehen, mich schamanischen Techniken zuzuwenden, ging es mir besser und besser. Ich konnte die Medikamente absetzen und gewann an Selbstvertrauen. Meine Grundstimmung verbesserte sich zusehends und vieles andere in meinem Leben veränderte sich ebenfalls zum Guten. Meine Arbeit hatte ich in der Zwischenzeit aufgegeben und mich um eine Anstellung im sozialen Bereich bemüht. Meine neue Arbeitsstelle auf der Pflegestation eines Altersheims gab mir auch die Möglichkeit, mich intensiv mit dem Thema „Sterben und Tod“ auseinanderzusetzen. So weit es mir möglich war, brachte ich auch jene Methoden in meine Arbeit ein, von denen ich überzeugt war, dass sie die Konstitution eines Menschen günstig beeinflussen. Eine Zeit des Lernens und Verstehens hatte begonnen.

Schamanisch zu arbeiten, sogenannte „Schamanenreisen“ zu unternehmen, die nicht alltägliche Wirklichkeit aufzusuchen, setzt voraus, dass man die nötigen Techniken beherrscht. Ich hatte sie mir bereits angeeignet und war dabei, sie zu vervollkommnen. Alles lief gut. Ich war anfallsfrei, konnte mein Wissen sogar in Seminaren weitergeben. Mein Leben hatte sich verändert. Und bald erkannte ich, dass ich zwar anderen helfen konnte, selbst aber feststeckte; dass ich nicht mehr vorankam, dass keine Entwicklung mehr stattfand. … Alles wiederholte sich, es stagnierte. Ernüchterung und Frustration machten sich breit.

Auf einer dieser Reisen in die schamanische Welt, ungefähr drei Monate vor meinem Flug nach Ecuador, stellte ich meinen Verbündeten – das sind Wesenheiten, die die nicht alltägliche Wirklichkeit bevölkern –, die Frage, was ich denn tun könne, um mein schamanisches Wissen zu erweitern bzw. um aus meiner Stagnation auszubrechen. Ich wollte wieder in Bewegung kommen und war bereit, dem Rat der Verbündeten zu folgen. Ihre Antwort war kurz, aber bestimmt: „Geh nach Ecuador und geh allein dorthin. Dort wirst du einen Schamanen treffen, er wird dich lehren. Er weiß, dass du kommst; er wartet auf dich." Das war mein Auftrag.

In der Ferne grollt der Donner, keine Blitze, Zwielicht. Ich stehe auf einer Lichtung im vom Tau feuchten Gras, über mir dunkle Wolken. Als ich mich umsehe, fängt mein Blick eine Bewegung auf: Im Wald, am Rand der Lichtung, bewegt sich ein schwarzer Schatten – zuerst langsam, dann immer schneller. Ich versuche zu flüchten, voller Panik, doch eine starke Kraft hält mich zurück. Meine Bewegungen sind zäh, wie eingefroren. Als ich den Schatten als Jaguar erkenne, seine Wärme, seinen heißen Atem spüre, ist es zu spät. Er springt mich an, bohrt mir seine Reißzähne in den Hals, in die Schulter.

Der Schmerz explodiert wie weißes Licht in mir, angenehm aufregend und wild. Die Umgebung zerfällt, zersplittert in Millionen schwarzer Scherben. Unter mir bricht der Boden weg, löst sich auf in Schwärze. Ich kralle mich in das Fell des Angreifers. … Es so, als ob wir uns beide stützten, uns Sicherheit gäben im Moment des Sturzes.

Bilder drängen in mein Bewusstsein, in meinen Traum – Bilder, die ich schon lange vergessen hatte: Ich sehe Untersuchungsräume, höre die Stimmen der Ärzte, sehe EEG-Kurven vor meinen Augen flimmern. Dann grollt erneut der Donner und wie von einer Welle werden wir fortgespült, weit weg, aus der Dunkelheit ins Sonnenlicht. Und dort ist alles verändert, kein

Schmerz, keine Furcht, nur Ruhe. Der Jaguar liegt vor mir und sieht mich mit gelben Augen fragend an. Er sagt etwas zu mir, ich erschrecke und frage mich: „Kann ein Tier sprechen?“ Ich verstehe nicht, was er mir sagen will. Alles dreht sich, ich falle …

Als ich aufwache, bin ich schweißnass, mein Hals und meine linke Schulter schmerzen. Im Badezimmer massiere ich vor dem Spiegel die beiden roten Flecken auf meiner Schulter. Ich muss mich wohl im Schlaf gekratzt haben. …

5

Sich einen Tag lang in Banòs aufzuhalten heißt, in seinen Bequemlichkeiten gefangen zu sein. Nach einer warmen Dusche, einem *Hamburgero total* (Ecuadors Antwort auf amerikanisches Fastfood) in der Sonne sitzen und ein dünnes Bier trinken ... so läuft man rasch Gefahr, seine Tage wie ein Tourist zu verbringen. Ich hänge fest in meinen Gedanken, eine depressive Verstimmung macht sich breit. Vielleicht liegt es auch an meinen überzogenen Erwartungen. Was bilde ich mir eigentlich ein? Ich hoffe, dass ich von einem Schamanen der Shuar-Indianer schamanische Kraft übertragen bekomme und dass er mich lehren wird. Von einem Menschen, der irgendwo im Regenwald lebt und dessen Namen ich nicht einmal kenne. Noch viel weniger weiß ich, ob ich ihm überhaupt willkommen bin. Ich weiß nicht viel über die Shuar und den Regenwald und ich folge einem Traum, einer Botschaft. Ich habe keinerlei Anhaltspunkte, fühle mich mutlos und verzweifelt. Wie leicht vergisst man doch zu vertrauen!

Natürlich habe ich mich ein wenig eingelesen in Kultur und Gesellschaft, Kunst und Mystik, die Probleme der indigenen Bevölkerung in Ecuador und ihre Lösungsmöglichkeiten. Die Ölgesellschaften dringen in bisher unberührte Regenwälder vor und vertreiben auf diese Weise die seit Generationen dort lebende Bevölkerung. Den Schamanismus der Shuar kenne ich nur aus Büchern; die Techniken, die ich in meinen Seminaren einige Zeit weitergab – bis mich die Krise einholte, wegen der ich nunmehr hier bin –, sollen denen ihrer Schamanen ähnlich sein.

Dass ihre Schamanen auch mit natürlichen, bewusstseinsverändernden Substanzen arbeiten – einige verwenden *jagé* oder *ayahuasca**, um die schamanischen Welten zu bereisen –, ist mir ebenfalls bekannt. Aber ich strebe gewiss nicht an, von der „Liane des Todes“, wie diese Pflanzendroge auch genannt wird, zu kosten. Allein schon in die andere Wirklichkeit zu reisen kann eine heftige Erfahrung sein ... ganz ohne natürliche Drogen. Außerdem habe ich mich immer von Menschen distanziert, die auf der Suche nach einem neuen, dem ultimativen Kick eine Art „Drogentourismus“ in die abgelegenen Gebiete Amazoniens und Ecuadors geschaffen haben. Fragwürdige Motive führen nun mal zu fragwürdigen Erfahrungen.

Ich bin nicht auf der Flucht vor dem täglichen Leben, sondern auf der Suche nach Wissen. Natürlich muss man beide Seiten sehen: Es gibt Menschen, die der Realität unserer Gesellschaft mithilfe von Drogen zu entfliehen versuchen, und die vom Geld verführten Indianer. Es ist schwierig geworden, die echten Schamanen oder *ayahuasqueros* zu finden. Mit den Ölgesellschaften, den wachsenden Siedlungen und Städten der Weißen und Mestizen, haben sich viele Shuar-Familien weiter in den Regenwald zurückgezogen. Pseudoschamanen und *ayahuasca* vertreibende Mestizen findet man an jedem Busbahnhof.

Die mächtigsten Schamanen leben tief in den Wäldern, treffen sich zum Erfahrungsaustausch mit den Schamanen des Hochlandes und des Amazonastieflandes und besuchen ihre geheimen heiligen Orte. Die Bevölkerung gibt den Aufenthalt ihrer weisen Männer und Frauen meist nicht mehr preis. Sie hat dazugelernt. Mit dem Tourismus kamen neue, falsche Schamanen. Für harte Dollars ermöglichen sie dem Ethnotouristen mithilfe natürlicher Drogen einen kurzen, meist erschreckenden Einblick in eine fremde, magische Welt, in der sich auch wahre

* *ayahuasca* wird sowohl die Dschungelliane *Banisteriopsis caapi* (auch: *Banisteria caapi*) als auch das Gebräu aus selbiger mit einer anderen Pflanze genannt. (Anm. d. Hrsg.)

Schamanen erst nach einer langen Zeit des Lernens und Erfahrungen-Sammelns sicher bewegen können.

So kann der Versuch, einen Südamerikaurlaub mit der Einnahme von *ayahuasca* oder anderen entheogenen Substanzen* zu verbinden, böse enden und seine Auswirkungen können den Betreffenden lange Zeit verfolgen. Ohne schamanisches Wissen – aber vor allem ohne Ehrfurcht vor der Natur und vor den Wesenheiten, die sie bewohnen – führt dieser Weg nicht zu der erhofften Erleuchtung, sondern direkt ins Nichts, in die eigene Leere, die unsere Gesellschaft in vielen von uns hinterlässt. Synonym für diesen Niedergang der echten *vegetalistas* ist wohl der Begriff *gringohuasca,* der von den Einheimischen für jenes minderwertige Gebräu gebraucht wird, das sich die *gringos* aus Europa und den USA für harte Dollars verkaufen lassen – zumindest hat dieses Gebräu eine „reinigende Wirkung". Mit der wirklichen „Medizin", mit *ayahuasca* selbst, hat es freilich nur wenig gemein.

Ein neuer Tag ist angebrochen und draußen strahlt die Sonne. Der Wetterumschwung macht mich zuversichtlich. Schließlich habe ich genügend Zeit. Auch wenn im Moment alles stillzustehen scheint, vertraue ich auf meine Verbündeten. Und so warte ich, dass irgendetwas geschieht. In den kleinen Seitenstraßen in Banòs findet man wenig Touristen. Kleine, unauffällige Büros bieten dieselben Touren an wie die Konkurrenz an der Hauptstraße – und das zu fairen Preisen. Bei allem Verständnis für die wirtschaftliche Lage des Landes und den Unterschied zu Europa gibt es immer noch Grenzen für das, was man als Führer als Lohn verlangen kann. Touristik in Reinkultur. *All inclusive* sozusagen, mit Heimatabend auf Ecuadorianisch und Gruppendynamik im Großzelt. Das Angebot ist breit gefächert,

---

* Psychoaktive Substanzen mit halluzinogenen Wirkeigenschaften (Anm. d. Hrsg.)

doch ich finde zunächst nicht, wonach ich suche. Allerdings kann ich kein riesiges Schild erwarten, das auf die Shuar-Schamanen hinweist, obwohl so manche Agentur mit dem Wort *tsantsa* (Shuar für „Schrumpfkopf") für ihre Touren wirbt und ein solcher sogar die Auslage eines Veranstalters ziert. Er hängt zwischen zwei *chonta*-Speeren, allerdings ist er aus Plastik. Im Laden kann man sie kaufen, für fünfzehn Dollar das Stück.

Entmutigt stehe ich vor dem geschlossenen Rollladen eines Büros, das sich von den Geschäftslokalen der Anbieter solcher Touren unterscheidet: keinerlei Werbung. Dem Schild über der Tür entnehme ich, so gut es mein Spanisch zulässt, dass es sich um eine Organisation von Shuar-Indianern handelt. Ich versuche gerade zu ergründen, was das Wort *fundación* wohl bedeutet, als mich ein hochgewachsener Europäer, Mitte fünfzig, auf Englisch fragt, ob er mir helfen könne. Ich erläutere ihm kurz, worum es mir geht, und lasse nebenbei die Bemerkung fallen, dass ich kein gewöhnlicher Tourist sei, sondern quasi durch meine Verbündeten beauftragt worden sei, mich auf die Suche nach einem Schamanen zu machen. Ich bin auf seine Reaktion gespannt. Ob er wohl über mich lächelt? Aber mein Gegenüber scheint aufzuhorchen. Er schickt mich auch nicht weiter zu einem der Schrumpfkopf-Anbieter. Er sei der Leiter des Büros, vor dessen verschlossenen Türen wir gerade stünden, klärt er mich auf, und da er heute sowieso nichts zu tun habe – das Büro sei zwar geschlossen, mein Anliegen erscheine ihm aber wichtig –, werde er für mich doch öffnen und versuchen, mir zu helfen.

Mike, so sein Name, macht sich an den unzähligen Schlössern zu schaffen. Ich kann meine Nervosität nicht unterdrücken, biete meine Hilfe an, aber Mike lehnt mit einem lächelnden „*Gracias, tranquilo, tranquilo, amigo*" ab. Fünf Minuten später heizt die äquatoriale Mittagssonne das Büro durch die Fenster auf und nach weiteren fünf Minuten Konversation auf Englisch stellen wir verblüfft fest, dass wir beide eigentlich gut Deutsch sprechen. Mike stammt aus Deutschland und lebt schon seit über zwanzig Jahren in Ecuador. An den Wänden des Büros finden sich Landkarten der näheren Umgebung und topografische Karten der Regenwaldgebiete, der *oriente*. Einige großformatige Fotos hinter Glas zeigen finster dreinblickende, nur minimal bekleidete Indianer, mit Blasrohr oder Flinte bewaffnet; die Kinder auf den Bildern mit großen Augen, die Frauen barbusig. Die Shuar sind Jäger; ein Volk, das einst kriegerisch lebte; sie haben ihre eigenen Gesetze, denen sich auch ein Besucher besser unterwerfen sollte ... Das zumindest scheinen die Bilder an den Wänden zu sagen und die *chonta*-Lanzen und Blasrohre, die in der Ecke neben dem altertümlichen Computer lehnen, bekräftigen das noch.

In einer anderen Ecke des Raumes lehnt ein großes, federgeschmücktes Blasrohr; daneben hängt ein Köcher mit dünnen, aber bedrohlich spitzen Pfeilen, deren Spitze geschwärzt ist – Curare, ein tödliches Pfeilgift, vermute ich. Mike, der mein Interesse spürt, erklärt mir, es sei ein Geschenk von Freunden. Nun weiß ich, dass ich einem Menschen begegnet bin, den mehr als nur geschäftliche Interessen mit den Eingeborenen verbinden und der bei den Shuar gute Freunde hat. Mehr möchte er zu diesem wertvollen Geschenk nicht erklären, scheint mir, und so trage ich ihm vorsichtig meine Gründe vor. Ich erzähle ihm, warum ich auf dem Weg zu den Shuar, zu einem ihrer Schamanen, bin und warum allein; dass ich den Auftrag, nach Ecuador zu reisen, von meinen Verbündeten aus der nicht alltäglichen Wirklichkeit bekommen habe und dass ich mir nicht sicher bin, ob es heute noch echte Schamanen in dieser Region Ecuadors gibt. Er hört zu, bietet mir schweigend lauwarmes Mineralwasser aus der Plastikflasche im Pappbecher an, die Stimmung ist gelöst. Er hört mir aufmerksam zu, nur selten stellt er eine Frage. Er hört mir ruhig zu, nickt und ich bemerke, dass ich immer zuversichtlicher werde, je mehr ich von mir preisgebe. Lange Zeit sitzen wir so beisammen. Und es tut gut zu sprechen. Die Zeit vergeht und am Ende ist es wie eine Befreiung, wie ein Abwerfen unnötigen Ballastes, der aus Sorgen und Ängsten, falschem Ehrgeiz und all den negativen Vorhersagen, die mich lange Zeit verfolgten, bestanden hat. Draußen hat sich eine gewaltige Wolkenbank vor die Sonne geschoben. Ein leichter, leiser Regen hat eingesetzt und ich kann den Geruch von nassem Asphalt riechen. Ich lehne mich in den Korbsessel zurück und sehe Mike ins Gesicht.

„Okay", sagt er, „das ist vielleicht machbar."

In diesem Augenblick wird mir klar, dass meine Reise jetzt gerade erst begonnen hat.

6

Reisen in die schamanische Welt oder, um einen Ausdruck, den der Ethnologe und Autor Carlos Castaneda geprägt hat, zu gebrauchen, Reisen in die „nicht alltägliche Wirklichkeit", sind, sofern man die Technik der Schamanenreisen beherrscht und den Zugang durch den Tunnel in diese Welt einmal gefunden hat, nicht weniger real als meine Reise nach Ecuador.

Jener Tunnel führte mich meistens an ein und denselben Ausgangspunkt der schamanischen Welt. Kurze Zeit erschien mir die Landschaft, die ich betrat, nicht so vertraut wie sonst, ich hatte Schwierigkeiten, mich zu orientieren. Da ich für gewöhnlich keine Probleme hatte, mich in dieser Welt zurechtzufinden, war ich auf die kommenden Ereignisse dieser schamanischen Reise gespannt. Etwas nicht Greifbares hing in der Luft, alles schien von einer eigenartigen Schwingung, einem fast sichtbaren Licht, durchdrungen zu sein. Die riesigen Berge, die ich als Erstes zu erblicken gewohnt war, schienen gläsern, verschwommen, vibrierend. Ich konnte diese Schwingung körperlich fühlen, schien in sie eingebettet zu sein.

Das Gehen oder vielmehr die Entsprechung des Gehens in dieser Welt fiel mir dieses Mal außerordentlich leicht. Ich verspürte einen Sog, der sich in meinem Innersten als Drang manifestierte, eine bestimmte Richtung einzuschlagen. Die Grasebene, die ich durchquerte, war jetzt nicht mehr grün, sondern intensiv blaugrün. Weit über mir, an einem wolkenlosen Himmel, glaubte ich einen Raben zu erkennen. Er wies den Weg und ich folgte seinem Schatten. Er zeigte mir, wohin ich mich wenden musste, um Antwort auf meine Frage zu bekommen. Dann wechselten in rascher Folge Wüsten und Flusslandschaften ei-

nander ab. Ich überquerte in kurzer Zeit riesige hügelige Gebiete, bahnte mir den Weg durch Schnee und Eis. Jahreszeiten wechselten, aber die Zeit stand still.

Ich gelangte an einen breiten Strom mit schlammigem, grünem Wasser. An seinem Ufer ließ ich mich nieder. Wie warm der Boden war! Über mir kreisten Vögel, von der anderen Seite des Flusses drangen die Geräusche des Waldes zu mir. Ich saß am Ufer und starrte gebannt auf das undurchdringlich wirkende Grün des Waldes. Riesige Urwaldbäume und Bananenstauden, Schlingpflanzen und Farne bildeten eine Art kompakte Masse, die sich zu bewegen schien, sich mir entgegenstreckte, um sich langsam wieder zurückzuziehen. Grünes Fleisch, Wurzelmuskeln, Organismus in Bewegung. Der Wald war ein Lebewesen, sich anpirschend, Witterung aufnehmend und sich wieder zurückziehend.

Ich fühlte ein ständiges Locken, eine Einladung, in die Tiefen des Urwaldes dort drüben vorzudringen. Und in all dem schwang das Gefühl mit, auf der anderen Seite willkommen zu sein.

Aber ich spürte ebenso, dass dort etwas auf mich wartete, etwas Großes, Wildes, ein dunkler Schatten, ein gewaltiges Tier vielleicht, das nur darauf lauerte, mich in seine Fänge zu bekommen, seine Reißzähne in mein Fleisch zu bohren und mich in Bereiche dieses Urwaldes zu verschleppen, aus denen es kein Zurück, keine Hoffnung auf Rettung mehr gab. Dorthin, wo es vielleicht einen Ort gab, der nicht den Lebenden, sondern den Seelen der Menschen vorbehalten war. Ich fühlte das Verlangen, auf die andere Seite des Flusses zu kommen, und die Angst vor dem Unbekannten hielt mich gleichzeitig zurück; ich schauderte. Die Angst vor mir selbst, die Angst, dem Schatten nicht gewachsen zu sein, nicht mehr zurückkehren zu können und für immer an diesem Ort gefangen zu sein. Doch der Wald lockte und in meinem Innersten ahnte ich, dass mir eine Prüfung bevorstand, deren Ausgang über meinen Weg entscheiden, ja vielleicht sogar den Verlauf meines weiteren Lebens bestimmen würde.

Fast vergaß ich, warum ich eigentlich in diese Welt gekommen war. Eine Frage bewegte mich seit vielen Tagen, unbewusst vielleicht sogar schon seit Monaten: Was konnte ich tun, welche Vorbereitungen waren zu treffen, damit ich dem Schamanen der Shuar im ecuadorianischen Regenwald gegenübertreten konnte, um ihn um schamanische Kraft und die tsentsak, *die unsichtbaren magischen Pfeile der Schamanen, zu bitten?*

Schon seit einigen Wochen war ich damit beschäftigt, meine Ausrüstung zusammenzustellen. Nichts wollte ich dem Zufall überlassen, gegen alles wollte ich gewappnet sein. Medikamente gegen Durchfall und Malaria, Verbandsmaterial, Desinfektionsmittel, homöopathische Mittel gegen Schlangenbisse, starke Schmerztabletten, Angelhaken, Wasseraufbereitungsmittel, Landkarten, Taschenmesser, Bergsteigernahrung … an alles hatte ich gedacht, nur um meine ganz persönliche Vorbereitung, um mein „schamanisches Reisegepäck", hatte ich mich bislang noch nicht gekümmert.

Jetzt war es an der Zeit, mich um die wirklich wichtigen Dinge zu kümmern. War ich stark genug, war ich überhaupt „würdig", mich an einen Mann zu wenden, der seit seiner Kindheit Schamanismus praktizierte; an einen Mann mit gewaltigem Wissen über die Dinge zwischen den Welten; einen Mystiker und Weisen, der sein Leben in den Dienst seines Volkes stellte, der täglich Krankheiten behandelte, mit den Seelen der Verstorbenen sprach, sich mit Geistern unterhielt und gegen Dämonen und Schwarzmagier kämpfte? Einen großen Schamanen wollte ich treffen, der schon von seinem Großvater und seinem Vater unterrichtet worden war. Aber würde er bereit sein, sein Wissen an mich weiterzugeben? Und was würde er im Gegenzug von mir verlangen? Wie musste ich mich vorbereiten? Was war zu tun, um seinen Anforderungen gerecht zu werden? Das waren die Fragen, deren Antworten ich in der nicht alltäglichen Wirklichkeit suchte.

Und wie es schien, würde mich die Antwort auf der anderen Seite dieses tiefgrünen, bodenlos scheinenden Gewässers, im Furcht einflößenden Labyrinth dieses lockenden Regenwaldes, in Form eines großen dunklen Tieres erwarten ... ich konnte seine Anwesenheit bereits spüren. Und so entschied ich mich dafür, meinem Schatten und meinen Ängsten zu begegnen. Ich wollte auf die andere Seite, den Fluss überqueren, die Antwort finden. Von früheren Schamanenreisen in jene Welt wusste ich, dass es oft einfache Lösungen für komplexe Probleme gibt.

Langsam watete ich in den Fluss. Das grünliche Wasser war zähflüssiger, als ich dachte, es war fast wie Sirup. Die starke Strömung trieb mich immer weiter flussabwärts und dabei kam ich dem anderen Ufer immer näher. Plötzlich fühlte ich eine Bewegung an meinem Bein, etwas hatte mich zu beißen versucht, nicht fest, eher so wie Katzen es tun, wenn man mit ihnen mit einem Wollknäuel spielt. Die Schwimmbewegungen waren extrem anstrengend und machten wenig Sinn, denn die Strömung hatte entschieden, wohin ich gebracht werden sollte. Die Regie hatten andere Kräfte übernommen. Es lag an mir, mich dagegen aufzulehnen oder mich treiben zu lassen. Unbestimmte Zeit trieb ich in diesem Gewässer, dann konnte ich knapp vor mir schon die ersten Zweige und Lianen erkennen, die von den Bäumen am Ufer ins Wasser ragten und der Strömung zu widerstehen versuchten.

Schließlich erreichte ich eine Stelle, umrahmt von Farnen, die sich anbot, um an Land zu gehen. Als ich an mir heruntersah, stellte ich fest, dass sich meine Kleidung im Fluss aufgelöst hatte. An manchen Stellen war meine Haut von einer grünlichen Schicht bedeckt. Ansonsten war ich nackt. In der „nicht alltäglichen Wirklichkeit", in dieser mystischen Welt, wird man keinen Touristen begegnen und so nahm ich meine Nacktheit gelassen hin, aber ein eigenartiges Gefühl der Verwundbarkeit und Ungeschütztheit blieb.

Als ich mich noch einmal zum Ufer umdrehte, lag undurchdringlicher Nebel über dem Wasser. Ich befand mich auf der

„anderen Seite“ und der Weg zurück schien mir in diesem Moment weiter und gefahrvoller als zuvor, der Fluss trügerischer und unheimlicher.

Körperlich befand ich mich in der alltäglichen Welt meines abgedunkelten und abgeschlossenen Zimmers, und doch waren meine Empfindungen in der schamanischen Welt sehr wirklich. Die Schwüle, die mir aus dem Regenwald entgegenschlug, der moderige Geruch faulenden Holzes, sogar die Berührung der Blätter empfand ich als sehr real und ich spürte, wie der kühle, nasse Waldboden unter meinen unsicheren Schritten vibrierte. Schlingpflanzen und Äste, riesige Farne und umgestürzte, mit glitschigem Moos bedeckte Bäume versperrten mir den Weg in den Wald. Erst nach einigen Versuchen an unterschiedlichen Stellen konnte ich auf allen Vieren in die erstickende Schwüle und das geheimnisvolle Dunkel eindringen.

Einige Zeit folgte ich einer Art Pfad, wobei es sich wohl eher um die ausgetretene Spur eines Tieres handelte, das immer denselben Weg zum Fluss nahm. Links und rechts von mir verlor sich mein Blick im Dunkel. Aber ich fühlte deutlich, dass etwas anwesend war, das mich beobachtete. Einige Male schien es mir, als bewege sich in angemessener Entfernung ein Schatten in dieselbe Richtung wie ich. Meine Richtung gab mir der Pfad vor. Immer noch auf allen Vieren krabbelnd, teils sogar robbend, strebte ich einem Ziel entgegen, das ich hinter einem Hügel vermutete, den ich von der anderen Seite des Flusses aus erspäht hatte. Diese Art der Fortbewegung war sehr anstrengend. Dass die körperlichen Empfindungen derart wirklich erschienen, war mir bereits auf früheren Reisen aufgefallen. Diese Reise war allerdings anders, realer und anstrengender, gefahrvoller und aufregender als alle anderen zuvor. Immer wieder rief ich mir meine Fragen ins Gedächtnis, immer wieder versuchte ich mich auf die Absicht zu konzentrieren, die ich mit diesem Besuch in der schamanischen Welt verband.

Wieder spürte ich einen Schatten neben mir und ich hatte das bleibende Gefühl, beobachtet zu werden. Der Wald veränderte sich zusehends. Anfangs flach und dicht, lichtete sich allmählich das Unterholz und das Gelände wurde steiler. Kleine Wasserläufe kreuzten meinen Weg, durch das Blätterdach der gewaltigen Baumriesen fielen Sonnenstrahlen und erhellten meinen Weg. Alles in allem schien mir der Wald nun freundlicher und weniger unheimlich als zu Anfang meiner „Expedition".

Der Schatten, der mich verfolgte, gewann an Kontur, kam näher und schon bald konnte ich eine riesige schwarze Raubkatze erkennen, ihre großen gelben Augen blitzten von Zeit zu Zeit zu mir herüber. Als ich den Schatten erkennen konnte, verschwand langsam meine Furcht vor ihm und mehr und mehr verstand ich ihn als eine Art Begleiter oder Führer, der mir auf meinem Weg zur Seite stehen würde.

Der Pfad, dem ich bisher gefolgt war, endete abrupt und ich trat hinaus auf eine sonnige Lichtung. Der Boden war trocken, die Lichtung wurde von mannshohen Farnen begrenzt, alles in allem ein einladender Ort, hell und fröhlich, ganz im Gegensatz zum Urwald, durch den ich mich bisher bewegt hatte. Ich ließ mich auf der Lichtung nieder und versuchte, meinen Begleiter auszumachen, dessen Anwesenheit ich nun deutlich spürte. Tatsächlich kam langsam, auf demselben Pfad, der mich hierhergeführt hatte, eine große, schwarz glänzende Wildkatze auf mich zu und ließ sich, nachdem sie mehrere Male um mich herumgegangen war, in einiger Entfernung von mir nieder. Es war der Jaguar aus meinem Traum. Mit ihm hatte ich gerungen, mit ihm war ich ins Nichts gestürzt.

Zu ersten Mal „sah" ich dieses gewaltige Tier aus der Nähe. Seine gelben Katzenaugen ruhten auf mir, die massiven Schultern und gewaltigen Pranken zeugten von unglaublicher Kraft. Friedlich lag der Jaguar in der Sonne und schien mich mit ebenso viel Interesse zu mustern wie ich ihn. Von mir aus hätte dieser Moment ewig dauern können, denn ich fühlte mich so beschützt und sicher wie schon lange nicht mehr. Doch schon bald stand mein Gefährte auf und ging zur anderen Seite der Lichtung, dort strebte er einem dunklen Pfad im Unterholz zu, den ich bisher noch nicht entdeckt hatte. Er drehte seinen Kopf mehrmals nach mir, so als wolle er, dass ich ihm folgte … was ich auch tat.

Nicht weit führte der Pfad in den Regenwald, schon nach wenigen Metern standen wir vor dem Eingang einer Höhle. Farne und Schlingpflanzen verdeckten diesen fast vollständig und als ich sie zur Seite schob, um einen Blick in das bedrohliche Dunkel zu werfen, schlugen mir Modergeruch und kühle, feuchte Luft entgegen. Mein Instinkt riet mir, keinen Fuß in diese unheimliche Grotte zu setzen – nackt wie ich war, ohne Licht, ohne Schutz. Doch irgendetwas trieb mich vorwärts, sagte mir, dass es um Entscheidendes gehe, und mein Begleiter gab mir zu verstehen, dass seine Aufgabe hier ende. So trat ich allein in die Dunkelheit hinein, voller Furcht … und mit der Hoffnung, hier Antworten auf meine Fragen zu finden.

Ich konnte gar nichts sehen, fühlte die kühle, feuchte und stickige Luft und tastete mich Schritt für Schritt vorwärts. Doch nach einigen Metern in dieser Höhle schienen die Wände ein fahles, flackerndes Licht auszustrahlen, das meinen Weg ein wenig erhellte. Der Gang, in dem ich mich befand, war anfangs sehr niedrig, ich konnte nicht aufrecht gehen, allerdings mindestens fünf Meter breit. Er war leicht abschüssig – ein sanfter Abstieg in die Unterwelt. Nach einiger Zeit wurde der Gang höher, machte hie und da eine leichte Kurve, wobei er weiterhin beständig abwärts führte. Die anfangs angenehm kühle Luft wurde allmählich wirklich kalt. Der Boden wurde zunehmend feuchter, stellenweise watete ich durch knöcheltiefe, schlammige Lachen und einmal passierte ich einen Engpass, an dem mir das kalte Wasser fast bis zur Hüfte reichte. Endlich öffnete sich der Gang in eine große Halle, deren Decke sich im Dunkel verlor. Ich wusste nicht, woher die Beleuchtung kam, aber in dem dämmerigen, fahlen Licht erkannte ich in der Mitte des Raumes eine Art Altar – einen Marmorblock von vielleicht zwei Metern Länge und einem

Meter Breite. Er reichte mir fast bis zu den Schultern und bei näherem Hinsehen erkannte ich, dass der Block aus einer Art weißem, schwach leuchtendem Marmor bestand und das Gewölbe auf diese Weise mit einem fahlen Licht erhellte. Als ich ihn berührte, konnte ich spüren, wie die Kälte des Steins durch meinen Arm hindurch bis in mein Herz hineinfloss.

Die Kälte, die ich fühlte, war Angst, nackte Angst, und als diese Angst mein Herz erreichte, kämpfte ich kurze Zeit gegen einen Anflug von Panik. Ich war drauf und dran, meine Reise abzubrechen und in die heimelige Wärme meines Zimmers, in die Sicherheit der alltäglichen Wirklichkeit, zurückzukehren. Doch da fühlte ich, wie ich von unzähligen groben Händen gepackt und auf den Stein gehoben wurde. Ich konnte mich nicht wehren, denn ein Teil von mir schien zu wissen, dass alles, was jetzt geschehen würde, gut für mich war. Ich konnte mich nicht bewegen, schien an Armen und Beinen auf dem Marmorblock festgebunden zu sein. Meinen Kopf vermochte ich gerade noch so zu bewegen, dass ich meinen Körper betrachten konnte.

Die Gestalten, die mich an diesen Altar gefesselt hatten, konnte ich nur als dunkle, sich schnell bewegende Schatten erkennen. Doch was sie in den Händen hielten, sah ich deutlich. Mit riesigen Messern machten sich diese Wesen von allen Seiten an meinem Körper zu schaffen. Zwar empfand ich keinen Schmerz, als sie begannen, Schicht für Schicht mein Fleisch von meinen Knochen zu trennen, aber ich fühlte etwas dem Schmerz Entsprechendes. Mit jedem Stück Gewebe, das ich verlor, fühlte ich mich erleichtert. Ich verfolgte die einzelnen Stufen meiner Auflösung weiter. Fasziniert und angeekelt zugleich sah ich, wie meine Adern aus meinem Fleisch gelöst wurden. Ich sah, wie die verschiedenen Hautschichten abgetragen und entfernt wurden; fühlte, wie die dünne, gelbliche Beinhaut von meinen Knochen gezogen wurde. Bald schon war das Fleisch sorgfältig von meinen Knochen abgetrennt worden.

Was mit meinem Kopf geschehen war, konnte ich nur erraten.

Zwar hatte ich ein Zerren und Schneiden im Gesicht gespürt, doch schienen meine Augen weiter zu funktionieren, auch wenn mein „Sehen" sich verändert hatte: Ich nahm mich wahr, wie Menschen sich vielleicht bei Nahtoderfahrungen sehen. Ich schwebte quasi über dem Geschehen und war von dort aus zum Beobachter einer grausigen Szene geworden, deren Mittelpunkt die Zerstörung meines physischen Körpers war. Meine Knochen waren glänzend weiß und wurden nun von den Nebelwesen mit einer Art Mahlstein zerstoßen und auf diese Weise zu einem weißen Pulver zermahlen. Nichts blieb übrig von mir. Mein Körper war vollständig zerlegt, auseinandergenommen und zermahlen worden – rings um den Marmorblock lagen einzelne Teile, fein säuberlich sortiert. Die Faszination siegte über meine Angst; einzig die Frage, ob ich wohl jemals wieder ganz und heil sein würde, beschäftigte mich einen kurzen Augenblick.

Dann wechselte das Szenario und ich nahm wahr, wie ich mit rasender Geschwindigkeit über eine Moorlandschaft mit kleinen Seen und Schilfgras hinwegflog. Ich hatte das Gefühl, nur mit meinem Geist zu fliegen, denn mein Körper war ja zerstört. Mein Flug endete über einer von Moos überwachsenen Landschaft, die von kleinen Tümpeln und Pfützen unterbrochenen war. Aus einiger Entfernung konnte ich beobachten, wie von unsichtbaren Händen ein weißes Pulver – ich wusste, dass es die „Essenz" meines physischen Körpers war – auf das Moos gestreut wurde. Die unsichtbare Hand zeichnete mit dem weißen Pulver menschliche Umrisse auf den moosigen Boden. Ich wurde näher zu dieser Stelle hingezogen und wurde nun Zeuge des folgenden Geschehens:

Die weiße Menschengestalt im satten Grün des Mooses wurde in das Moos hineingesaugt und als sie fast verschwunden war, wölbte sich immer deutlicher der Umriss eines menschlichen Skelettes aus dem Boden. Erst noch grün und bemoost, begannen die Knochen durch die grüne Decke hindurchzubrechen. Ich erkannte Rippen und Becken, da kamen Fingergelenke zum Vor-

schein, dort eine Kniescheibe, ein Unterschenkel, Elle und Speiche, der Schädel wuchs aus dem Moos und grinste mich aus dunklen Augenhöhlen an. Ich spürte Abscheu und Faszination, Trauer und Freude, die in mir um die Vorherrschaft kämpften. Noch nie war ich so massiv mit meiner Sterblichkeit konfrontiert worden. Vor meinem geistigen Auge wuchs ein Skelett, mein Skelett aus dem Boden; es gewann mehr und mehr an Form, verlor den Moosbewuchs, fügte sich zusammen, wurde weißer und weißer... Das Ganze mutete wie ein umgekehrter Verwesungsprozess an. Nicht lange blickte ich auf das Weiß meiner Knochen, da bildete sich rund um die Knochen neues, rosiges Gewebe; Arterien und Venen flochten sich ein, Organe füllten den Brustkorb, schon begann Blut zu zirkulieren, um das neue Gewebe mit Nahrung zu versorgen.

Noch bevor sich die verschiedenen Hautschichten über das neue Fleisch legten, stürzte ich von meinem Beobachtungsposten in diesen neuen, verwundbaren Körper hinein. Und in dem Moment, als Körper und Geist zusammentrafen, in der Sekunde des Verschmelzens, im Moment des ersten Atemzuges in diesem neuen Organismus, fühlte ich einen durchdringenden, heißen Schmerz, der in alle Bereiche meines Bewusstseins vordrang und mich mit jeder Faser meines Körpers neu verband. Etwas schien tief in mir zu explodieren und ein Teil von mir schien im gleichen Moment zu sterben, zu vergehen, von mir abzufallen wie eine Nabelschnur, die mich bisher mit der Welt verbunden, mich an sie gefesselt hatte. Ich weiß nicht mehr, ob ich damals geschrieen habe, doch ich erinnere mich an diesen ersten Atemzug, an diesen ersten Schmerz, an das erste körperliche Gefühl eines neuen Menschen in einer neuen Welt. Ich war gereinigt, war neu. Mein alter Körper – und ich wage zu behaupten, auch mein Geist – waren zerstört und vernichtet worden, um neu zu erstehen. Wie Phönix aus der Asche, aus Alt wurde Neu, eine Art „Wiederverwertung". Für meine Reise nach Ecuador sollte ich also rein sein und neu – bereit, neu zu beginnen.

Nun folgten Bilder schneller aufeinander: viele Szenen aus meiner Vergangenheit, viele negative Erinnerungen, die meine Krankheit und meinen Beruf betrafen, zogen an meinem geistigen Auge vorüber. Doch ich war jetzt in der Lage, diese Bilder mit Abstand zu betrachten, nüchterner und emotionsloser als noch vor einiger Zeit, in der ich bereits geglaubt hatte, Abstand gewonnen zu haben. Ich fühlte mich stark, stark genug, meiner Vergangenheit und meiner Zukunft zu begegnen, was auch immer mich erwarten würde.

Die Wärme, die ich nun spürte, die Zufriedenheit, die mich erfüllte, und die neue Ruhe in mir machten es mir nicht leicht, diesen Ort zu verlassen und mich auf den Weg zurück in die alltägliche Wirklichkeit zu begeben. Es war an der Zeit umzukehren. Wieder überflog ich die moosbedeckte Landschaft, diesmal spürte ich den Wind und konnte die Geschwindigkeit körperlich wahrnehmen. Und ich kam wieder in dem Raum an, in dem „archaischen Operationssaal", nur waren die Operateure verschwunden und nichts zeugte mehr von den Vorgängen, von der brutalen Zerstückelung und Zerstörung, die ich erfahren hatte.

Jetzt war ich auf dem Weg zurück ins Licht, in die Sonne. Der Weg durch den Tunnel erschien mir diesmal wesentlich kürzer. Am Eingang erwartete mich der Jaguar. Er betrachtete mich eindringlich, kam mir sehr nahe und schien mit meiner neuen Körperlichkeit sehr zufrieden. Wir überquerten die kleine Lichtung und liefen durch den Regenwald, der sich für uns öffnete, seine Wurzeln zurückzog oder tiefer in die Erde trieb. Fast wie ein roter Teppich erstreckte sich nun das Band des weichen Urwaldbodens bis an das Ufer des Flusses, an denselben Platz, an dem ich, wie mir schien, vor einer Ewigkeit an Land gekommen war. Nun war es an der Zeit, mich von meinem Gefährten zu verabschieden. Ich rang nach Worten, doch als unsere Blicke sich trafen, wusste ich, dass es nichts zu sagen gab, dass alles ausgesprochen war.

Der Jaguar war zu meinem Krafttier, meinem Ansprechpart-

ner in der mystischen Welt der Schamanen geworden. Ein unsichtbares Band würde uns für alle Zeit verbinden. Er verschwand im Grün des Urwaldes, verschmolz mit dem Regenwald zu einem Wesen, einer gewaltigen Kraft, die mich erfüllte und mich durch den Fluss trug, mich über das Land fliegen ließ, mich in das von Kerzenlicht erhellte Zimmer zurückbrachte, von dem aus ich mich auf diese Reise in die nicht alltägliche Wirklichkeit gemacht hatte. Ich brauchte einige Zeit, um wieder richtig zu mir zu kommen. Ich wurde langsam ruhiger, fühlte mich aber wie nach einem Hundertmetersprint. Doch ich war gleichzeitig erleichtert. Erleichtert, endlich mit den wirklich wichtigen Vorbereitungen begonnen zu haben. Ich war zerstückelt, zermahlen und wieder zusammengesetzt worden, also hatte ich im Grunde die beste Voraussetzung für einen Neuanfang und vor allem hatte ich Platz für neue Erfahrungen und meine Vergangenheit würde keinen Einfluss auf die Qualität dieser Erfahrungen haben. Ich war bereit, ich fühlte mich stark und frei und vor allem wusste ich, dass ich nicht allein sein würde, dass mich der Geist des Regenwaldes kannte und erwarten würde.

Zunächst brauchte ich einige Tage, um all diese Eindrücke zu verarbeiten. Ich brauchte Zeit, um sie zu ordnen. Wenn ich mich dabei ertappte, wie ich das Erlebte rein rational zu erklären versuchte, stellte ich verblüfft fest, dass – egal, welche Erklärung ich für meine Erlebnisse heranzog – mein Empfinden stets dasselbe blieb. Nichts und niemand konnte dieses Gefühl der Erneuerung und Reinigung in mir ersticken – weder der Alltag mit all seinen Hindernissen und Problemen noch manche Arbeitskollegen, die von meiner Absicht, nach Ecuador zu reisen, wussten und versuchten, mich davon abzubringen, weil sie ihre eigenen Ängste auf mich projiziert hatten. Alle Widerstände und Negativprognosen stärkten nur meine Gewissheit, dass ich auf dem richtigen Weg, meinem richtigen Weg war.

7

Ecuador 1998 ... Mike erwartet mich schon. Ich bin früh aufgestanden, um pünktlich zu sein, und im letzten Moment habe ich meine Regenjacke wieder aus dem Rucksack herausgenommen. Den größten Teil meines Bargeldes und mein Rückflugticket lasse ich ebenfalls im Hotelsafe zurück. Nur fünfzig Dollar habe ich in meinen Geldgürtel gesteckt ... für den Fall der Fälle. Was aber bekommt man wohl im Regenwald für fünfzig Dollar? Mike und ich trinken noch dünnen Pulverkaffee, als ein knallgelber Pick-up um die Kurve schlittert, was eine Staubschicht auf meinen Brillengläsern hinterlässt. Der Fahrer ist ein kleiner, dicker, übellauniger Mestize. Vermutlich hat die frühe Stunde mit seiner Gemütsverfassung zu tun, aber nach zwei oder drei Tassen Pulverkaffee mit einer riesigen Menge Zucker – „Bohnenkaffee“ ist hier ein Fremdwort – zeigt er sich freundlich. Obwohl ich meine Ungeduld kaum zügeln kann, versuche ich am gemütlichen Morgenplausch der beiden teilzunehmen, gebe mich ruhig und gelassen. Der Fahrer mustert mich abschätzig und lässt seine drei imposanten Goldzähne dabei in der Morgensonne, die durch die staubigen Fenster des Büros fällt, aufblitzen. Er murmelt – während Mike ihm die Route zu erklären versucht – irgendetwas von *gringo* und *la selva*, der Regenwald. ... Ich lasse mich nicht mehr beunruhigen.

Mike zwinkert mir zu und wir machen uns daran, die Ausrüstung auf den Pick-up zu laden. Dreimal fünf Liter Wasser in Plastikkanistern, Moskitonetz, Gummistiefel, zwei speckige Schlafsäcke, Taschenlampen, Ersatzbatterien, Proviant, bestehend aus Zucker, Salz, dem unvermeidlichen löslichen Kaffee, viele Packungen Nudeln ... alles findet Platz auf der Ladefläche des gelben Lieferwagens. Der Fahrer zurrt alles fest, murmelt dabei spanische Flüche und ist einem Wutanfall nahe, weil sich die Schlafsäcke nicht bändigen lassen und sich wieder zu entfalten beginnen. Die Schlafsackhüllen hat er zuvor als Proviantbeutel verwendet. Doch dann ist es geschafft. Alles klebt förmlich auf der Ladefläche. Die Art der Befestigung lässt Schlüsse auf die Qualität der Straße zu, die in den Regenwald führt. Und natürlich fährt eine blinkende Plastikmadonna am Armaturenbrett mit.

Ein paar Dinge, die meine Suche nach dem Schamanen betreffen, gibt mir Mike noch mit auf den Weg: Es gebe einen Schamanen in diesem Gebiet der Shuar, da ist er sich sicher, außerdem wisse er, dass dieser gerade bei einem Schamanentreffen irgendwo im Regenwald sei. Und mit „irgendwo" meine er, dass er nicht wisse, ob sich die Schamanen an einem Ort träfen, der fünf Tagesmärsche entfernt nach Westen, zwei nach Süden oder sechs nach Osten liegt. Das Gebiet, in das ich nun gebracht würde, sei allerdings etwas dichter besiedelt, erläutert mir Mike, das heiße, die Familien wohnten nur ein paar Stunden Fußmarsch auseinander. Es bestehe aber keine Möglichkeit, dem Schamanen Bescheid zu geben, dass ich komme, klärt er mich außerdem auf.

Ich steige in den Wagen und beobachte, wie der Fahrer sich ans Steuer setzt. Die Landkarte, auf der die Route eingezeichnet ist, lässt er in seinem überquellenden Handschuhfach verschwinden. Er scheint die Strecke zu kennen. Mike gibt dem Fahrer noch etwas Geld für unsere Verpflegung während der mehrstündigen Fahrt und nach einem Händedruck und guten Wünschen für die Reise sind wir endlich unterwegs ... *Buen viaje,* gute Reise!

Wir schlängeln uns aus dem Knäuel der Gassen heraus aus Banòs. Die letzten Hütten verschwinden im Nebel, der aus den Tälern an den Berghängen hinaufleckt. Endlich lassen wir die Stadt hinter uns. Bald schon verlassen wir die zwar schlecht, aber bisher immerhin durchgehend asphaltierte Straße und kommen auf eine schlammige Piste mit Schlaglöchern, so tief wie unsere Reifen, in denen stellenweise knietief rotgrauer Schlamm steht. Der Fahrer entpuppt sich als überzeugter „Nicht-Bremser". Er weicht den Schlaglöchern mit ebenso traumwandlerischer Sicherheit aus wie uns entgegenkommenden Bussen und Geländewagen, die trotz unübersichtlicher Strecke immer wieder überholen und dafür unsere Seite der Fahrbahn beanspruchen. Er fährt für mein Gefühl deutlich zu schnell, aber sicher. Anfangs bin ich beunruhigt, füge mich aber schließlich nicht zuletzt wegen meiner eingeschränkten Kommunikationsfähigkeit in das Unvermeidbare. Irgendwann gibt es keine zwei Fahrspuren mehr, auf der gesamten Fahrbahn steht fast knietief der Schlamm. Stellenweise haben Wildwasser und Muren den Straßenverlauf verändert. Felsblöcke leiten den jetzt spärlichen Verkehr wie steinerne Verkehrspolizisten durch Wasserläufe und ausgetrocknete Bachbetten. Nach einiger Zeit habe ich mich an das Rütteln des Wagens und die leisen Flüche des Fahrers gewöhnt.

Endlich bricht der Nebel auf und gibt den Blick auf einen überhängenden Fels zur linken Seite und tiefgrüne Abgründe zur rechten frei. Auf der anderen Seite der Schlucht stürzen gewaltige Wasserfälle in die Tiefe. Es scheint mir unmöglich, auf die andere Seite zu gelangen; unmöglich, diese Wände zu bezwingen. Das Wasser stürzt wohl mehrere hundert Meter in die Tiefe. Kein Mensch, kein Tier kann diese natürliche Barriere überwinden. An manchen Stellen hat die Natur über die Technik der Menschen gesiegt: von Muren zerstörte Brücken, von Schlingpflanzen überwucherte Eisenbahntrassen und Reste von Gebäuden, die vermutlich keine fünf Jahre alt sind. Nichts in diesem Klima, in dieser Umgebung, ist für die Ewigkeit gemacht; der Wald, das Wasser und die Berge werden den Kampf gegen all die menschlichen Eingriffe in die Natur – wie Wildwasserverbauung, Brücken und Tunnel, Asphalt und Eisenbahnschienen – wohl niemals aufgeben.

Unsere Piste führt bergab. Höhenmeter um Höhenmeter nähern wir uns der subtropischen Zone; wir lassen das Bergland hinter uns. Es gibt so viel zu sehen, dass ich den Fahrer schon nach einer Stunde bitte anzuhalten. Ich steige aus und sehe in den Abgrund vor mir hinab, auf der anderen Seite der Schlucht ist ein Wasserfall neben dem anderen ... und überall üppigste Vegetation. Ich versuche ein Foto zu machen und stelle ernüchtert fest, dass ich dieses Panorama unmöglich mit meiner Kamera einfangen kann. Und so stehe ich einfach nur da und staune. Auch der Fahrer, der neben mir steht, kann sich der Macht dieses Anblicks nicht ganz entziehen.

Beglückt von so viel Natur lasse ich mich in den speckigen Kunstledersitz sinken und vertraue mich wieder seinen Fahrkünsten an. Als ich rauchen will, meint er: „*No fumar!*“, ich darf nicht rauchen, und deutet auf den Aufkleber am Armaturenbrett. Die Madonna lächelt milde und ich versinke wieder in den Anblick der vorüberziehenden Landschaft auf der rechten Seite. Links ist der Fels und das wird auch noch lange so bleiben.

Endlich, nach vielen Kilometern auf der immer schlechter werdenden Piste, machen wir in einem kleinen Ort halt, der typisch für diese Gegend ist. Sein Name ist vermutlich auf keiner Landkarte zu finden. Einst von einer Ölgesellschaft als Arbeitersiedlung errichtet, sind nach dem Versiegen der Ölquelle ein paar windschiefe Hütten mit undichten Wellblechdächern, eine Handvoll Bewohner und Dutzende räudige Straßenköter zurückgeblieben. Der ganze Ort lebt scheinbar von den Einkünften einer total verlotterten Tankstelle und eines danebenliegenden Lokals. Nachdem wir den Tank gefüllt haben und uns über den Preis per Gallone mit dem etwa achtzigjährigen Tankwart geeinigt haben, gibt es Frühstück. Als wir das Lokal betreten, wird mir schlagartig übel. In der Gaststube stehen zwei schmutzige Tische, einer davon mit drei Löchern in der Tischplatte, und dazu passende Stühle. Mein Fahrer und der Koch scheinen gute Freunde zu sein und über die Begrüßung vergessen beide das Frühstück.

Für die beiden existiere ich nicht mehr und so rücke ich ein wenig von ihnen ab und beobachte die Szene mit Interesse. Die beiden Männer haben sich wohl monatelang nicht gesehen. „Ich muss lockerer werden“, denke ich bei mir, „und mit den Vorurteilen ist es auch so eine Sache. Ich bin nicht in Europa. Ich bin Richtung Regenwald unterwegs, hier ticken die Uhren anders, die Menschen leben anders.“ Langsam beginne ich zu verstehen, dass ich den Dingen ihren Lauf lassen muss. Nachdem die beiden Männer die Neuigkeiten ausgetauscht haben, kommt endlich das Frühstück: Pulverkaffee, Reis, Ei, Fleisch, etwas Weißbrot und ranzige Butter. Ich begnüge mich mit dem Kaffee. Die Milch aus der Dose macht Flocken, der Zucker ist steinhart, in ihm krabbeln Ameisen, über das Weißbrot läuft ein kleiner Käfer, kriecht unter den Tellerrand und verschwindet dann durch das Loch im Tisch. Der Fahrer vertilgt, nachdem ich ihm zu verstehen gegeben habe, dass ich keinen Hunger habe, auch meine Portion und nach einer Verabschiedung, die mindestens so lange dauert wie die Begrüßung, sitzen wir wieder im Wagen. Der Tankwart gibt ihm noch Post mit. Ich versuche die Briefe ins Handschuhfach zu stecken und schon sind wir wieder auf dem Weg.

Die Landschaft hat sich während der letzten Kilometer verändert: Zur Linken ist die Felswand mittlerweile den ersten Ausläufern des Urwaldes gewichen. Wir lassen die Schlucht hinter uns. Schotter und Kies haben den Schlamm der letzten Stunden abgelöst. Die Sonne heizt das Wageninnere trotz geöffneter Fenster unerträglich auf. Links und rechts peitschen nun die Wedel großer Farne und hohe Gräser gegen das Blech des Wagens. Schon bald folgen wir einem Weg, der gerade so breit wie unser Wagen ist und sich wie eine Schlange durch das immer dichter werdende Grün des Regenwaldes windet. Wir müssen des Öfteren anhalten, um Äste, die quer über der Fahrbahn liegen, zur Seite zu räumen. Der Fahrer beweist sein Können, als wir ein Bachbett überqueren, das nur wenig Wasser führt. Über uns beginnt sich das Grün der Urwaldpflanzen fast zu schließen. Danach beschreibt der Weg eine leichte Rechtskurve und die Räder des Wagens geraten in tiefe Spurrinnen aus braunem Schlick, die uns wie Schienen die Richtung aufzwingen ... und nach einer guten halben Stunde halten wir unvermittelt am schlammig-roten Ufer eines breiten Flusses an. Als der Fahrer den Motor abstellt, umfängt uns eine schwüle Stille, die nur von den Rufen der Vögel unterbrochen wird. Wir steigen aus, balancieren über verrottende Baumstämme langsam durch den Schlick in Richtung Ufer und lassen uns vom Rauschen des Flusses einhüllen. Ich sehe über die grünen Fluten zur anderen Seite hinüber, und was sich mir dort zeigt, erinnert mich an meine letzte Reise in die schamanische Welt, an mein Zusammentreffen mit dem Jaguar und an alles, was ich dort erlebt habe. Wie bizarr und zugleich großartig!

Auf der anderen Seite des Flusses wirkt der Regenwald wie eine grüne Wand. Lockend und dunkel scheint mich die andere Seite zu erwarten. Der Fahrer schickt einen eigentümlichen Ruf über das Wasser, dann laden wir das Gepäck ab, sitzen wenig später in der Sonne und rauchen eine Zigarette. Plötzlich erschallt vom anderen Ufer her wie ein verspätetes Echo ebenfalls ein Ruf – die Antwort auf den Ruf des Fahrers. Aus dem Dickicht steuert ein Einbaum mit zwei dunklen Gestalten auf uns zu. Es dauert etwa fünf Minuten, bis er wenige Meter vor uns ankommt und zwei Indianer dem Boot entsteigen. Wir begrüßen uns mit einem leichten und sehr flüchtigen Händedruck, der eher eine kurze Berührung der Hände ist. Danach unterhält sich mein Fahrer lange mit ihnen, was mir Zeit gibt, die beiden genauer zu betrachten: Sie sind muskulös, dunkel, mit langem, schwarzem Haar. Einer der beiden ist schweigsam, der andere, der jüngere, unterhält sich interessiert, stellt viele Fragen und blickt hie und da zu mir herüber. Ich fühle mich eigenartig, aber auch wenn ich gut Spanisch sprechen würde, könnte ich nicht viel von dem verstehen, was sie sagen. Wenn sich die beiden Indianer miteinander unterhalten, sprechen sie einen indianischen Dialekt. Also vertraue ich auf mein Gefühl und das sagt mir, dass alles in Ordnung sei.

Ich verteile großzügig Zigaretten, „... denn das bricht das Eis“, denke ich mir. Tatsächlich schenken mir meine beiden Führer nach wenigen Minuten ein breites, freundliches Lächeln und wollen mehr über mich erfahren. Antonio, der Lebhaftere, spricht ungefähr genauso gut Englisch wie ich Spanisch, das heißt, er kennt englische Wörter, aber keine Grammatik. Und so lachen wir gemeinsam über meine Spanisch- und seine Englischkenntnisse. Die Ruhe, die der schweigsame Simon ausstrahlt – bei beiden hat die Christianisierung zur Namensgebung beigetragen –, überträgt sich auf mich. Er interessiert sich für meinen schamanischen Hintergrund, doch leider stoßen wir bei unserer Verständigung schon sehr bald auf Grenzen. Meinen Namen können sie nicht aussprechen, so wird aus Georg erst das englische George, dann das spanische Jorge und später Jojo, ein Name, der mir für den Rest meines Aufenthaltes bleiben wird. Irgendwann verabschiedet sich der Fahrer. Ich gebe ihm die Hand, er lächelt breit, wünscht mir Glück. Bald stehe ich allein mit meinen beiden Shuar-Führern im Regenwald Ecuadors, an einem Fluss, dessen Namen ich nicht kenne und den zu übersetzen es nun gilt – was mir Sorge bereitet.

Simon kümmert sich um den Proviant. Antonio drückt mir einen Fünferkanister Wasser in die Hand, Moskitonetz, Schlafsack und Gummistiefel folgen. Ich bin heilfroh, dass ich so viel überschüssigen Ballast im Hotel gelassen habe.

Die Überfahrt mit dem Einbaum – für die Shuar eine leichte Übung – zeigt mir wieder einmal, wie unflexibel ich bin. Mit beiden Händen kralle ich mich am Boot fest, versuche die schlingernden Bewegungen auszugleichen und denke unentwegt daran, was alles kaputtgehen würde, falls wir kenterten. Vor allem würde ich den Fotoapparat und die Filme retten wollen. Antonio und Simon umschiffen die kleinen Stromschnellen in der Mitte des Flusses, bringen uns heil zwischen Felsen hindurch und arbeiten sich, als wir uns dem anderen Ufer nähern, gegen den Strom zur Anlegestelle hin. Dass in den Einbaum durch einen recht großen Spalt an der Seite langsam Wasser läuft, scheint sie nicht zu kümmern. Als wir anlegen, steht das Wasser im Boot knöcheltief.

Die beiden Führer entladen den Einbaum und ich trage mein Gepäck die schlammige Böschung hinauf. Die Shuar tragen jetzt jeder eine Jagdflinte über der Schulter. Nach wenigen Metern erreichen wir eine Lichtung, an deren Rand kleine Hütten aus Palmenholz und Bananenblättern stehen, und steuern auf ein größeres, auf Pfählen errichtetes Gebäude im Shuar-Stil zu. Das sei die Schule und zugleich das Versammlungshaus, klärt mich Antonio auf. Und dann erlebe ich eine herzliche und warme Begrüßung.

Im Versammlungshaus sind einige Frauen. Es wird gerade gekocht. Man bietet mir einen Platz auf einer rauen Holzbank an. Alles ist sauber und einfach: gestampfter Erdboden, eine offene Feuerstelle aus drei aneinandergelegten Baumstämmen, von der Rauch aufsteigt, der sich weit über mir unter dem kunstvoll geflochtenen Dach aus Palmwedeln sammelt und dort die Insekten vertreibt. Ein einfacher, grober Tisch, auf einer Art Regal zwei Töpfe und wenig anderer Hausrat. Von draußen dringt Kinderlachen zu mir und schon bald sehe ich mich von einer Schulklasse fünf- bis achtjähriger Kinder umringt. Sie alle grüßen, lachen, tuscheln oder stehen direkt vor mir und schauen mich mit großen dunkelbraunen Augen an. Ich staune über so viel Interesse.

Dann werden frittierte Bananen aufgetischt, man isst sie mit Salz. Es gibt eine Art Tee und ein anderes dickflüssiges, weißliches Gebräu, das ich als eine Art „Reistee“ verstehe. Kochbananen werden auf einen Palmwedel gegeben, das vor mir liegt, und alle sehen mir nun zu. Ich lobe das Essen, sehe wohl etwas zu lange zu den Frauen an der Feuerstelle, denn sie beginnen miteinander zu tuscheln und zu lachen und schauen immer wieder zu mir hin. Das geht eine ganze Weile so.

Erst kurz vor Sonnenuntergang kommen Antonio und Simon zurück. Sie waren auf der Jagd und geben mir zu verstehen, dass es Zeit ist, zu unserem Schlafplatz aufzubrechen. Die Verabschiedung nimmt etwas weniger Zeit in Anspruch als die Begrüßung und so stehen wir eine Viertelstunde später am Fuße eines dicht bewaldeten Hügels, auf dem sich unsere Unterkunft befinden soll. Bereits nach den ersten hundert Metern, die ich bergauf gehe, ahne ich, welche Anstrengungen mich in den nächsten Tagen erwarten. Der Hügel ist so steil, dass man einfach nicht vorankommt, ohne sich an Palmen, Lianen und anderem zähen Grünzeug festzuhalten. Schon bald muss ich erkennen, dass meine Kondition weit schlechter ist, als ich gedacht habe.

Die beiden Shuar geben ein schnelles Tempo vor, sie wollen den Lagerplatz noch vor Einbruch der Dunkelheit erreichen. Ich folge ihnen in meinem Tempo, mache unangenehme Bekanntschaft mit einer stacheligen Palmenart, lerne, um die messerscharfen Blätter einer bestimmten Grasart einen großen Bogen zu machen. Ich sammle Spinnweben im Gesicht und verliere fast den Anschluss, als ich versuche, große Ameisen aus meinem Hemdkragen zu bekommen. Aber endlich, Minuten, bevor der Horizont kurz rot aufflammt wie eine Explosion, auf die dann rabenschwarze Dunkelheit folgt, stehen wir auf einem kleinen Plateau, eingeschlossen von verwilderten Bananenstauden – hinter uns liegt dichter Regenwald voller exotischer Tierlaute, vor uns das Dorf und der Fluss.

Unsere Unterkunft ist eine kleine Hütte auf Pfählen mit nur einer Wand, mit bestem Ausblick auf das Unterholz ringsum. Wir breiten die Schlafsäcke aus, Simon verzichtet auf diesen Luxus. Ich habe den Eindruck, er ist wirklich ein Urwaldbewohner, hat sich mit den Gegebenheiten im Regenwald arrangiert, ist ein Teil des Waldes. Antonio nimmt die Neuerungen der Zivilisation, wie eben Schlafsack, Moskitonetz und Gummistiefel gern in Anspruch. Simon kümmert sich um das Feuer und um unser Abendessen. Schon nach kurzer Zeit hat er uns ein Mahl gezaubert, das aus Nudeln mit Chili, der hier wächst, und wilden Zwiebeln besteht. Dazu wird im weichen Plastikbecher eine Art leichter Pfefferminztee mit reichlich Zucker gereicht. Den Abschluss bildet eine bohnenförmige Frucht mit süßem, weißem Fruchtfleisch.

Ich spendiere Antonio und Simon je zwei Zigaretten. Wir sitzen noch einige Zeit am Feuer, dann rolle ich mich in meinen nach Motoröl und Rost riechenden Schlafsack ein. Der scharfe Chili brennt noch auf meinen Lippen, der Rauch des Feuers beißt in meinen Augen. Ich höre die Shuar am Feuer leise murmeln, es wird Nacht im Regenwald. Eine bleierne Müdigkeit trägt mich in den warmen Ozean des Schlafes. Traumlos treibe ich dem Morgen entgegen.

8

Am Morgen fällt es mir schwer, meine Gedanken zu ordnen und mich zu orientieren. Immer wieder gleite ich in den Schlaf zurück, aber endlich schaffe ich es, meine Augen zu öffnen. All die sirrenden Geräusche um mich, die Tierlaute, die von allen Seiten an meine Ohren dringen, und dann die Gerüche! Ich werde mir plötzlich der Fremdartigkeit des Ortes bewusst, an dem ich mich befinde. Schlagartig bin ich wach und frage mich, ob ich wirklich hier im Regenwald bin oder ob alles nur ein Produkt meiner Fantasie, nur ein schöner, intensiver Traum war. Die Schmerzen in meinem Rücken zeigen mir schnell, dass alles tatsächlich real ist. Ich versuche mich aufzurichten, da höre ich Antonio fröhlich „*Buenos días!*" rufen. Er kommt zu mir herüber und reicht mir eine Tasse mit dampfendem Tee. Ich lasse mich vom heißen Tee wärmen und genieße den wunderbaren Ausblick auf die Nebellandschaft weit unter mir. Alles trieft vor Nässe, alles wartet auf die Sonne.

Noch ist es früh am Morgen. Simon hat sich beim Frühstück selbst übertroffen. Ich hoffe, dass er dies während der ganzen Tour beibehalten wird: fingerdicke Tortillas mit klebriger Marmelade; Früchte, die ich nicht kenne, und Popcorn. Antonio gibt zu verstehen, dass wir einen anstrengenden Marsch vor uns haben. Ich esse so viel ich kann, doch meine indianischen Führer schaffen das Doppelte. Bald darauf stehen wir abmarschbereit mit Blick auf das Dorf hinunter. Antonio lässt einen Ruf über die Nebellandschaft unter uns erschallen. Die Antwort erfolgt prompt und wir setzen uns in Richtung Südosten in Bewegung. Simon geht voran und schlägt mit seiner Machete den Weg frei. Ich drehe mich noch einmal zu der Lichtung um, kann diese schon nicht mehr erkennen, glaube mich wieder in einem Traum, einer Fantasiewelt ... aber alles ist real, auch die Moskitos. Der Urwald schließt sich hinter uns wie ein Vorhang, hinter dem sich eine andere Welt verbirgt. Meine Knochen schmerzen noch von der Fahrt am Vortag und dem harten Nachtlager, doch dann lassen mich meine Neugier und mein Forscherdrang alle Hindernisse und Unannehmlichkeiten vergessen. Der Regenwald umhüllt uns, die Schwüle zaubert einen hauchdünnen Wasserfilm auf alles und nach wenigen Stunden Marsch sind wir bereits völlig durchnässt. Weiter und weiter arbeiten wir uns durch die „grüne Hölle", die ich aber nicht so empfinde, vorwärts und mir wird bewusst, dass niemand weiß, wo genau ich mich gerade aufhalte. Eltern und Freunde, meine Freundin und Ex-Kollegen wissen nur, dass ich irgendwo in Ecuador im Regenwald unterwegs bin. Diese Erkenntnis, dieses Gefühl, dem alltäglichen Wahnsinn zumindest für eine bestimmte Zeit entkommen zu sein und sich dem Zugriff der Mitmenschen entzogen zu haben, gibt mir ein Gefühl von Stärke.

Das Gefühl ist so angenehm, dass ich kurz etwas unaufmerksam bin und einen Baumstamm übersehe, der in etwa einem Meter fünfundsiebzig über dem Boden meinen Weg kreuzt und mich mit einem kurzen, holzigen „Tock!" niederstreckt. Ich sitze etwas betäubt im Matsch vor einer Straße von Blattschneiderameisen. Antonio nutzt gleich die Gelegenheit, um mich mit der Apotheke des Regenwaldes bekannt zu machen: Von einem eher unscheinbaren Strauch kratzt er etwas weißliche Rinde ab, mischt diese auf einem Bananenblatt mit Wasser, das er aus einem Blütenkelch nimmt, und füllt diese Lösung in meine hohle Hand. Eingenommen wird diese Medizin gegen Kopfschmerzen, Stirnhöhlenentzündung, Erkältung, Erschöpfung, Verwirrtheit und vieles mehr durch die Nase – ein Verfahren, das zwei Minuten heftiges Niesen und Husten zur Folge hat. Meine Kopfschmerzen verschwinden fast auf der Stelle und ich fühle mich frisch und klar wie nach einem kühlen Bad.

Sobald ich auch wieder deutlich sehen kann, machen wir uns auf den Weg. Wir überqueren kleine Wasserläufe, balancieren über umgestürzte Baumriesen und mit der Zeit wird es mir zur Gewissheit, dass der Marsch durch den Regenwald ein ständiges Auf und Ab bedeutet, dass diese Gegend nur aus kleineren und größeren Hügeln besteht. Der Urwaldboden ist durchwegs schlammig und der Urwaldpfad, dem wir folgen, hebt sich kaum vom übrigen Boden ab. Wer kein Indianer ist, wird diese Pfade im Regenwald unmöglich erkennen können. Man kommt an einen Platz und kann nicht mit Sicherheit sagen, ob man bereits hier war oder nicht – alles sieht gleich aus. Ich stelle mir vor, wie es wäre, mich ohne meine Führer zurechtfinden zu müssen. Als ich im Geist den Weg, den wir gekommen sind, zurückgehe, erinnere ich mich an mehrere Abzweigungen. Und als wir rasten, frage ich Antonio, aus welcher Richtung wir gekommen sind. Ohne zu zögern deutet er in eine Richtung, allerdings eine ganz andere als die, die ich vermutet hätte.

Diese Vorstellung erfüllt mich mit Respekt und mein Vertrauen in das Wissen und die Ortskundigkeit der beiden Shuar ist jetzt unerschütterlich. Ein Regenguss unterbricht meine dunkelgrauen Gedanken und wir stellen uns vor den riesigen Tropfen unter großen Palmwedeln unter. Im Grunde ist das sinnlos, denn nass sind wir sowieso und die Wassertropfen werden beim Aufprall auf die großen Blätter, die sich knapp ein bis zwei Meter über dem Boden befinden, fein zerstäubt. Einen Vorteil hat dieser tägliche kurze Regenguss allerdings: Moskitos und andere Insekten brauchen nun wieder einige Zeit, bis sie wieder fliegen ... und stechen können. Wir brechen wieder auf, sobald der Regen etwas nachlässt.

Wie es jetzt riecht, ist unvorstellbar! In der feuchten Luft kann ich das Wachstum, das in atemberaubender Dimension überall um uns herum zu spüren ist, förmlich riechen. Alles schmeckt nach Erde, nach Kompost, nach Moder und nach frischem Grün. Ein ständiges Sterben, ununterbrochene Umwandlung und stetes Neuentstehen von pflanzlicher und tierischer Lebensform. Ich selbst fühle mich nicht als Eindringling in dieser Welt, vielmehr als Gast, als Besucher. Und langsam, von Kilometer zu Kilometer, lerne ich, mich in dieser fremden Welt zu bewegen, finden meine Füße den richtigen Rhythmus auf dem weichen, vibrierenden Boden. Ich ducke mich automatisch, wenn Lianen herabhängen, und ich stolpere wesentlich seltener über die dicken Wurzeln der Urwaldriesen. Und bald schon lande ich nur noch dann im Matsch, wenn meine Gedanken allzu weit abschweifen, wenn ich an meine Heimat denke oder Bilder aus meiner Vergangenheit mich einholen.

Alles ist reduziert auf das Jetzt. Man denkt in Schritten. Die Zukunft liegt dreißig Zentimeter vor mir: der nächste Schritt; der Baumstamm, über den ich balancieren muss, um den kleinen Urwaldfluss zu überqueren; die Armeslänge, die fehlt, um mich an der Wurzelschlinge festhalten und hochziehen zu können; das Ducken, um unter dem gestürzten Urwaldriesen hindurchgehen zu können; der Umfang des Baumes; der Rhythmus meines Herzschlags; die Dauer des Regengusses; der Schluck Wasser und wie lange er die Kehle kühlt; der Vogelschrei …

Am späten Nachmittag denke ich an gar nichts mehr. Ich gehe einfach, mein Schritt ist sicher und ohne Mühe überwinde ich alle Hindernisse, die uns den Weg versperren. Meine Aufmerksamkeit gehört dem Regenwald und erst als wir das nächste Lager aufschlagen und ich Notizen in die feuchten Seiten meines Tagebuches schreibe, fühle ich die Anstrengung des Tages. Meine Hände zittern und ich denke wieder an meine Pläne, meine Hoffnungen und Ängste. Nicht lange, schon brennt das Feuer. Unsere nassen Kleider dampfen. Antonio interessiert sich für mein Messer und Simon sucht in der näheren Umgebung unser Abendessen. Nudeln stehen sicher auf dem Programm und von den restlichen Zutaten lasse ich mich überraschen. Der Regenwald hat viel zu bieten, spendet Schutz und Nahrung und seine Nachtmusik mit all ihren fremdartigen Tierstimmen unterhält uns, während wir still am Feuer sitzen und die Wärme genießen. Die Flammen zeichnen drei Schatten auf die Baumriesen um das Lager. Drei Männer, die gemeinsam einen Weg gehen und sich dabei kennenlernen. Einer davon bin ich ... und kurz scheint sich meine Silhouette zu verändern, nimmt vage die Kontur eines Jaguars an, aber es ist wohl nur die Müdigkeit, die meiner Wahrnehmung einen Streich spielt.

9

Als ich den Auftrag bekam, nach Ecuador zu reisen und dort einen Schamanen zu treffen, stellte sich mir die Frage, was ich ihm wohl als Gegenleistung anbieten könnte. Was sollte ich ihm geben für seine tsentsak, *die magischen Pfeile, die jeder Schamane, der behandelt und heilt, für seine Arbeit und zu seinem persönlichen Schutz benötigt, und dafür, dass er mir schamanische Kraft übertragen würde? Das machte mir entsprechend viel Kopfzerbrechen. Und je näher der Termin für meine Abreise rückte, umso intensiver suchte ich nach einer Lösung in Sachen „Bezahlung". Die Hinweise in der Fachliteratur waren mehr als dürftig. Wie sollte ich beispielsweise zwei Winchester-Gewehre, laut Literatur war das der angemessene „Preis" für die* tsentsak, *ohne Waffenschein erwerben und nach Ecuador bringen? Das Buch, aus dem ich den Tipp mit den Gewehren hatte, war allerdings gut dreißig Jahre alt. Abgesehen davon hatte ich in Erfahrung gebracht, dass die Regenwälder zum Teil sowieso schon überjagt waren, und ich wollte nicht auch noch zur Ausrottung seltener Tierarten beitragen.*

Was meine Suche nach dem richtigen Geschenk für den Schamanen anbelangte, war ich mit „schamanischer Betriebsblindheit" geschlagen. Ich hatte glatt vergessen, woher ich meine Antworten bisher bekommen hatte ... in der nicht alltäglichen Wirklichkeit würde ich sie auf jeden Fall finden. Die Planung meiner Reise und alles, was damit in der alltäglichen Wirklichkeit zusammenhing, hatte meine Vorbereitungen, die ich noch in der schamanischen Welt treffen musste, in den Hintergrund treten lassen. Auch hier war es wieder ein Traum, der mir den richtigen Weg zeigte: Alles begann ruhig und angenehm, eine sanfte

Bilderflut, Erinnerungsbrocken des vergangenen Tages, undefinierbare Stimmen im Hintergrund. Ich befand mich in einem typischen Flugtraum. Sanft zog ich über Hügel und Wälder hinweg. Sobald ich tiefer ging, genügten „Flügelschläge" mit den Armen und ich gewann wieder an Höhe. Ein sanfter und angenehmer Traum, voll von Farben, mit einem Gefühl von Geborgenheit und Sicherheit. Ich wusste, dass ich nicht allein war.

Ich konnte die Anwesenheit von etwas wahrnehmen, es war zuerst nur ein unbestimmtes Gefühl. Doch mit der Zeit schien es dicht hinter mir zu fliegen, ich konnte den heißen Atem meines Begleiters in meinem Nacken spüren. Bei allen schamanischen Reisen war ich imstande, mich bewusst in eine bestimmte Richtung zu bewegen, und ich konnte frei entscheiden und handeln. Im Traum jedoch war ich dem, was geschah, ausgeliefert. Noch flog ich über Wiesen und Wälder, in den Flüssen spiegelte sich das Sonnenlicht. Allmählich sank ich tiefer und tiefer und mit mir mein Begleiter. Ich landete sanft auf einer Wiese bei einem kleinen See. Was auch immer mich verfolgt haben mochte, es schien verschwunden zu sein. Dafür sah ich mich wieder dem schwarzen Jaguar gegenüber. Er ging um mich herum und betrachtete mich dabei eingehend von allen Seiten. Dann sah er mir tief in die Augen; er schien mir etwas sagen zu wollen. Er knurrte tief und schon war er verschwunden. Im selben Augenblick spürte ich, wie ich mich wieder in die Lüfte erhob und in rasanter Geschwindigkeit über die Landschaft hinwegflog. Weit unter mir konnte ich den Jaguar erkennen, der auf ein Waldstück zulief. Rasche Bilderfolgen und Eindrücke von Bergen und Tälern gipfelten in einer chaotischen Mischung der Begebenheiten der letzten Monate.

Ich fiel förmlich in mein Bett zurück und erwachte. Doch anders als sonst war ich hellwach und konnte mich an alle Einzelheiten des Traumes erinnern. Ich ließ meinen Traum Revue passieren und kam zu dem Schluss, dass mir der Jaguar ein Zeichen gegeben hatte. Ich sollte zu ihm kommen, eine Reise in die nicht alltägliche Wirklichkeit unternehmen, um dort eine Antwort auf meine Frage, was denn das richtige Geschenk für den Schamanen sei, zu erhalten.

Und so bereitete ich mich schon am nächsten Abend auf die Reise in die schamanische Welt vor. Ich stellte sicher, dass ich nicht gestört werden konnte. Ich stellte den Anrufbeantworter an und die Türklingel aus, zog die Vorhänge zu, machte das Licht aus und zündete eine Kerze an. Ich nahm die Trommel zur Hand und traf all die anderen rituellen Vorbereitungen, die für eine erfolgreiche Schamanenreise nötig sind. Die einzige Kerze im Raum spendete warmes Licht, die Räuchermischung in der tönernen Schale verströmte einen schweren, aromatischen Duft. Ich lag auf einer Decke auf dem Boden, meine Augen waren geschlossen und ich rief mir noch einmal den Grund für meinen Besuch in der nicht alltäglichen Wirklichkeit ins Gedächtnis: Ich wollte in Erfahrung bringen, welches Geschenk ich nach Ecuador mitnehmen sollte. Ich nahm einige tiefe Atemzüge und entspannte mich. Schon begann der Rhythmus der Trommeln mich davonzutragen. Die Trommelschläge nahmen mich mit wie eine Welle, ließen das Zimmer, in dem ich mich befand, zerfließen und schon nach wenigen Minuten hatte ich alles andere hinter mir gelassen und meine ganze Aufmerksamkeit auf das Ziel meiner Reise gerichtet. Schnell durchquerte ich den Tunnel, der mich in die „untere Welt" des schamanischen Kosmos führte. Wie auch bei allen vorhergegangenen Reisen brachte mich der Tunnel zu einer weiten Grasebene, eine Prärielandschaft, die auf der linken Seite durch einen silberhellen, breiten Fluss begrenzt wurde. Der Himmel über mir war blau, nur wenige Wolken waren zu sehen. In der Ferne leuchteten die schneebedeckten Gipfel einer Gebirgskette. Bevor ich mich auf den Weg machte, hielt ich Ausschau nach einem meiner Krafttiere – und tatsächlich, nach kurzer Zeit tauchte mein Reh auf, ein alter Gefährte, der mich immer zu den richtigen Orten geführt hatte.

Ihm folgte ich und wir gingen den Fluss entlang, der – das wusste ich – zu einer Ansiedlung führte. Nach einiger Zeit kamen wir bei den sieben kleinen Lehmhütten mit Strohdächern an. Bis auf eine waren die Hütten alle verlassen und dem Verfall preisgegeben. Doch diese eine in der Mitte der anderen Gebäude war unser Ziel. Das Reh ging mit mir bis zum Eingang. ... Das einzige Licht in der Hütte fiel durch die Löcher im Dach und in den Wänden. Und so konnte ich zuerst nicht so viel erkennen, doch schon bald nahm ich Einzelheiten war: Von den Wänden hingen verschlissene Decken mit mexikanischen Mustern; an Haken verschiedene Gebrauchsgegenstände wie Pfannen und Messer, eine riesige Machete, unzählige dunkle, glänzende Lederbeutel und im Stroh des Daches waren viele kleine Büschel wohlriechender Kräuter befestigt. Die Sonne, die durch ein Loch in der Mauer knapp unterhalb des Daches fiel, erhellte die Mitte des Raumes. Der Innenraum stand in keinem Verhältnis zu dem Eindruck, den dieses kleine, schäbige Gebäude aus Stroh, Lehm und Holz dem Betrachter von außen bot. Ich hatte mit meinem Eintreten so viel Staub aufgewirbelt, dass er noch einige Zeit im grellen Sonnenlicht vor meinen Augen tanzte.

Auf dem Boden saß ein alter Mann, fast schon ein Greis, im Schneidersitz. Um ihn herum konnte ich unzählige Lederbeutel, Steine, geschnitzte Knochen und Dinge sehen, die ich nicht genau erkennen oder deuten konnte. Wie ein fliegender Händler, ein Krämer im Basar, hatte er seine „Schätze" vor und neben sich ausgebreitet. Einige der Säckchen und Beutel verloren sich im Dunkel der Hütte, aber der von der Sonne beschienene Bereich war voll von den absonderlichsten Dingen. Der alte Mann blickte zu mir auf und sein Blick befahl mir, mich ihm gegenüber niederzusetzen. Das tat ich und wir sahen uns eine lange Zeit schweigend an.

Der Alte schien indianischer Abstammung zu sein. Die hohen Wangenknochen und seine Hautfarbe, waren typisch indianisch, aber die Augenform verriet einen asiatischen Einfluss. Je genauer ich sein Gesicht betrachtete – er ließ das ohne Scheu oder Ab-

lehnung über sich ergehen –, desto mehr Menschentypen konnte ich in diesem von Wind und Wetter gegerbten, zweifellos schönen Gesicht wiederfinden. Alle Stämme der Menschen schienen sich in seinem Gesicht zu vereinen, alle Völker hatten ihm ihren Stempel aufgedrückt: die Inuit, die Crow, Cheyenne und Lakota, die Shuar und Jivaro, die Jakuten und Eweken, Mandschu und Tungusen, Europa und Afrika, Ost und West. Sein Alter wie seine Herkunft schienen ebenfalls unbestimmbar. So saß ich vor ihm und wenn er nicht gefragt hätte, weshalb ich zu ihm gekommen war, ich hätte ihn vermutlich noch Stunden angesehen und all die Völker und Zeitalter, die er verkörperte, an mir vorbeiziehen lassen. Dann richtete er das Wort an mich. Seine Stimme knarrte wie altes Leder, war tief und angenehm. Ich war weniger vom Klang seiner Stimme überrascht als von dem, was er sagte. Ich hatte erwartet, dass er mich danach fragen würde, was ich von ihm wolle, dass ich ihm erläutern müsste, was ich vorhatte, aber er wusste es bereits.

Mit seiner Linken wies er auf die Säckchen und Lederbeutel, die auf einem Tuch mit verblassendem rotem Muster ausgebreitet waren, und er fragte mich: „Was nimmst du mit?“ Ich war verblüfft, diese Frage schien mir nicht eben leicht zu beantworten zu sein. Vor allem hatte ich keine Ahnung, was sich in all diesen Beuteln befand. Noch einmal stellte der Alte diese Frage und diesmal schien ein wenig Ungeduld in seiner Stimme mitzuschwingen. „Was nimmst du mit?“

Die Frage hämmerte hinter meinen Schläfen, ich wand mich innerlich, suchte nach einer Antwort. Schließlich versuchte ich mich zu entspannen und betrachtete die ausgebreiteten Säckchen und Beutel näher. Alle schienen relativ alt zu sein, abgegriffen, zum Teil waren noch Muster auf dem Leder zu erkennen. Die Beutel schienen aus verschiedenen Kulturkreisen zu stammen. Ich konnte indianische Motive und asiatische Drachen oder Symbole erkennen, wie ich sie aus Büchern von den Schamanen der Sami kannte. Alle schamanischen Kulturen schienen hier vertreten zu sein. Schließlich fiel mein Blick auf einen Lederbeutel neueren Ursprungs, der sich durch die Farbe von den anderen unterschied. Er war heller und bunter als sie. Und nachdem ich ihn eingehend betrachtet hatte, fiel es mir wie Schuppen von den Augen: Es war einer meiner beiden Lederbeutel, in denen ich meine Kraftobjekte und auch kleine Mengen einer Räuchermischung aufbewahrte! Auch mein Beutel, mein *schamanisches Werkzeug, war hier an diesem Ort zu finden. Diese Erkenntnis erfüllte mich mit Stolz und als ich dem Alten ins Gesicht blickte, lächelte er und nickte. Ich nahm den Beutel an mich, öffnete ihn und fand darin einen Bergkristall, schimmernd, ungeschliffen, mit drei Spitzen und einer Basis aus vielen kleinen Nadeln. Was ich in Händen hielt, war das Geschenk für den Schamanen. Und tatsächlich: Schon am nächsten Tag sollte ich diesen Stein in einem Geschäft für Heilsteine und Mineralien finden.*

Der Alte lächelte und sagte sehr leise: „Gut, gut und komm wieder."

Ich begriff, dass es an der Zeit war zu gehen, dankte dem Alten und versprach wiederzukommen. Den Beutel mit dem Kristall ließ ich zurück, ich musste den Kristall in der alltäglichen Wirklichkeit, in der Realität des Alltages und des Geldes, finden. Es hat eben jedes Ding, vor allem jedes Kraftobjekt, seine Entsprechung in der schamanischen Welt und umgekehrt. Ich trat aus der Hütte heraus und da wartete schon mein Reh, aber hinter dem Reh – nur wenige Meter von mir entfernt – sah ich den schwarzen, glänzenden Körper des Jaguars. Er war uns gefolgt und hatte uns hierher begleitet. Voll Freude ging ich auf ihn zu, er richtete sich auf, berührte mich mit seiner Schulter, schritt stolz und stark an mir vorbei und verschwand in der Hütte des Alten, aus der ich eben in die Sonne hinausgetreten war.

Ich drehte mich noch einmal zum Eingang der Hütte um und erhob meine Hand zum Gruß, aber dieser war nun mit einem bunten Tuch verhängt. Es war Zeit zu gehen, zurückzukehren in die andere Realität. Der Bergkristall, den ich am darauffol-

genden Tag kaufte, glich dem, den ich in dem Lederbeutel in der nicht alltäglichen Wirklichkeit gesehen hatte, sehr. Ich verstaute ihn in dem Lederbeutel, der mir bisher zur Aufbewahrung meiner Kraftobjekte gedient hatte, und von diesem Tage an trug ich ihn immer an meinem Gürtel. Endlich hatte ich das Geschenk für den Schamanen gefunden. Ich war bereit!

10

Ecuador 1998 ... Auch dieser Morgen beginnt, wie alle vorhergehenden und diejenigen, die noch folgen werden, feucht. Über Nacht hat meine Kleidung kaum die Möglichkeit gehabt zu trocknen. Also wieder rein in die nassen Klamotten und die feuchten Gummistiefel von Insekten befreien ... irgendwann werde ich mich schon daran gewöhnen. Antonio und Simon sind schon lange auf den Beinen. Das Feuer brennt, der Rauch treibt mich aus meinem feuchten Schlafsack. Meine beiden Begleiter mustern mich besorgt, ob ich wohl fit genug bin für die nächste Etappe. Simon fragt nach, ob ich in der Nacht „etwas gesehen hätte", vermutlich will er wissen, ob ich einen Traum oder eine Vision hatte. Doch ich hatte nichts von beidem, ich kann nur Moskitostiche vorweisen und die dunklen Ringe unter meinen Augen sprechen vermutlich Bände. Nach Simons üppigem Frühstück und drei Tassen schwarzem Pulverkaffee fühle ich mich tatsächlich besser. Bald schon habe ich mich wieder an das Gewicht meines Rucksacks gewöhnt; nach den ersten Kilometern fühle ich mich fit und bin voller Erwartung.

Doch heute ist irgendetwas anders als gestern. Heute scheint der Regenwald bedrohlicher, er scheint voller Augen, voller Wesen zu sein – Wesen aus einer immateriellen Welt. Ich fühle ihre Blicke in meinem Nacken, versuche sie zu ignorieren. Ich muss mich allerdings auf die Hindernisse auf unserem Weg konzentrieren. Vor einigen Monaten hat ein Sturm viele der Pfade schlecht passierbar gemacht. Wir klettern über gewaltige Baumriesen, balancieren über morsche Stämme, unter uns ein Gewimmel von herabgestürzten Schlingpflanzen. Ein Sturz kann böse Folgen haben, liegen doch in diesem grünen

Polster unter mir Palmen, die bis zu zehn Zentimeter lange Stacheln haben. Prompt gerate ich mit der rechten Hand in eine solche Stachelfalle. Wieder spendet die Natur Medizin. Aus dem Saft zweier Bäume, einer davon heißt *Sangre de Drago*, rührt Simon eine rötliche Paste an. Auf meine verwundete Hand gestrichen, bildet sie in wenigen Minuten einen elastischen Film, wie ein Pflaster, und kurze Zeit später brennt die Wunde schon nicht mehr. Am nächsten Tag wird sie bereits fast völlig verheilt sein.

Die Hindernisse auf dem Pfad kosten Zeit und Energie. Wir kommen nur langsam voran und erreichen unser nächstes Lager nicht vor dem täglichen Regenguss. So verkriechen wir uns zwischen den gewaltigen Brettwurzeln eines riesigen Baumes. Aus Blättern improvisiert Antonio ein Dach für uns. So geschützt warten wir das Ende des Regens ab. Schulter an Schulter lehnen wir an dem Baumriesen. Eine Kalebasse* mit Trinkwasser wird weitergereicht. Der Regenwald um uns herum verschwindet mehr und mehr im Nebel, nur ein paar Minuten später kann ich kaum einen Meter weit sehen. Ich fühle mich wie auf einer Insel. Die Stille, die uns umfängt, ist unheimlich. Ganz nah höre ich den klagenden Ruf eines Vogels. Die Nebelwand um uns kommt mir vor wie eine Leinwand: Wenn ich meiner Fantasie freien Lauf lasse, projiziert sie Tierschatten, Gesichter und menschenähnliche Gestalten darauf.

Antonio und Simon starren in den Nebel; plötzlich reißen sie die Augen auf und Simon macht eine abwehrende Bewegung mit der Hand. Alles um uns gerät auf einmal in Bewegung, der Nebel lebt! Es ist, als hätten sich alle Wesenheiten des Regenwaldes im Schutz des Nebels um uns herum versammelt, um uns in Augeschein zu nehmen. Ich will Antonio gerade darauf

---

* Ausgehöhlte und getrocknete Hülle eines Flaschenkürbis; dient als Trinkgefäß oder zur Aufbewahrung (Anm. d. Hrsg.)

ansprechen, als Wind aufkommt und die weiße Wand vor uns in Fetzen reißt. Als wäre er ein lebendiges Wesen, zieht der Nebel sich zurück, er gibt wieder Stück für Stück die Sicht auf den Urwald frei. Sonnenstrahlen fallen durch die Lücken im Blätterdach und die Feuchtigkeit steigt rasch vom Boden auf ... alles dampft, die Sonne scheint das Wasser wieder aufzusaugen, und wir krabbeln aus unserem Unterschlupf.

Die Shuar sind schweigsam geworden. Antonio geht voran, langsamer als sonst, umsichtiger vielleicht, und auch Simon schaut sich öfter um. Einmal läuft er unvermittelt los, schlüpft behände durchs Unterholz ... und kommt nach fünf Minuten mit einer Babybanane zurück. Er gibt mir ein Stück davon und lächelt mich an. Ich glaube, ein gewisses Maß an Verlegenheit in seinem Lächeln zu erkennen, so als sei er tatsächlich hinter irgendetwas hergelaufen. Für mich steht fest, dass auch meine beiden Führer etwas im Nebel gesehen haben. Dass der Regenwald voller Geister ist, war mir schon vorher klar. Wir sind auf dem Weg zu den heiligen Wasserfällen der Shuar, den *Cascadas Sagradas*, und nicht weit davon entfernt liegt laut Antonio der heilige Berg der Shuar. Wir durchqueren also die mystischen Bereiche des Regenwaldes. Vor einer Begegnung mit dem Geist des „Dschungels“ fürchte ich mich ebenso wie ich sie ersehne. Dass es für meine Shuar-Führer nicht alltäglich ist, mit diesen Kräften und Wesenheiten in Kontakt zu kommen, kann ich ihrem Verhalten entnehmen. Von diesem Tage an liegt etwas in der Luft. Der Geist des Regenwaldes, der *espíritu de la selva*, scheint zu wissen, dass wir kommen, und lässt uns seine Anwesenheit immer öfter bewusst werden.

Wenn ich meine Aufmerksamkeit auf einen bestimmten Baum lenke, scheint er seine Oberfläche zu verändern. Die Rinde beginnt zu pulsieren, die Konturen verschwimmen und im Inneren des Baumes kann ich so etwas wie einen leuchtenden Nukleus, einen lebendigen Kern, erkennen. Diese Veränderung dauert nur wenige Sekunden, dann steht wieder der mächtige, von Schlingpflanzen und Moos bedeckte Baum vor mir. Anfangs habe ich diese Veränderungen nicht bemerkt, später mit meiner Erschöpfung zu erklären versucht. Doch seit unserer letzten Rast im Nebel und den damit verbundenen Erlebnissen scheint mir die schamanische Erklärung für das, was ich sehe, am meisten einzuleuchten: Jedes Lebewesen ist beseelt – sogar jeder Berg oder Stein, allem wohnt ein Geist inne, der sich unter bestimmten Umständen erkennen lässt. Früher konnte ich Dinge nur im „schamanischen Bewusstseinszustand" auf diese Weise betrachten: Rassel und Trommel erzeugten einen bestimmten Rhythmus und geleiteten mich so in eine Art Traumzustand, in dem ich aber völlig Herr meines Handelns war. Und jetzt geschieht es ganz von selbst. Wenn ich meinen Blick beim Gehen oder während einer kurzen Rast in den Regenwald schweifen lasse, ziehen gewisse Bäume, Blumen oder Büsche meine Aufmerksamkeit auf sich. Ich brauche nur meinen Blick auf diese eine Pflanze zu fokussieren und schon beginnt sie sich zu verändern und ich kann tief in sie hineinblicken, bis ich diesen leuchtenden, vibrierenden Kern erkenne. Als Simon meinem Blick folgt, leuchten seine Augen kurz auf. Er klopft mir freundschaftlich auf die Schulter und ich bin mir sicher, dass er ebenfalls sieht, was ich sehe. Er nimmt es allerdings gelassener hin als ich.

Als wir einen Hügel hinabgehen, wende ich meine Aufmerksamkeit einer wunderschönen Orchidee zu, um in ihr Inneres zu blicken … Dieser kurze Augenblick der Unaufmerksamkeit lässt mich prompt auf dem Hosenboden landen. Im Moment scheint es wichtig zu sein, dass ich mich auf den Weg konzentriere. Antonio und Simon lachen über mein Missgeschick. Ich rapple mich wieder hoch und achte fortan auf den Pfad, um nicht über Wurzeln zu stolpern, nicht in Spinnennetze zu geraten und rechtzeitig meinen Kopf einzuziehen, damit ich nicht wieder gegen einen Ast laufe. Ich bin vorsichtiger geworden, denn auch ob ich stehen bleibe, das will gut überlegt sein. Mitten in einer Ameisenstraße stehend Wasser zu trinken, das ist wirklich nicht ratsam …

Wir gehen um einige Hügel herum – zu meiner Erleichterung, denn das ständige Bergauf-und-bergab-Gehen ist extrem anstrengend. Zeit zum Verschnaufen lassen mir meine beiden Führer dennoch kaum und nach einem eher qualvollen Aufstieg auf extrem schlammigem Pfad durch dichtes Unterholz bin ich am Ende meiner Kräfte. Ich keuche, jeder Atemzug brennt wie Feuer in meiner Lunge und die Zigaretten der letzten Jahre rächen sich nun, meine Knie sind butterweich, ich bin durch und durch nass, mein Hals und meine Unterarme sind übersät von juckenden Insektenstichen. Mein Herz schlägt, als wolle es zerspringen. Antonio schafft uns mit der Machete einen Rastplatz und, dankbar für die Unterbrechung, sinke ich auf die Knie.

Die Schwüle ist erdrückend und erst jetzt nehme ich sie richtig wahr. Während ich gehe, habe ich zumindest noch das Gefühl eines zarten Lufthauches, der mich streift, jetzt aber drückt mich die Hitze regelrecht zu Boden. Das Trinkwasser ist so warm wie die feuchte Luft und schenkt keinerlei Erfrischung. Ich muss mich zwingen, einige Schlucke zu nehmen – ich weiß, dass man aufgrund der hohen Luftfeuchtigkeit nur wenig Durst empfindet, aber enorm viel Feuchtigkeit durch Schwitzen verliert. Das Atmen fällt mir schwer, alle Glieder schmerzen, ich sehe die Welt um mich herum wie durch einen Schleier und im Kopf hämmert das Blut gegen meine Schläfen. Ich habe ein helles Klingeln in den Ohren und bin nicht fähig, einen Laut von mir zu geben. Dunkle Punkte tanzen vor meinen Augen. Dass ich nach vorn falle und mit dem Gesicht hart auf einer Wurzel aufschlage, merke ich schon nicht mehr. Sendepause, Blackout. Alles dreht sich, dann umfängt mich die kühle Dunkelheit, ein Sog zieht mich nach unten, in einen See aus Erschöpfung. Ich sinke tiefer und tiefer, nichts dringt mehr zu mir durch, weder

Antonio, der mir Wasser ins Gesicht gießt, noch Simon, der mir den Saft einer Liane einzugeben versucht. Ich höre keine klagenden Laute der Urwaldvögel mehr; fühle nicht, wie der erlösende, kühle Regen einsetzt. Nichts dringt zu mir durch, bremst mein Absinken, zu tief bin ich in mir, viel zu tief.

11

Die Geräusche des Regenwaldes holen mich sanft in diese Welt zurück. Ich fühle, wie die Nässe des Bodens durch meine Kleidung dringt, spüre in meinem Rücken die Rinde des Baumes, an dem ich lehne. Wasser tropft von den Blättern über mir auf meine Hände und es fehlt der metallische Geschmack von Blut in meinem Mund, der mir früher, kurz nachdem ich zu Bewusstsein gekommen war, signalisierte, dass *es* wieder passiert war, dass wieder ein Anfall meine Hoffnungen, geheilt zu sein, zerschlagen hatte. Der Geschmack des eigenen Blutes zeigte mir damals an, dass ich wieder bei null anfangen musste, dass eine mehr oder weniger lange Zeit der Hoffnung, eine Zeit, in der ich mich in Sicherheit gewiegt hatte, zu Ende gegangen war. Ebenso hatten mir meine schmerzenden Glieder und die bleierne Müdigkeit nach dem Erwachen gezeigt, was geschehen war. Doch diesmal fehlen all diese Signale und ich öffne die Augen und bin weit weniger beunruhigt.

Meine Begleiter haben mich an den Baum gelehnt und meine Beine mit einem Rucksack hoch gelagert. Simon kehrt mir seinen breiten Rücken zu und ist damit beschäftigt, sein Gepäck zu ordnen. Zum ersten Mal werde ich mir meiner tiefen Zuneigung zu diesem Mann bewusst, mit dem ich bisher nur wenige Worte gewechselt habe. Er scheint meinen Blick zu spüren, dreht sich zu mir um und lacht mich an. Für ihn scheint alles klar, er interessiert sich nicht einmal dafür, wie ich mich fühle, immerhin muss ich eine gute Viertelstunde bewusstlos gewesen sein. Er sieht mich nur freundlich an und als ich ihm zu erklären versuche, was geschehen ist, winkt er nur ab, grinst breit und zeigt auf eine imaginäre Uhr am Handgelenk. Er will aufbrechen und ich bin zu verwirrt und mein Spanisch ist zu schlecht, um mich mit ihm auf eine Diskussion einzulassen.

Simon steht vor mir und nimmt sein Gepäck auf den Rücken. Die Alutöpfe klappern und als Antwort auf das Geräusch kommt ein lautes Kreischen und Pfeifen aus dem Urwald zurück. Ich berühre Simon am Arm, er sieht mich an und ich deute auf meinen Mund und mache dazu Schluckbewegungen. Ich will nur wissen, wie die Pflanze heißt, deren Saft er mir eingegeben hat. Simon sieht sich kurz um sich, zeigt dann auf eine grüne Liane und sagt: „*Una planta medicinal muy importante, muy especial.*"

Er gibt sie mir in die Hand und lässt mich an ihr riechen. Dann brechen wir auf und lassen uns wieder vom dichten Grün des Regenwaldes verschlucken. Antonio ist schon vorausgegangen, um unser nächstes Lager vorzubereiten. Die Sonne steht tief, dringt nicht mehr durch das Blätterdach und ich weiß, dass uns die Dämmerung verfolgt, dass sie uns vorantreibt und dass die Schwärze der Nacht am Ende des Tages den Kampf gegen die Flammen unseres kleinen Lagerfeuers gewinnen wird.

Ich fühle mich erstaunlich frisch und munter, bin fast ein wenig überdreht. Der Weg ist schwierig, vor allem lässt die Dämmerung Wurzeln und Zweige am Boden schon bald im Dunkel verschwinden. So stolpere ich oft und habe Mühe, mit dem Shuar Schritt zu halten. Simon scheint fast über den Urwaldboden zu schweben, das gedämpfte Scheppern der Töpfe in seinem Rucksack ist das einzige Geräusch, das er verursacht. Einmal scheuchen wir einen Vogelschwarm weit über uns aus den Baumkronen auf, ein Blätterregen geht auf uns nieder und ihre lang gezogenen Schreie hallen noch lange in unseren Ohren nach. Weit vor uns macht ein Brüllaffe seinem Namen alle Ehre und auch die anderen Urwaldbewohner bereiten sich auf die lange Nacht vor. Als wir das Lager und Antonio erreichen, ist es schon fast ganz dunkel und die nachtaktiven Tiere haben bereits das Regiment bis zum Morgen übernommen.

Antonio hat das Dach des kleinen Unterstandes neu mit Palmwedeln belegt. Das Feuer brennt hell und raucht nur wenig, die Wärme fließt durch meine Handflächen bis in mein Rückgrat und breitet sich von dort in meinen ganzen Körper aus. Meine Kleider beginnen zu dampfen. Als Simon sich um das Abendessen kümmert, spüre ich, wie hungrig ich bin. Nach knapp einer Stunde ist es dann so weit: Es gibt Nudeln mit Palmherzen und Tomaten, dazu das unvermeidliche Popcorn. Wir sitzen gemütlich um die Feuerstelle und genießen unser Mahl. Nach dem Essen versuche ich herauszufinden, was am Nachmittag mit mir geschehen ist. Antonios Ansicht nach hatte ich eine Begegnung mit dem Geist des Regenwaldes, *el espíritu de la selva*, und auch wenn ich versuche, ihm zu erklären, wie ich die Sache sehe, winkt Antonio nur ab und meint, ich würde einfach nichts verstehen. Simon mischt sich in die Unterhaltung erst gar nicht ein, sieht nur über das Feuer zu mir herüber und lächelt sein stummes, breites Lächeln. Für ihn scheint alles klar zu sein, er gibt allem, was mit mir und um mich geschieht, eine andere, vielleicht tiefere Bedeutung. Ich lasse mich schließlich davon überzeugen, dass ich dem Geist des Regenwaldes begegnet bin, und versuche, mehr über meine beiden Begleiter zu erfahren.

Antonio hat nur wenig Ambitionen, sich zum Schamanen ausbilden zu lassen, obwohl er stolz erzählt, dass er zum Schamanen berufen sei und bereits einige Initiationserlebnisse gehabt habe. Simon hingegen ist auf dem besten Wege, in die Fußstapfen seines Vaters, des Schamanen der Shuar, zu treten. Er wirkt wie ein schweigsamer, besonnener Urwaldriese, der mit dem Urwald und all seinen Bewohnern auf Du und Du zu sein scheint. Antonio hat Probleme mit den Frauen, erzählt er bereitwillig. Immer habe er Probleme mit seinen *chicas*, seinen Mädchen, könne nicht ohne sie und schlecht mit ihnen sein, zumindest nicht für längere Zeit. Ich vermute, ihm kommt die polygame Lebensweise der Shuar – ein Mann lebt oft mit bis zu drei Frauen zusammen – recht gelegen. Doch den Weg eines Shuar-Schamanen zu beschreiten würde bedeuten, erst einmal zwei Jahre im Zölibat zu leben, und das hat auf Antonio eine unglaublich abschreckende Wirkung. Simon gibt zu verstehen, dass er sich nicht länger über diese Themen unterhalten will. Er ist wirklich ein Muster an Bescheidenheit und Zurückhaltung.

Während wir sprechen, legt sich die Nacht wie eine Decke um uns und unsere kleine, vom Lagerfeuer erleuchtete Insel treibt in ein Meer aus Schwärze hinaus. Die nächtlichen Geräusche beunruhigen mich nicht mehr so sehr wie zu Beginn unserer Reise, doch der laute Schrei eines Tieres, das Rascheln im Gebüsch, lässt jeden nächtlichen Weg zu dem Ort, an dem man die Notdurft verrichten kann, zu einem Abenteuer werden. Ich lasse mir von Antonio sagen, wo ich hingehen muss: also etwa hundert Meter Richtung Norden in den Regenwald hinein. Und auf jeden Fall zuerst die Gummistiefel anziehen und mit Insektenschutzmittel einreiben, die Taschenlampe nicht vergessen und sicherheitshalber das Messer am Gürtel lassen. Das Toilettenpapier ist in diesem Klima immer feucht und wenn ich es nicht in eine Plastiktüte einwickle, verwandelt es sich in kürzester Zeit in eine graue Masse. Auf meinem Weg zurück zum Lager kommt mir Antonio entgegen – ohne Taschenlampe, barfuß und mit nacktem Oberkörper, spaziert er an mir vorüber. Ich muss wohl noch viel lernen und einige meiner tief sitzenden Ängste überwinden. Tröstend ist die Tatsache, dass die beiden mit dem Regenwald und seinen Gefahren aufgewachsen sind und ich als *gringo*, als verweichlichter Europäer, doch schon einiges weiß und mit den meisten Gegebenheiten in diesem Land ganz gut zurechtkomme. Schließlich habe ich ohne Probleme zum Lager zurückgefunden!

Ich schäle mich aus meiner nassen Kleidung und versuche, meine Gummistiefel so unterzubringen, dass nichts hineinkrabbeln kann. Meine Kleidung scheint mir vor Spinnen, Ameisen, den einen halben Meter langen Tausendfüßlern, Kakerlaken,

Schlangen und anderen Bodenbewohnern des tropischen Regenwaldes sicher zu sein; ich habe sie unter das Dach unserer kleinen Behausung gehängt.

Antonio und Simon allerdings strecken sich einfach – so wie sie sind – auf den Palmwedeln, die uns als Unterlage dienen, aus und schon bald lassen ihre tiefen Atemzüge darauf schließen, dass sie eingeschlafen sind. Ich liege in dieser Nacht noch lange wach, starre in die Dunkelheit und denke an Europa. Ich liege zwischen zwei Indios aus dem Volk der Shuar, um mich herum ist tiefschwarze Nacht, endloser Regenwald, über mir das Blätterdach ... alles lebendig und in Bewegung, unbekannt und fremd, gefahrvoll und beängstigend. Zu Hause die erleuchtete Stadt, die Autos und Menschen auf den Straßen, das Schloss an meiner Wohnungstür und die Sicherheit dahinter; dort ist es trocken und sauber, geordnet; Kühlschrank, Trinkwasser, Fußbodenheizung und Teppich, saubere Bettwäsche und weiche Polster. Und wenn ich das Licht ausschalte, ist das einzige Geräusch, das bleibt, der Schlag meines Herzens, der mir sagt, wie einsam ich bin.

12

Am Morgen bin ich diesmal als Erster auf den Beinen. Als die Sonne den Regenwald in ein dampfendes Chaos zu verwandeln beginnt, versuche ich bereits, das Feuer so in Gang zu bringen, wie die Shuar Feuer machen: Die drei kleinen Baumstämme, die sternförmig zueinander liegen, sind an ihren Enden von weißer Asche überdeckt. Von ihnen steigt kein Rauch mehr auf, keine Glut ist zu sehen. Ich sammle kleine Stücke faserigen Palmenholzes, das um die Feuerstelle herum und unter der alten Asche liegt und trocken ist. Nun schiebe ich die Stämme näher zueinander und in die Mitte streue ich einige Palmenfasern und ganz wenig festeres Palmenholz, dann puste ich noch ein paar Mal kräftig in die Mitte der Feuerstelle ... und schon lodern Flammen auf. Die Baumstämme haben die ganze Nacht über an einem Ende geglimmt und so ist das Holz angenehm erwärmt. Antonio und Simon sind überrascht, mich schon wach zu sehen, und loben das Lagerfeuer, an dem sie sich nun wärmen. Simon kümmert sich um das Frühstück und schon bald backt er die ersten Tortillas in Öl. Dazu gibt es Marmelade, Pulverkaffee und als Nachtisch natürlich Popcorn, das es zu allen Gerichten, zu jeder Tageszeit und meist ungesalzen gibt.

Nach dem üppigen Frühstück fällt es mir schwer, mich aufzuraffen; außerdem ahne ich, was mich erwartet: Stunde um Stunde über schlechte Urwaldpfade stolpern, die Hügel hinauf und wieder hinab, Wasserläufe überqueren ... Nach zwei Stunden werden meine Schultern schmerzen und die Profile meiner Stiefel so schlammig und voller Erde sein, dass ich keinen Halt mehr mit den Füßen finden kann, wenn es wieder bergauf geht. Schließlich bricht aber die Schwüle des Regenwaldes über uns herein und die einzige Möglichkeit, sich abzukühlen, ist eben: zu gehen. Sobald ich stehen bleibe, um ein Foto zu machen, oder wenn Antonio mir eine Medizinpflanze zeigt und ihre Wirkung erklärt, trifft mich die ungeheure Hitze und Luftfeuchtigkeit. Ich bin immer froh, wenn wir weitergehen und ich meinen Rhythmus wieder gefunden habe. Die Indios schwitzen genauso wie ich, also kann meine Kondition gar nicht so schlecht sein. Und ich kann Schritt halten, auch wenn mein Herz manchmal bis zum Hals schlägt.

Zwei Stunden sind wir nun unterwegs und die Umgebung beginnt sich zu verändern. Immer wieder ragen riesige Felsen aus dem Dickicht heraus und die Vegetation ist ebenfalls anders. Alles ist bunter, das Licht ist weicher, die Gegend ist sanft und lieblich. Die Felsen sind fast ganz mit Moos überwuchert; dazwischen wachsen Orchideen von gewaltiger Größe in wunderschönen Farben, riesige Farne und Blätter; Lianen, die vom Blätterdach, das mehr als zwanzig Meter über uns liegt, bis auf den Boden reichen und dort in der Erde verschwinden. Bambuswälder heben sich hell vom übrigen Dickicht des Urwaldes ab und geben dem einfallenden Sonnenlicht eine eigenartige Tönung. Die veränderte Landschaft hat ihre Wirkung auf mich: Ich werde ruhiger und fühle mich leichter. Je näher wir den heiligen Wasserfällen kommen, desto fröhlicher und ausgelassener wird unsere Stimmung. Sogar Simon bricht aus dem Reich der Einsilbigkeit aus und redet munter drauflos.

Gegen Mittag erreichen wir den nächsten Lagerplatz: eine überdachte Plattform auf kurzen Pfählen über einem kleinen Wasserlauf. Hier scheint vor nicht allzu langer Zeit ein Sturm gewütet zu haben, denn rund um das Lager liegen Baumriesen auf dem Boden und nur der biegsame Bambus hat der Naturgewalt standhalten können. So ist eine kleine Lichtung entstanden. Zum ersten Mal seit Tagen liege ich in der prallen Sonne und lasse meine Kleider am Körper trocknen. Wir nutzen die Mittagshitze, die hier – weil diese Gegend nicht so dicht bewachsen ist – weit weniger feucht ist, um unsere Ausrüstung zu trocknen. Antonio sucht im Unterholz nach trockenem Brennmaterial, das er dann im Unterstand als Vorrat für den Abend verstaut. Wir nehmen uns viel Zeit, das Lager herzurichten. Antonio erneuert das Dach mit Palmwedeln, die Simon ihm bringt, und ich helfe, die Blätter mit einer Liane am Dachgerüst festzubinden. Nach getaner Arbeit sitzen wir in der Sonne und genießen die Trockenheit an diesem Ort. Am Nachmittag setzt wieder Regen ein und plötzlich ist es in unserer Behausung und drumherum ebenso feucht und nebelig wie überall im Regenwald. Das kleine Rinnsal, das unter der Hütte durchfließt, schwillt in wenigen Minuten zu einem Wildbach an. Antonio überprüft die Pfähle, auf denen unsere überdachte Plattform ruht. Der Regen donnert auf unser neues Dach, um uns herum rauscht es laut und beängstigend. Plötzlich kommt der Wind von allen Seiten und unsere trockene Kleidung und Ausrüstung wird wieder nass.

Als der Platzregen dann nachlässt, beschließen wir, zu den heiligen Wasserfällen der Shuar aufzubrechen. Unsere Ausrüstung lassen wir zurück, denn gegen Abend wollen wir wieder im Unterstand sein. Nach kurzer Zeit hört es schlagartig auf zu regnen und der Wald schickt einen großen Teil der Feuchtigkeit wieder als Nebel in den Himmel. Von der Last meines Rucksacks befreit, fällt mir das Gehen wesentlich leichter. Die Stunde Fußmarsch, bis wir den Eingang einer Schlucht erreichen, vergeht wie im Flug. Zu beiden Seiten rinnt Wasser über riesige, glatte Felswände und strömt in über Jahrhunderte ausgewaschenen Rinnen in das etwa drei Meter breite Bachbett, durch das wir nun gehen. Weit über uns ragen Farne und Palmen von den vom Wasser polierten Granitwänden in die Schlucht hinein. Einige Lianen hängen fast bis auf den Grund dieses Risses im Leib des Urwaldes hinab. Geräusche dringen in diese Welt aus Stein und Wasser nicht mehr hinein. Allein ein fernes Brausen und das Gluckern und Sprudeln des glasklaren Wassers begleiten uns.

Antonio bückt sich und trinkt aus den Händen. Ich tue es ihm gleich und genieße das beste, kühlste Wasser, das ich in Ecuador getrunken habe. Erfrischt setzen wir unseren Weg fort. Die runden Steine verlangen meine ganze Aufmerksamkeit, denn zu leicht könnte ich abrutschen und mir den Fuß verstauchen.

An manchen Stellen klettern wir über große, von der stillen Kraft des Wassers glatt polierte Felsen. Nach einiger Zeit sind unsere Stiefel voller Wasser. Wir lassen sie in einer Felsnische zurück und gehen barfuß weiter. Eine harte Prüfung für meine Fußsohlen, aber dafür eine ausgezeichnete, wenn auch sehr schmerzhafte Massage. Ein gewaltiger herabgestürzter Baumriese mit fast mannshohen Brettwurzeln versperrt uns den Weg. Unmöglich, über den glitschigen Stamm hinüberzukommen. Und es ist unmöglich, um ihn herumzugehen, denn an den Felswänden findet man keinerlei Halt. So bleibt uns nur, unter dem Baumstamm hindurchzukriechen. Das Wasser hat mit der Zeit eine große Mulde unter dem gewaltigen Stamm herausgespült und in dieses Bassin lassen wir uns hineingleiten. Zwischen Stamm und Wasseroberfläche ist genug Platz, sodass Kopf und Schultern trocken bleiben. ... Auch dieses Hindernis ist überwunden und ich steige pitschnass aus dem kühlen Wasser. Vor mir liegt ein Wasserfall – aus etwa zwanzig Metern Höhe stürzt das Wasser unzählige Meter eine Felswand hinab, deren oberer Bereich sich in Nebel und Regenwald verliert. Die Schlucht ist hier gut drei Mal so breit wie zuvor; das Wasser dröhnt und lässt alles um uns herum vibrieren. Die Felswände glänzen wie poliert, Nebel steigt zu beiden Seiten auf und die Gischt spritzt uns entgegen, begrüßt uns mit einem kühlen Prickeln auf der Haut.

Den Blick auf dieses gewaltige Schauspiel gerichtet, stolpere ich weiter, bis ich unter meinen nackten Füßen feinen Kies spüre. So stehe ich lange Zeit vor den *Cascadas Sagradas*, den heiligen Wasserfällen der Shuar, spüre das Wasser wie feine Nadelstiche auf meiner Haut und lasse mich vom Dröhnen und Rauschen der Wassermassen innerlich forttragen. Mir bleibt fast das Herz stehen, als ich meinen Blick vom Nebel weit über mir löse und in das Becken, in das die tosenden Wassermassen hinabstürzen, schaue. Wie eine Gestalt aus einer anderen Welt, wie ein Trugbild oder ein Dämon, entsteigt dem schäumenden Wasser eine Gestalt. Dunkelhäutig, groß, nackt, mit langem schwarzem Haar, steigt ein Indio aus dem Wasser und sieht mir durch den Nebel und das Tosen hindurch geradewegs in die Augen.

Ich bin wie erstarrt, glaube, dass es sich um eine Vision handelt. Fühle mich unfähig, mich zu bewegen oder einen Laut von mir zu geben, und starre den Indianer an, der breit zu lächeln beginnt, mir zuwinkt, mir bedeutet, näher zu kommen. Was mich irritiert, ist, dass er Antonios Armbanduhr trägt. Es dauert noch einige Augenblicke, bis ich in der mystischen Erscheinung Antonio erkenne, der sich den Freuden eines Bades hingibt. Erst jetzt bemerke ich Simon neben mir. Er klopft mir auf die Schulter und stürzt sich wie sein Bruder nackt ins tosende Nass. Nur wenige Minuten später schwelge ich in diesem natürlichen Whirlpool, trinke von dem köstlichen Wasser ... Da höre ich, wie Simon eine Art ecuadorianischen Regenwaldjodler ausstößt, und sehe, wie Antonio sich neben der Stelle, an der ich meine Kleider abgelegt habe, auszuziehen beginnt. Kurz darauf ist er bei uns im Wasser und strahlt mich an ... und ich suche verzweifelt nach einer logischen Erklärung für das, was ich kurz zuvor im Wasserfall gesehen habe. Ich finde keine und beschließe, mich einfach wohlzufühlen und die Abwechslung zu genießen.

Nach unserem Badevergnügen sitzen wir schweigend im Kies und ich erinnere mich daran, dass ich auf dem Weg zu einem Schamanen bin und ein Geschenk für ihn habe. Ich habe das Bedürfnis, eine Art Verbindung zwischen meinem Geschenk für den Schamanen – dem Bergkristall im Lederbeutel an meinem Gürtel – und den heiligen Wasserfällen der Shuar herzustellen. Als ich den Beutel öffne und beginne, den Kristall im Wasser zu waschen, werden Antonio und Simon still und ziehen sich einige Schritte zurück. Sie spüren, ohne dass wir viel darüber gesprochen haben, worum es geht, dass dies eine mystische Handlung, ein Ritual ist, um die Verbindung von Regenwald, Kristall, den heiligen Wasserfällen, dem Schamanen und mir zu festigen.

Wieder gibt uns der Regenwald seinen Rhythmus vor: Es ist Zeit zurückzugehen, wenn wir noch vor Einbruch der Nacht wieder im Unterstand sein wollen. Ich nehme noch ein paar Schlucke vom kühlen Nass des Wasserfalles. Während Antonio und Simon sich auf den Weg machen, bleibe ich noch einige Minuten, um mich von diesem magischen Ort zu verabschieden und zu bedanken. Noch einmal muss ich an den Indianer denken, den ich vorhin im Wasserfall gesehen habe, und in mir breitet sich ein seltsames Gefühl aus, eine Mischung aus Unbehagen und Neugier, das Gefühl, etwas schon einmal erlebt zu haben. Ich weiß nicht, was genau ich gesehen habe ... Alles scheint hier möglich zu sein und schon jetzt bedauere ich, dass ich zu diesem Wasserfall, in diese mystische Schlucht, in diese Anderswelt, nicht mehr so bald zurückkehren werde. Ich ahne, dass es ist ein Abschied für lange Zeit sein wird, und doch weiß ich, wie wichtig es war hierherzukommen. Wieder hat ein Puzzlestück seinen Platz gefunden, wieder hat sich eine Tür geöffnet. Schweren Herzens reiße ich mich von diesem Ort los und mache mich auf den Rückweg und mir ist so, als würde ich ein Lachen hören in all dem Tosen und Rauschen des Wassers. Wir sind schon weit von der Schlucht und dem Wasserfall entfernt und laufen bereits wieder durch den schwülen Regenwald, da kann ich immer noch das süße Wasser auf meiner Haut und das Lachen des Wasserfalles in meinem Herzen fühlen.

Als wir wieder im Lager sind und um das knisternde Feuer sitzen, wollen Antonio und vor allem Simon hören, wie mir der Ausflug zu dem heiligen Wasserfall gefallen habe. Und so erzähle ich ihnen, was ich erlebt habe und von meiner Eingebung, den Bergkristall in eben diesem Wasser zu reinigen. Die beiden hören aufmerksam zu, als ich ihnen mit einem Potpourri aus Spanisch und Englisch und noch mehr Körpereinsatz von meinem Erlebnis mit dem badenden Indianer berichte. Wir lachen ausgelassen. Etwas später beginnt Simon zu kochen, Antonio sucht trotz der Dunkelheit im Regenwald nach Chilischoten und ich versuche die Erlebnisse des vergangenen Tages zu ordnen, was mir nicht ganz gelingt.

So sitze ich, an einen Pfosten gelehnt, und betrachte die Szenerie: ein Abend im Regenwald wie jeder andere – angenehm und friedlich, das Feuer knistert, zwei Männer unterhalten sich leise, fast flüsternd, die Flammen werfen bizarre Schatten; etwas abseits ein anderer Mann, schon ganz im Dunkel, nur hier und da werfen die Flammen kurz Licht auf sein Gesicht, große Leuchtkäfer zeichnen Muster in die Dunkelheit, der Schrei eines Vogels hallt durch die Baumkronen; ein Schwarm Fledermäuse, Moskitos, Nebel und irgendwo, über allem, steht der Mond.

13

Heute Morgen möchte ich am liebsten liegen bleiben. Antonio weckt mich und ich krieche noch tiefer in den Schlafsack; versuche, die Geräusche um mich herum zu ignorieren, will keinen Schritt in dieser drückenden Schwüle machen, ich habe zu gar nichts Lust. Nicht einmal Simons Tortillas, schwarzer Kaffee und die Aussicht auf frisches Trinkwasser können mich zum Aufstehen ermuntern. Ich krieche tiefer in meinen Schlafsack hinein und versuche, noch eine halbe Stunde Schlaf zu bekommen – doch die Hitze treibt mich dann doch ins Freie.

Ich sitze stumm am Feuer, ungewaschen, ungekämmt, in Kleidern, die noch vom Vortag nass sind. Mir beginnt die Zivilisation mit all ihren Annehmlichkeiten zu fehlen: Ich vermisse gefüllte Kühlschränke, heißes Wasser und duftende Seife, den Geruch von in der Sonne getrockneter Kleidung, das Gefühl frischer Hotelbettwäsche, trockene Socken und vor allem eine Rasur. Mein Vollbart juckt, meine schulterlangen Haare sind verfilzt. Die Haut an meinen Füßen sieht aus, als ob ich den Ärmelkanal durchschwommen hätte. Und schon allein der Gedanke daran, dass der Weg zur Toilette mich durchs Unterholz und Mückenschwärme irgendwo ein paar hundert Meter in den Regenwald hineinführt, wo ich dann zuerst prüfen muss, ob ich nicht mitten in einer Ameisenstraße stehe oder mit meiner ungeschützten Haut die giftigen Blätter einer unauffälligen, fahlgrünen Pflanze berühre, dämpft meine Stimmung.

So flüchte ich mich in einen Traum von Hygiene in weißer Keramik; einen Traum, in dem flauschige, duftende Handtücher, heißes Wasser und Rasierschaum, bügelfrische Wäsche und kühle Fruchtsäfte in Zweilitergläsern die Hauptrolle spielen. Ich träume von Toilettenpapier, von Erfrischungstüchern und Rasierwasser, von Shampoo und Deodorant. Doch der Rauch des Lagerfeuers dringt mir in Nase und Augen und holt mich in die schwüle, heiße und ungewaschene Realität des Regenwaldes zurück. In meinem Rucksack finde ich noch ein Erfrischungstuch, das ich im Flugzeug bekommen habe, und wenn auch das frische Gefühl im Gesicht und der Geruch nach billigem Parfum nicht allzu lang anhalten, so fühle ich mich doch ein wenig erfrischt.

Schon bald übernimmt der Regenwald die Regie, meine Gedanken haben nicht mehr die Möglichkeit, sich mit mangelnder Körperpflege und den etwaigen Folgen auseinanderzusetzen. Mein Blick bleibt an Orchideenwäldern hängen. Die Farben der Blüten dringen tief in mein Innerstes und erhellen meine Stimmung. Antonio und Simon scheinen das zu bemerken und es dauert nicht lange und wir sind wieder die drei Männer, die wir bei den *Cascadas Sagradas* waren. Wir scherzen und lachen auf unserem Weg; helfen uns gegenseitig bei Hindernissen; teilen Trinkwasser und Früchte, die Simon mit einem Griff ins Blättergewirr erntet; staunen gemeinsam über Baumriesen mit mehr als zwanzig, dreißig Metern Höhe und schaffen so nicht ganz so viele Kilometer wie an den anderen Tagen.

Mit jedem Tag im Regenwald lässt auch Antonio die Zivilisation weiter hinter sich. Bis auf seine Digitaluhr zeugen nur noch die Gummistiefel und sein zerrissenes T-Shirt von seinem Kontakt zur Zivilisation. Seine Haut ist dunkel; an seinen Unterarmen hat er einige Tätowierungen, davon eine, die für die Shuar typisch ist; sein Blick ist forschend und sein Kinn energisch; auf der Wange ist eine alte Narbe zu sehen; sein schulterlanges Haar ist tiefschwarz und glänzend und wenn er lacht, sieht man zwei Reihen makelloser, weißer Zähne. Simon ist zwar etwas größer und muskulöser als Antonio, sieht seinem Bruder aber sonst sehr ähnlich. Unzählige Narben an Simons Armen und Beinen zeugen davon, dass er sich vorwiegend im Regenwald aufhält.

Mit den Moskitos scheint er ein Abkommen getroffen zu haben oder aber er ist gegen die Stiche in all den Jahren unempfindlich geworden. Wenn wir lagern, ist Simon immer barfuß unterwegs, auch wenn er auf der Suche nach Essbarem die nähere Umgebung unseres Lagers durchstreift.

Wir unterhalten uns über Schlangenbisse und Urwaldgifte, über Medizinpflanzen und Behandlungsmethoden der Shuar. Bald darauf habe ich die Möglichkeit, die Wirkung der „Dschungelmedizin“ am eigenen Leib zu erfahren. Zwar kein Schlangenbiss, aber der Stich irgendeines Insekts hat meinen Hals an der linken Seite anschwellen lassen. Die Stelle juckt und schmerzt. Antonio braucht nur fünf Minuten, um aus den Säften zweier Bäume, die in der Nähe wachsen, eine gelbliche Paste anzurühren, die er auf die Schwellung an meinem Hals streicht. Anfangs geht das Jucken in ein leichtes Brennen über, aber schon nach wenigen Minuten sind Jucken und Schmerz verschwunden. Nach nicht ganz einer halben Stunde ist die Schwellung fast ganz zurückgegangen und einige Zeit später zeugt nur ein dünner, klebriger Film auf der Stelle an meinem Hals noch von der Behandlung mit der „Urwaldmedizin“. Ich bin begeistert von der Regenwaldmedizin und bringe das auch zum Ausdruck, die beiden Shuar sehen mich nur verständnislos an und zucken mit den Schultern. Dieselbe Reaktion wäre wohl in unserer „zivilisierten Welt“ zu erwarten, würde man in einer Apotheke seiner Begeisterung über die Wirkung von Aspirin mit einem Freudentanz Ausdruck verleihen.

Den Pfad versperren immer öfter umgestürzte, entwurzelte Bäume. Wir müssen Umwege machen und balancieren zeitweise auf den glitschigen, bemoosten Stämmen dieser Urwaldriesen. Der Rucksack macht das nicht unbedingt leichter und auch die Schlingpflanzen, die links und rechts aus dem Blätterdach weit über uns herabhängen, bieten leider keinen Halt. Alles gibt nach, ist elastisch, gibt keine Sicherheit. Es ist, als würde ich mich auf einem Geflecht aus Wurzeln, Stämmen und Lianen fortbewegen: Jeder Schritt, den ich mache, verursacht eine Vibration, die weitergeleitet wird. Manchmal lösen meine Schritte einen Blätterregen aus oder aus dem Wurzelgeflecht unter mir steigt eine Wolke von Tausenden von winzigen Mücken auf, die mir in Mund und Nase fliegen. Jeder meiner Schritte ist ein Balanceakt und immer wieder bin ich versucht, mich an Lianen oder Zweigen festzuhalten.

Einmal gebe ich der Versuchung nach und suche Halt, indem ich eine dicke Liane rechts von mir ergreife. Ich will nur kurz stehen bleiben und ein Foto von dem gewaltigen Stamm machen, auf dem ich stehe. Noch gute zehn Meter muss ich auf ihm über ein dichtes Gewühl aus Schlingpflanzen, Spinnennetzen, Zweigen und halbvermoderten Palmwedeln zurücklegen. Unmöglich zu sagen, wie weit es wirklich nach unten geht. Also greife ich nach einer Liane, halte mich an ihr fest und verlagere kurz mein Gewicht, um an meine Kamera in meiner Westentasche zu kommen. Dann geht alles furchtbar schnell: Mein Rucksack rutscht ein wenig nach rechts, ich gerate aus dem Gleichgewicht und bin gerade noch in der Lage, meine Kamera wieder in meine Weste zurückzustecken. Plötzlich gibt die Liane nach ... verzweifelt versuche ich, das Unvermeidliche zu verhindern, doch meine Stiefel, deren Profil voller Schlamm und Erde ist, finden keinen Halt auf dem nassen Stamm. Ich stürze in einem Regen aus Blättern und Insekten in die Tiefe hinab.

Ich fürchte mich nicht vor einem harten Aufprall, denn ich weiß, dass all die Zweige und Schlingpflanzen meinen Sturz abfedern werden. Wovor ich Angst habe, sind die Palmen, deren Stamm mit spitzen Nadeln versehen ist; abgebrochene, spitze Äste; handtellergroße Spinnen; Ameisen und Tausendfüßler und vor allem die giftigen Pflanzen, die eine etwa zehnfach stärkere Wirkung als die Brennnesseln in meiner Heimat haben. Viel Zeit zum Fürchten habe ich allerdings nicht. Die Schlingpflanzen bremsen meinen Sturz wundervoll ab und ich versinke langsam in diesem grünen Gewirr, in dieser Mischung aus sattem lebendem Grün und Kompost. Nur mein Rucksack verhindert, dass ich ganz darin verschwinde. Ich schaue nach oben und sehe dasselbe wie unten.

Ich bin mittendrin und von oben wahrscheinlich gar nicht zu erkennen. So bleibt mir nur zu rufen. Doch als ich gerade überlege, wie wohl das spanische Wort für Hilfe lautet, höre ich einige Meter über mir Antonios Stimme. Ich stelle fest, dass ich mir nur ein paar Kratzer zugezogen habe und irgendwelche Insekten ihren Weg nach oben durch meine Hosenbeine suchen. In entgegengesetzter Richtung sind andere Tierchen des Regenwaldes über meinen Rücken unterwegs und nur wenige Zentimeter vor meiner Nase ist eine Armada von Blattschneiderameisen durch mein plötzliches Auftauchen in Aufregung geraten und versucht, sich neu zu organisieren. Ich will nichts anderes als schnell wieder rauf ins Licht, an die Oberfläche dieses Blättermeeres. Vorsichtig versuche ich nach irgendetwas zu greifen, um mich daran nach oben zu ziehen. Ich hänge wie in einem Klettergurt aus Lianen noch erschreckend viele Meter über dem Boden. Erst jetzt bemerke ich, dass der Abstand zwischen dem Baumstamm, über den wir gelaufen sind, und dem Boden gut und gern zehn Meter beträgt. Vermutlich ist der Baumriese über eine kleine Schlucht gestürzt, in deren Mitte ich nun in einem Lianengewirr hänge. Ein Rieseln aus Blättern, Rinde und Staub lässt mich die Augen schließen; es zeugt von Antonios Aktivitäten über mir. Irgendwo über mir arbeitet sich Antonio durch die Schlingpflanzen und plötzlich taucht vor meinen Augen das Ende einer dicken Liane auf. Im ersten Moment bleibt mir fast das Herz stehen. Einer Schlange möchte ich in dieser Situation wirklich nicht begegnen.

„Greif zu!“, höre ich Antonio auf Englisch rufen und das tu ich dann auch. Endlich etwas, woran ich mich festhalten kann – ich spüre den Widerstand, was für ein beruhigendes Gefühl. Und schon werde ich Meter um Meter nach oben ans Licht gezogen. Natürlich nicht, ohne dass sich dabei Insekten und Blätter in meinem Hemdkragen sammeln.

Mit jedem Meter, den ich an Höhe gewinne, wächst mein Bedürfnis, mich der vielen krabbelnden Wesen an meinem Körper zu entledigen. Als mich zwei starke Hände auf den Stamm hieven, möchte ich am liebsten schreiend durch den Regenwald rennen und mir die Kleider vom Körper reißen und ein ausgiebiges Bad in einem Urwaldfluss zu nehmen. Doch es gibt keinen Fluss hier in der Nähe. Meine Freunde brauche ich nicht zu bitten, denn wie selbstverständlich beginnen sie, nachdem wir auf der anderen Seite dieser verborgenen Schlucht angekommen sind, mich von Ameisen, Spinnen und kleinen grünen Käfern zu befreien. Sie versorgen meine Stiche mit der bewährten Mischung aus den Säften zweier Bäume, unterziehen meine Ohren einer eingehenden Untersuchung und auch meine Haare werden peinlich genau unter die Lupe genommen.

Nach einer guten halben Stunde sind alle Insektenstiche und Bisse versorgt, ich bin von allem Ungeziefer befreit und wir setzen unseren Weg in Richtung „Schamanenhaus" fort. Plötzlich beginnen meine Führer ausgelassen zu lachen und zeigen auf mich. Pantomimisch wird mir mein Veitstanz auf dem Baumstamm noch einmal vorgeführt, mein Absturz in die Unterwelt des Regenwaldes nachgestellt. ... Unser Lachen tönt durch den Regenwald, scheucht Vögel und Affen auf. Noch eine ganze Weile kichern die beiden Shuar und ich habe das Gefühl, noch immer Ameisen in meinen Hosenbeinen zu haben. Der Vorfall hat uns Zeit gekostet und so müssen wir die nächste Rast ausfallen lassen. Wir essen etwas und schon setzt der tägliche Regen ein. Der Speiseplan der Shuar reicht von Früchten wie Ananas und Bananen über Fische und Hühner, kleine Nager wie etwa Meerschweinchen bis hin zu Yuccawurzeln und mehligen Kochbananen. Im Regenwald selbst allerdings, weit entfernt von den Hütten und Gärten, bedient man sich des natürlichen Nahrungsangebotes des Urwaldes.

Heute steht Palmherz auf Simons Menüplan und so haben wir unsere Rucksäcke zurückgelassen, um nach einer Palme zu suchen. Simon hat die zwanzig Meter hohe Palme mit seiner Machete in fünfzehn Minuten gefällt. Mit lautem Brausen donnert sie nur wenige Meter von unseren Rucksäcken entfernt auf den Boden. Der übliche Regen aus Blättern und Insekten folgt prompt, erwischt aber nur unser Gepäck und ich atme auf. Das obere Stück der Palme wird abgehackt und Antonio schält aus dem jungen Trieb einen armdicken und ebenso langen Teil weißen, wohlschmeckenden, faserigen Materials – das Herz der Palme, el *corazón de la palma*. Einen Teil des fast ähnlich wie Artischocke schmeckenden Palmherzens verzehren wir sofort an Ort und Stelle. Den Rest packt Simon in seinen Jutesack mit den Lebensmitteln, der seit unserem Aufbruch um einige Kilo leichter geworden ist. Immerhin brauchen wir dreimal am Tag für drei Männer Verpflegung. Unser Salzvorrat ist auch fast um die Hälfte geschwunden, der Kaffeevorrat dürfte noch für zwei Tage reichen, dann gibt's nur noch Tee aus dem Regenwald, Natur pur. Mir soll's recht sein. Die Shuar, das behaupten sie selbst, werden prinzipiell einhundertundfünf Jahre alt, wegen ihrer gesunden Ernährung. Nun ja, ob es stimmt oder nicht, in vielerlei Hinsicht sind sie uns sicherlich weit voraus. Wenn ich den Körperbau und die makellosen Zähne meiner Begleiter betrachte, werde ich mir des Raubbaus an unserem Organismus, den wir „zivilisierten Menschen" tagtäglich betreiben, bewusst. Und ich begreife die Wirkung des Überflusses, in dem wir leben, und die Ausweglosigkeit, in der sich unsere nach Gewinnmaximierung und Macht strebende Gesellschaft befindet. Eine Gesellschaft der Süchte: Fresssucht, Gewinnsucht, Drogensucht, Fernsehsucht, Kaufsucht, sogar körperliche Liebe ist zur Sucht geworden. Der Konsum scheint die Macht übernommen zu haben. Die Shuar konsumieren, um zu überleben – konsumieren wir, um zu sterben?

Antonio reicht mir eine Frucht in grüner Schale. Der wunderbare Geschmack des weißen mit schwarzen Punkten durchsetzten Fruchtfleisches lässt mich meine trüben Gedanken vergessen. Und schon helfe ich bei der Ernte der klebrigen Leckerbissen. Simon sammelt Chilischoten, tödlich scharf, aber lecker. Hier wächst eine Minze, die gut ist für Tee; dort gedeiht ein Suppengewürz. Für mich ist der Regenwald ein Schlaraffenland, reich an Rohstoffen, die unentwegt nachwachsen und ganze Völker ernähren könnten. Für Simon und Antonio ist es normal, sich hier zu bedienen und ein üppiges Abendessen zusammenzusuchen ... für mich eine Offenbarung. Medizin, Lebensmittel, Baustoffe, alles erneuert sich, wächst nach, gehört zum ewigen Kreislauf von „Werden und Vergehen". Selten habe ich mich der Natur, vielleicht sogar der Schöpfung oder „Gott" so nahe gefühlt wie jetzt, noch nie habe ich mich so intensiv als Teil des Lebens, als Teil eines gewaltigen Organismus empfunden. Doch auch an diesem Ort liegt der Tod in der Luft, aber hier ist er kein erschreckender Zerstörer, sondern ein Helfer, eine Kraft, die den Übergang, den Kreislauf, erst ermöglicht. Was war am Anfang der Zeit: Geburt oder Tod, Leben oder Übergang? Ich stehe zwischen den Urwaldriesen und empfinde, dass alles eins ist: Geburt und Tod – *ein* Übergang, *ein* Tor, durch das man in beide Richtungen reist; nichts ist schlechter, nur anders; auf beiden Seiten gibt es Leben ...

Wir sammeln Früchte und Gewürze. Antonio sucht für den kulinarischen Kick noch nach einer ganz bestimmten Zutat. Wir marschieren weiter, einen schmalen Pfad entlang, der teilweise so überwuchert ist, dass uns Simons Machete einen Tunnel durch das Unterholz schlagen muss. Eine kräftezehrende Arbeit. Ich gebe Simon die Machete nach zwei Minuten zurück, bin völlig außer Atem. Die Delikatesse, die unbedingt notwendige Ingredienz für unser Abendessen, entpuppt sich als weiße, daumendicke und zehn Zentimeter lange Made. Wir finden sie in einer Palme, die Antonio und Simon vor etwa zwei Monaten gefällt haben, um an das Palmherz zu kommen. Die Palme bleibt liegen, die Indianer merken sich die Stelle. Zwei Monate braucht eine heimische Käferart, um sich vom Ei bis zur Made zu entwickeln und lange Gänge durch das modernde Holz der Palme zu fressen. Wir sammeln eine stattliche Menge dieser Delikatessen. Ich schätze, dass sich am Ende fast dreißig Maden in den Palmwedeln befinden, die Antonio zu einem handlichen Bündel verschnürt. Simon hat noch tief im faserigen Palmenholz eine Made erwischt und isst diese genüsslich – lebend und roh. Ich schaue weg und würde so gern eine Zigarette rauchen.

Nur noch wenige Kilometer trennen uns vom Ziel dieses Tages: einem Schamanenhaus, in dem wir Unterkunft finden werden und in dessen Nähe ein heiliger Berg der Shuar liegt.

14

Kurz bevor der Regen auf die riesigen Bananenstauden niederprasselt und uns der Nebel die Sicht nimmt, erreichen wir das Schamanenhaus. Der große Langbau mit dem kunstvoll geflochtenen Dach aus den Blättern einer bestimmten Palmenart liegt am Rande einer Lichtung, die mit niedrigen Büschen bewachsen ist. Im Süden zeichnet sich der Umriss des heiligen Berges der Shuar gegen den stahlgrauen Himmel ab. Das Innere ist geräumig und die Wände, die mir bis zur Brust reichen, gewähren einen Blick über die Lichtung und zum Dunkel des Waldes. Ich fühle mich hier beobachtet. Antonio späht ebenfalls über die Wand aus Palmenholz, dann schüttelt er den Kopf und hilft Simon, das Feuer in der Mitte des Hauses zu entfachen. Zeit für mich, unsere Behausung näher in Augenschein zu nehmen. Das Dach ist ebenso kunstvoll geflochten wie ich es in dem Dorf gesehen habe, von dem aus wir in den Regenwald aufgebrochen sind, nur scheint mir hier alles älter zu sein. Nirgends kann ich Spuren von Ausbesserungsarbeiten erkennen. Doch da das Dach völlig intakt zu sein scheint, nehme ich an, dass das Haus wohl unentwegt genutzt und instand gehalten wird. Von Antonio erfahre ich, dass sich hier die Schamanen aus dem Hochland und aus dem Tiefland treffen, um sich zu beraten. Uns steht die Unterkunft zur Verfügung, doch scheint Antonio nicht erfreut darüber zu sein, dass wir hier eine Nacht verbringen müssen. Immer wieder versucht er, mir in seiner Mischung aus Englisch und Spanisch etwas vom *espíritu de la selva* zu erklären, vom Geist des Regenwaldes. Ich finde nur heraus, dass die Gegend hier berühmt und berüchtigt ist für unerklärbare Vorgänge.

So sei zum Beispiel ein Shuar vor Jahren auf den heiligen Berg geklettert und man habe nie wieder etwas von ihm gehört, sein Blasrohr allerdings habe man gefunden und seine Flinte, sie sei geladen gewesen, aber kein Schuss sei daraus abgegeben worden. Antonio erzählt von kleinen Männern, die zwischen den Lianen lauern sollen und in Höhlen tief im Berg hausten. Sie seien seiner Meinung nach für das Verschwinden einiger Männer verantwortlich. Böse Geister, gute Geister, Dämonen, böse Schamanen, Schwarzmagier, der Geist des Regenwaldes – und ich mit zwei Shuar mittendrin. Ich stehe vor dem Langhaus, es hat aufgehört zu regnen, es dämmert und die Dunkelheit beginnt den Regenwald um mich herum zu verschlingen. Zurück bleiben Schatten und die Geräusche der Urwaldbewohner. Ich stehe vor dem heiligen Berg der Shuar, einer gewaltigen Felswand, die mir unbezwingbar erscheint und abweisend – sie ist der einzige Fleck in dieser Landschaft, der nicht grün ist. Man kann diesen Berg nur über die linke Seite besteigen; über den vom Regenwald überwucherten Grat gelangt man hinauf, der Anstieg ist steil und es gibt keinen Weg; rechts ist der Abgrund, links liegt unendlicher Regenwald. Langsam hüllt Nebel den Berg ein, entzieht ihn meinem Blick, als wollte er mir sagen: „Heute noch nicht, morgen werde ich für dich da sein." Ich stehe mitten auf der Lichtung und die Dunkelheit greift nach mir. Ich fühle sie – kalt, massiv, drängend und mächtig. Sie lässt mich frieren und treibt mich ins Langhaus zurück, das von zwei Kerzen und dem Feuer erhellt ist. Zwei Shuar sitzen mit nacktem Oberkörper am Feuer und blicken mich beim Eintreten besorgt an. Der Rauch sammelt sich unter dem Dach, um uns herum ist Schwarz, die Dunkelheit sickert ins Haus, in mein Herz und macht mir große Angst.

Die Nacht ist schnell hereingebrochen und, anders als in den Nächten zuvor, scheint sie an diesem Ort ruhiger, die Geräusche der Tiere scheinen leiser zu sein. Ein Umstand, der mich nicht unbedingt beruhigt. Überall im Langhaus finden sich Spuren, die darauf schließen lassen, dass es nur selten ungenutzt ist. Wir schlafen auf Palmenbrettern, hinter denen verschlissene Kleidungsstücke an der Wand hängen. In einem Regal finden sich Angelhaken, Blasrohrpfeile, eine Kalebasse und Kerzen. Mittelpunkt des Hauses ist die Feuerstelle, um sie herum laden kurze Baumstämme zum Niedersetzen ein. Der Boden ist trocken und ich lege mich hin und beobachte, wie Simon aus den Lebensmitteln, die wir heute gesammelt haben, unser Abendessen zubereitet. Die Grundlage für seine Kreation bilden wie üblich Nudeln. Er scheint eine Unmenge davon im Gepäck zu haben, dazu eine Soße aus Tomaten, wilden Zwiebeln, Chilischoten und Karotten. Dann gibt's noch gekochtes Palmherz und die gesammelten Maden werden als besonderer Leckerbissen am Lagerfeuer gegrillt.

Als ich meinen Teller entgegennehme und mit der Gabel in den zerteilten Maden stochere, versuche ich mir ins Gedächtnis zu rufen, wie viel Eiweiß sie haben müssen, wie gesund sie sind, und nach einer kurzen Gedenkminute für die bedauernswerten Opfer auf meinem Teller stelle ich fest, dass sie weit weniger unangenehm schmecken, als ich befürchtet habe. Natürlich bleibt eine gewisse Hemmschwelle, doch zwischen der vierten und siebten Made habe ich auch diese überschritten. So sitzen wir um das Feuer herum und essen uns satt. Danach vertreibe ich mit den mitgebrachten Früchten und einigen Schlucken Pfefferminztee den Geschmack der Maden aus meinem Mund.

Ich erwähne, dass eine Zigarre ein würdiger Abschluss wäre und schon verschwindet Antonio in der Dunkelheit, um gleich darauf mit einer Handvoll grüner Blätter zurückzukommen. Tabak, erklärt er grinsend und macht sich daran, die großen, geäderten Blätter an einem kleinen Zweig über dem Feuer zu trocknen. Simon schenkt noch einmal Tee ein und erklärt mit Gestik und Mimik, dass wir die Blätter rituell rauchen werden. Wir werden sie rauchen, um dem Geist des Regenwaldes unsere Ehrerbietung zu erweisen, um uns mit ihm zu verbinden und um seinen Schutz, seine Hilfe, zu bitten. Inzwischen hat Antonio aus den jetzt braunen Tabakblättern und einem trockenen Palmwedel eine dicke Zigarre gerollt. Er zündet sie mit einem glühenden Holzstück an, inhaliert tief und brummt irgendetwas vor sich hin. Dann bin ich an der Reihe; der Rauch ist angenehm mild, ich reiche die Zigarre an Simon weiter. So sitzen wir und rauchen den Tabak aus dem Regenwald schweigend. Antonio rollt noch eine zweite Zigarre, wir rauchen sie und mit der Zeit verschwindet die beklemmende Stimmung, die sich mit Einbruch der Nacht auf unsere Gemüter gelegt hatte. Doch sprechen wir heute wesentlich leiser miteinander und wenn Antonio eine Geschichte von den kleinen Männern, die auf dem heiligen Berg leben, erzählt, flüstert er verschwörerisch. Wir sind alle darauf bedacht, keinen Lärm zu machen. Als Simon ein wenig mit den Tellern klappert, wirft Antonio ihm einen missbilligenden Blick zu, worauf Simon sofort damit aufhört. Er wird sich morgen ums Geschirr kümmern, wenn es wieder hell ist, die Sonne scheint und „die kleinen Männer“ schlafen – denn das tun sie am Tage.

Die Zigarre ist wieder bei mir angekommen, als ich einen tiefen, dröhnenden Ton höre – eigentlich hat er keine wirkliche Lautstärke, ist aber dennoch so intensiv, dass er mich in die Höhe schrecken lässt. Ich verfolge diesen unheimlichen Ton, der sich um unsere Unterkunft herumzubewegen scheint. Kein Flugzeug kann ein solches Tonphänomen verursachen, so viel ist mir klar. Ich starre in die Dunkelheit, kann nichts erkennen, aber ein Blick in die Gesichter meiner beiden Begleiter sagt mir, dass ich nicht der Einzige bin, der dieses Geräusch wahrnimmt. Die beiden Shuar sehen mich an. Ich bemerke ein Beben in Simons Gesicht und Antonio spricht aus, woran ich denke: *el espíritu de la selva*, es ist der Geist des Urwaldes. Wir haben ihn gerufen und er ist gekommen, in unser Langhaus, in unsere Mitte, in unsere Herzen und unsere Seelen.

Wir sitzen ums Feuer, jeder hat diesen tiefen, summenden

Ton gehört. Wir lächeln verlegen, wohl um unsere Angst zu verstecken, und rauchen den „Dschungeltabak". Heute gibt es keine Geschichten mehr von kleinen Männern, die in den heiligen Hügeln leben, keine Geschichte vom Jaguargeist, von verschwundenen Jägern oder den Geistern im heiligen Wasserfall. In dieser Nacht hören wir nur noch „Regenwaldmusik" und ein fernes Donnergrollen. Unser Schweigen, die Stille in der Hütte, nur das Knacken des Feuers lockert die Atmosphäre ein wenig auf. Mein Gefühl zu beschreiben ist nicht einfach; ich finde keine passenden Worte für den Zustand in meinem Innersten. Ich bin tief bewegt und gleichzeitig spüre ich Angst; ich fürchte mich vor etwas, was ich nicht kenne, was ich noch nicht einmal gesehen habe. In der Hütte und in uns selbst hat sich eine stille, nagende Angst breitgemacht. Ich glaube, es braucht nur wenig und ich renne schreiend in die Nacht hinaus.

Drei Männer sitzen schweigend um das Feuer und hoffen auf irgendetwas, das die Spannung zwischen ihnen und dem Urwald auflöst, hoffen auf den Tag, die Sonne, wissen aber, dass ihnen eine lange Nacht bevorsteht – eine Nacht, deren Schwärze undurchdringlich ist und die voll von Geistern und Wesenheiten zu sein scheint. Antonio hat noch am Nachmittag vom Geist des Regenwaldes erzählt, aber in all seinen Geschichten war nie die Rede davon gewesen, dass es da etwas gibt, das in der Dunkelheit lauert. Er hatte nichts von den Wesen berichtet, die uns jetzt aus allen Richtungen zu beobachten scheinen. Ich kann die leuchtenden, gierigen Augenpaare im Dunkel förmlich sehen. Nie zuvor habe ich mich derart ausgeliefert und schutzlos gefühlt. Aber zumindest bin ich nicht allein mit meiner Furcht, denn Antonio und Simon teilen sie – und das tut gut.

Simon legt noch Holz aufs Feuer und als ob der entstehende Funkenregen einen bösen Bann gebrochen hätte, sind die Spannung, die Furcht und das Gefühl, beobachtet zu werden, mit einem Mal verschwunden. Die Dunkelheit um uns herum scheint sich zurückzuziehen und an undurchdringlicher Schwärze und Körperlichkeit zu verlieren. Sogar die Geräusche der Tiere aus dem Regenwald hören sich für mich klarer, näher und etwas freundlicher an als zuvor. Wir alle bemerken diese Veränderung. Antonio findet seine Sprache wieder und macht sich mit viel Gestik und Mimik über unser Verhalten lustig – seine Art, Angst zu überspielen. Sein Humor ist ansteckend. Bald lachen wir über uns selbst, wenn auch noch etwas verhalten, aber wir lachen, und unsere Hütte, unser Feuer, wird wieder zu der warmen, trockenen Insel im dampfenden Regenwald, wird zum einzigen von einem Feuer erhellten Platz im Umkreis von vielen Quadratkilometern.

Spät krieche ich in meinen Schlafsack. Den Gang zur Toilette durch den dunklen Bananenwald hinter dem Langhaus beschließe ich auf morgen zu verschieben. So liege ich auf meinem harten Lager aus Palmenbrettern und schaue auf das Feuer in der Mitte des Raumes; beobachte Antonio dabei, wie er das Feuer für die lange Nacht mit Holz versorgt. Es wird bis zum Morgen weiterglimmen und Wärme spenden. Ich sehe Simon dabei zu, wie er sein langes, schwarzes Haar mit einem Holzkamm kämmt. Was würden meine Freunde wohl darum geben, wenn sie dasselbe sehen könnten wie ich. Und ich denke auch an meine ehemaligen Arbeitskollegen, die immer wieder versucht hatten, mir diese Reise auszureden, mir fallen ihre üblen Vorahnungen und ihre gespielte Sorge um mich ein. War es Neid gewesen? Ich denke ja und freue mich still.

Antonio ist im hinteren Teil des Langhauses im Dunkel verschwunden und summt ein wehmütiges Lied. Simon macht es sich noch am Feuer bequem, die Machete in Reichweite. Und ich frage mich, weshalb keiner der beiden eine Waffe mit sich führt. Die meisten Shuar besitzen altertümliche Jagdflinten, nur wenige können eine neuere Winchester ihr Eigen nennen, viele jagen noch mit Blasrohr und Giftpfeilen. Und wir, tief im Regenwald, von der nächsten Ansiedlung noch mindestens zwei Tagesmärsche entfernt, haben lediglich eine alte Machete, die noch dazu schlecht geschliffen ist, zu unserer Verteidigung. Andererseits – wogegen wollen wir uns verteidigen? Gegen die einströmende Zivilisation, gegen die Ölgesellschaften, gegen den Raubbau am Regenwald oder die in die Zentren des Landes einströmenden Touristenmassen?

Die Aufstände der Indianer sind zu oft niedergeschlagen worden, die Pfeile und Macheten sind durch das politische Wort ersetzt worden. Die Waffen sind heute, Manifeste, Spendengelder und die *fundación* der Shuar. Ich habe gegen den Schatten in mir, gegen die dunkle Bestie „Angst" zu kämpfen. Ich ringe mit meinem klein gehaltenen Selbstvertrauen, mit meinem Glauben ... und behindere mich, indem ich immer wieder versuche, das Unerklärliche zu erklären. Meine Waffe ist das Loslassen, ist das Sich-Hingeben, das Sich-fallen-Lassen, Die-Dinge-fließen-Lassen. In diesem Augenblick, in einer Hütte mitten im Regenwald, werde ich mir der Chance bewusst, die sich mir bietet. Ich bin zurückgeworfen auf das Wesentliche. Einzig die Sorge um Nahrung und ein Dach über dem Kopf, nur der Gedanke daran, diesem Pfad zu folgen; nur die Anstrengung und die Eindrücke dieser wunderbaren Welt erfüllen mich. Endlich kann ich mich auf das Wesentliche konzentrieren, endlich bin ich keiner Ablenkung mehr ausgeliefert, endlich kann ich der Künstlichkeit unserer Zivilisation entkommen.

Gedanken schießen mir durch den Kopf, eine Bilderflut drängt sich vor mein geistiges Auge ... doch es dauert nicht lang und schon bin ich wieder in der Ruhe, die ich hier gefunden habe. Wenn ich die Augen schließe, sehe ich das Grün des Regenwaldes vor mir, höre die Tiere der Nacht ein Lied singen und spüre die feuchte, kühle Luft auf meiner Haut. Der Duft des glimmenden Feuers, der Geruch von Erde und eine leichte Süße in allem öffnen mir das Tor zu der Welt meiner Träume, lassen mich in einen tiefen, erholsamen Schlaf sinken.

Im Traum liege ich im Schlafsack auf den Palmenbrettern. Es ist kühl, die Dunkelheit ist rauchig und um mich herum herrscht absolute Stille. Der Traum scheint sich mit der Realität zu vermischen. Ich bin mir bewusst, dass ich träume, zugleich bin ich aber völlig klar im Kopf, kann sogar meine Bewegungen steuern. Ich kenne einen ähnlichen Zustand nur von meinen Schamanenreisen in die nicht alltägliche Wirklichkeit. Diesmal scheint es einfach zu geschehen. Ich versuche, mich damit abzufinden, und nutze die Gelegenheit, mir das Langhaus in diesem eigenartigen Bewusstseinszustand anzusehen. Manche der Objekte im Raum scheinen merkwürdig diffus, fast durchsichtig zu sein. Wenn ich das glimmende Feuer betrachte, sieht es etwa so aus wie zwei Diapositive, die übereinanderliegen, wie ein doppelt belichtetes Foto. Ein eigenartiger räumlicher Eindruck entsteht, zieht meine Aufmerksamkeit von einer Ecke des Raumes in eine andere. Dort liegt Antonio schlafend. Er leuchtet, wie von einer Aura umgeben. Als ich Simon im Dunkel auszumachen versuche, erschrecke ich zunächst sehr: Er sitzt im Schneidersitz nicht weit von mir entfernt am Feuer, hat sich mir halb zugewandt und beide Arme wie zum Schutz vor Kälte um seine Schultern geschlungen. Plötzlich sieht er mich an. Erst erkenne ich sein Gesicht kaum. Seine Gesichtszüge sind verwischt. In der Haut um seine Augen entstehen viele kleine Risse, aus denen gelbes Licht wie eine Flüssigkeit tritt, über sein Gesicht fließt und langsam in seinen nackten Oberkörper hineinsickert. Obwohl er mindestens vier Meter von mir entfernt auf dem Boden sitzt, ist mir sein Gesicht wesentlich näher. Gebannt starre ich in sein Gesicht, kann meinen Blick nicht von ihm abwenden. Er scheint etwas sagen zu wollen, doch sind seine Lippen von dem flüssigen Licht „verklebt", das um seine Augen herum hervorquillt. Auch auf seiner Kopfhaut bemerke ich Risse oder besser gesagt tiefe Einschnitte, aus denen rötliches Licht zu strömen beginnt. Die zähe Lichtmasse beginnt seinen Körper zu bedecken, hüllt ihn vollkommen ein. Da ich meinen Blick nicht von ihm abwenden kann, versuche ich mich weiter auf sein Gesicht zu konzentrieren. Alles, was ich sehe, ist erschreckend schön; es löst Empfindungen in mir aus, die ich bis heute nicht richtig zu deuten weiß. Da geht ein Ruck durch die leuchtende Gestalt vor mir und wie geschmolzenes Metall, das abkühlt und dabei seine Farbe verändert, wird jetzt auch die Masse aus Licht um Simon herum trübe und immer dunkler. Er scheint gegen etwas anzukämpfen, gegen Fesseln aus trübem Licht. Schon kann ich die Fäden aus zuvor strahlendem Gelb und Rot nur mehr schwach leuchten sehen. Überall beginnen sich die Risse in der Haut zu schließen; Simon sieht schon wieder recht normal aus ... obgleich er offensichtlich versucht, sich aus einer unsichtbaren Zwangsjacke zu befreien. Endlich ist er frei und mir fällt auf, dass seine Augen weit aufgerissen sind. Er stöhnt und lässt sich, von seinen Fesseln befreit, zur Seite auf den Boden sinken; nun liegt er in Embryonalhaltung am Feuer. Im Schein der Glut sehe ich, dass sein ganzer Körper schweißüberströmt ist.

Mein Magen krampft sich zusammen. Ich kämpfe gegen die plötzlich aufsteigende Übelkeit an, ich zittere. Gerade, als ich mich zu fragen beginne, was ich hier wohl gesehen habe, stelle ich auch an mir erschreckende Veränderungen fest. Ich habe mich in meinem Schlafsack aufgesetzt und als er mir von den Schultern rutscht, erkenne ich, dass ich ebenfalls von diesem Licht umgeben bin. Ich kann diese Zwangsjacke aus Licht sogar spüren. Eine eigentümliche Starre ergreift von mir Besitz. Ich mag das Gefühl nicht, das wird mir sofort klar, doch auch ich habe fast keine Chance, diesem „klebrigen" Licht zu entkommen. Ich kann meinen Kopf nicht mehr bewegen. Eine Kraft hat ihn so gedreht, dass ich zum Eingang schaue. Mit Anstrengung kann ich noch Simon gerade am Rande meines Blickfelds wahrnehmen. Er scheint aufgewacht zu sein, hat sich mir zugewandt und starrt mich an. Ich komme zu dem Schluss, dass er vielleicht dasselbe wahrnimmt wie ich zuvor. Vorausgesetzt, es ist kein Traum, in dem ich mich befinde. Was dann folgt, geschieht blitzartig, fast zu schnell, als dass man es hätte richtig erfassen können. Alles, was ich sehe, ist, dass sich ein großer, schwarzer

Schatten durch den Eingang drängt .Sekunden später erkenne ich einen riesigen Jaguar: Er hat ein glänzendes schwarzes Fell, gelbe Katzenaugen und gewaltige Pranken. Immer schneller kommt er auf mich zu. Er legt alle Kraft in den Absprung. Seine Muskeln übertragen die geballte Ladung animalischer Energie auf den staubigen Boden; der Körper hebt ab; die gewaltige Masse aus Fell, Muskeln, Knochen, Zähnen und Krallen schießt auf mich zu. Rasiermesserscharfe Reißzähne blitzen auf, ich sehe die spitzen Krallen. Noch bevor der Körper der Katze auf meinen trifft, kann ich ihre Körperwärme spüren und habe ihren herben Geruch in der Nase. Dann wird alles dunkel. Ich fühle warmes Fell um mich herum; kann das Tier riechen, aber da ist kein Druck, kein Schmerz. Der Körper der Raubkatze ist quasi durch mich hindurchgeflogen, kurze Zeit haben wir uns vermischt. Ich kann den Jaguar noch in mir spüren, habe einen metallischen Geschmack wie den von Blut in meinem Mund und nehme eine ungeheure, eine tierische Kraft und Aktivität in mir wahr. Langsam löse ich mich aus meiner Erstarrung und sofort zittere ich heftig. Als mein Herz aufgehört hat, wie verrückt zu rasen, und ich wieder genug Spucke im Mund habe, um sprechen zu können, drehe ich mich zu Simon um, der ebenfalls zitternd am Feuer kauert, und frage ihn, wie es ihm gehe. Er starrt mich an und alles, was er herausbringt, ist: „*Gran animal*“, ein großes Tier. Ich bin wach, vielleicht schon die ganze Zeit über.

Wir sitzen am Feuer, Simon hat es neu entfacht, und trotz der Hitze, die es ausstrahlt, ist uns bitterkalt. Antonio ist ebenfalls aufgewacht und hat sich zu uns gesellt. Wir kochen Tee, rauchen eine „Dschungelzigarre“. Erst nach einiger Zeit wiederholt Simon seine äußerst präzise Beschreibung des Vorfalls von vorhin. „*Un gran animal*“, stößt er zwischen den Zähnen hervor. Antonio nimmt die Neuigkeit gelassen auf, er nickt nur, schenkt mir sein makellos weißes Indianerlächeln und zieht sich wieder in seine Schlafecke zurück. Simon geht noch einmal um die Hütte herum, legt so viel Holz aufs Feuer, dass es bis in den

Morgen hinein hell brennen wird, und wünscht mir eine gute Nacht.

Allein mit dem Feuer und der Wärme, versuche ich dieses Erlebnis einzuordnen. Schließlich belasse ich es dabei, dass ich meinem Krafttier begegnet bin, wenn auch die Begegnung eine heftige, die Umstände etwas eigenartig und die Nachwirkungen noch nicht absehbar sind. Bilder von früher steigen vor meinem geistigen Auge auf, führen mich Jahre zurück, in eine Vergangenheit, die mir so fremd und doch so vertraut ist. ... Vieles, an was ich früher glaubte, an was ich festhielt, an was ich mich förmlich geklammert habe, scheint mir nun völlig fremd und unnütz. Schließlich gebe auch ich der Müdigkeit nach ... nur noch wenige Stunden trennen mich vom Morgen, einem neuen Tag.

15

Der Tag beginnt wie jeder andere. Der Nebel ist unglaublich dicht; alles ist feucht; die Nässe dringt durch meine Kleidung; mein Tagebuch ist genauso nass wie Fotoapparat und Filme. Das Feuer raucht anfangs mehr, als dass es Wärme spendet, und Simon lässt das Frühstück heute ausfallen. Wir wollen auf den heiligen Berg der Shuar, das ist wohl der Grund für unser morgendliches Fasten. Nur Tee, heiß und leicht nach Minze schmeckend, ist gestattet. Meine beiden Führer sind ausgesprochen schweigsam. Die vergangene Nacht sitzt auch den Indios noch in den Knochen, also nicht nur dem *gringo* aus Europa. Antonio lässt uns schließlich wissen, dass er uns nicht begleiten werde. Er wolle lieber zurückbleiben, um sich um unser Frühstück zu kümmern. „Vielleicht sammelt Antonio, während wir uns auf den Berg hinaufquälen, ein paar Früchte", denke ich. Meine Stimmung hellt sich bei der Aussicht auf Nahrung wieder ein wenig auf.

Simon lässt sich Zeit, er ist noch damit beschäftigt, seine Haare zu kämmen ... das habe ich schon vor einigen Tagen aufgegeben. Ich finde mich damit ab, dass ich meine langen Haare, auf die ich so stolz bin, nach meiner Rückkehr in die Zivilisation wohl opfern muss. Ich kann sie nicht einmal mehr mit den Fingern durchkämmen. Ich wärme mich bis zu unserem Aufbruch noch ein wenig am Feuer. Meine Kleidung dampft, die Wärme dringt bis in meine Knochen. Als die Sonne herauskommt, bin ich wach, bereit für neue Entdeckungen, für neue Anstrengungen. Doch Simon hat noch eine Überraschung für mich: Wir gehen ohne Gepäck, nicht einmal Wasser nehmen wir mit. Zum ersten Mal wandere ohne Gepäck durch den Regenwald!

Die Sonne hat alles um uns herum in ein von Tautropfen glitzerndes Paradies verwandelt. Wie mit Tausenden von Diamanten besetzt, glitzern mannshohe Farne, riesige Blätter, gewaltige Bananenstauden und hoher, schlanker Bambus in der Morgensonne. Dazwischen steht weißer Nebel. Er bedeckt den Boden, leckt an den Baumstämmen der Urwaldriesen und flieht wie ein Wesen vor unseren Schritten auf dem weichen, vibrierenden Waldboden. Mit der Sonne kommt die Hitze und Hitze plus Feuchtigkeit ergibt tropisches Regenwaldklima, was wir nun am eigenen Leib zu spüren bekommen. Wir sind in Richtung heiliger Berg unterwegs, noch steigen wir nicht auf diesen gigantischen Hügel, wir sind noch nicht einmal an seinem Fuße angelangt ... und schon jetzt macht mir die Hitze enorm zu schaffen.

Obwohl ich von meinem schweren Rucksack erlöst bin, kann ich kaum mit Simon Schritt halten. Er scheint das flache Gebiet vor uns so schnell wie möglich durchqueren zu wollen. Vielleicht fürchtet er sich von den „kleinen Männern", von denen Antonio zu erzählen wusste, oder er fürchtet den Geist des Regenwaldes. Immerhin hat sich der *espíritu de la selva* gestern Nacht heftig bemerkbar gemacht. Unsere Nerven scheinen nicht so gut zu sein, wie wir denken. Ist es vielleicht so, dass meine Reise in den Regenwald gar nicht mutig war, sondern eher ein Akt der grenzenlosen Selbstüberschätzung? Was, wenn ich den Erlebnissen hier körperlich einfach nicht gewachsen bin? Viele Was-wäre-Wenns gehen mir auf unserem Weg durch den Urwald durch den Kopf. Doch als ich wieder einmal über eine Wurzel stolpere und auf dem Boden liege, beschließe ich, mich mehr um das Hier und Jetzt zu kümmern, mich mit der Tatsache anzufreunden, dass ich die Möglichkeit habe, mehr zu erleben; vielleicht zu erfahren, dass ich die Chance habe, mein Leben zu verändern –durch diese Erlebnisse und Erfahrungen in einem fremden Land, Tausende Kilometer von meiner Heimat entfernt. An diesem Ort, an dem mich meine Vergangenheit nur schwer einzuholen vermag, in einer Situation, in der all meine alltäglichen Probleme und Sorgen nur eine untergeordnete Rolle spielen. Hier bin ich reduziert auf das Wesentliche. Hier habe ich nur die Aufgabe zu leben; den Auftrag, zu lernen und meine Erfahrungen zu machen.

Langsam beginnt sich das Gelände zu verändern. Riesige Felsbrocken, fast völlig von tiefgrünem Moos überwachsen, liegen wie das überdimensionale Spielzeug eines Riesen im nun etwas lichteren Urwald verstreut. Auf manchen dieser Brocken von drei und mehr Metern Höhe wachsen unvorstellbar schöne Orchideen aus dem Moos. Weit über uns schließt sich das Blätterdach der Urwaldriesen und die riesigen Blätterpflanzen verwehren uns den Blick auf die Landschaft. Eine leichte Steigung zeugt davon, dass wir auf dem richtigen Weg sind. Unvermittelt öffnet sich vor uns zwischen zwei riesigen Felsen eine schmale, dunkle Schlucht. Wir folgen dem Wasserlauf, der aus der Schlucht mit unzähligen Verzweigungen in den Regenwald hineinfließt. Wir bewegen uns genau in der Bruchstelle des Berges, wo die gewaltigen Naturkräfte den Berg vor Tausenden von Jahren zum Zerbersten gebracht haben. Links ragt eine Felswand vielleicht zwanzig, dreißig Meter in die Höhe, auf der rechten Seite kann ich die Höhe nicht mehr schätzen, es müssen weit über hundert Meter sein. Der Fels zu beiden Seiten sieht aus, als sei er poliert worden. Das Wasser, das zu beiden Seiten über den Fels rinnt, hat in den Jahrtausenden gute Arbeit geleistet und jede Unebenheit geglättet. Nur vereinzelt klammern sich Farne und andere Pflanzen an den glatten Granit. Einmal kommen wir am Eingang einer Höhle vorbei, der Gestank und das Geräusch lassen auf unzählige Fledermäuse im Inneren der Höhle schließen. Sonst begegnen uns keine Tiere in dieser etwa vier Meter breiten Schlucht. Es ist fast so, als ob die Felswände regelrecht Druck auf uns ausüben würden. Ich kann die gewaltige Energie des Berges spüren. Wenn ich mich nicht darauf konzentriere, einfach weiterzugehen, wenn ich zu sehr auf die Felswand zu meiner Rechten blicke oder meinen Blick nach oben, zum Blau des Himmels, schweifen lasse, macht sich sofort ein eigenartiger Druck in meinem Kopf bemerkbar und nicht nur in meinem Kopf, auch in meiner Seele glaube ich die Kraft des Berges zu spüren. Ich komme mir so klein vor wie eine Ameise.

Die einzige Möglichkeit, den Berg zu besteigen, bietet sich entlang des Abgrundes, der Felswand auf der anderen Seite des Hügels. Wir erreichen nach einer guten halben Stunde die andere Seite und beginnen mit dem Aufstieg. Wir hangeln uns hinauf, klettern an Schlingpflanzen und Baumstämmen entlang. Jeder Meter ist schwierig und kräftezehrend, denn die Lianen bieten nur bedingt Halt, meist geben sie nach und immer wieder rutsche ich mitsamt Lianen und kompostartiger Erde einige Meter nach unten. Der glatte Fels bietet kaum genug Halt für die Pflanzen selbst, die auf dem Hügel zu wachsen versuchen. Hier wird allzu deutlich, wie die Vegetation um einen Platz am Licht kämpft. Alles wächst nach oben, der Helligkeit und dem Himmel entgegen… allerdings haben nur die Bäume die Chance, genug Sonne zu bekommen, um zu überleben. Nahe dem Boden stapfe ich durch einem riesigen Komposthaufen. An diesem Ort ringen die Pflanzen unentwegt um Raum und Licht. Alles ist ineinander verschlungen, miteinander verwoben. Wie ein riesiger Teppich, ein engmaschiges Netz aus Wurzeln und Erde, überziehen die Urwaldpflanzen den glatten Fels.

Mit ihren Wurzeln suchen sie verzweifelt in jeder Spalte, jeder kleinen Unebenheit, Halt. Um nicht auszugleiten und mit dem Wurzelgeflecht und einer Menge Erde in Richtung Felswand zu rutschen, tue ich es den Pflanzen gleich und kralle mich an alles, was Halt gibt. Die einzige Sicherheit allerdings, der ich wirklich vertraue, ist Simons Hand, die sich mir mehr als einmal helfend entgegenstreckt.

Langsam gewinnen wir an Höhe, doch die Hitze und die Feuchtigkeit verschlagen mir den Atem. Und ich hoffe inständig, dass wir bald oben sind. Immer wieder rutsche ich ab, einmal stoppt ein dicker, bemooster Ast meine rasante Talfahrt; ein anderes Mal erwische ich gerade noch eine Liane, um mich vor dem drohenden Absturz zu bewahren. Über uns bildet das Unterholz teilweise eine undurchdringliche Decke, die alles Licht verschluckt. Wir kriechen durch Tunnel aus Ästen und Blättern, auf allen Vieren, die Hände tief im Wurzelgeflecht, in der Erde. Ich bereue, dass wir kein Wasser mitgenommen haben. Ich habe Antonio schon einmal dabei beobachtet, wie er einen Bambushalm mit der Machete aufschlug, und gesehen, dass sich in jedem Segment des Bambus etwa ein Liter frisches, kühles Wasser befindet. Doch hier wächst kein Bambus und Simon hat auch keine Machete dabei. Und so kämpfe ich weiter gegen meinen Durst. Als wir an einem kleinen Rinnsal vorbeikommen, bin ich kurz versucht, das bräunliche Wasser zu trinken. Simon muss wohl bemerkt haben, dass ich mit mir kämpfe. Er schüttelt den Kopf, als er sich umsieht, und gibt mir zu verstehen, dass er ebenfalls Durst habe – geteiltes Leid ist halbes Leid! Ich träume weiter von Cola mit Eis, von einem kühlen Bier und von den klaren Gebirgsbächen meiner Heimat.

Mein Zeitgefühl habe ich verloren. Mechanisch greife ich nach den Lianen, kralle mich an die glitschigen, zum Teil zerfallenden Baumstämme und Äste. Es geht allein ums Vorwärtskommen, ums Greifen, Tasten, Sich-Hochstemmen ... ich bin wie ein Tier auf die Instinkte reduziert. Und irgendetwas tief in mir sagt mir, dass wir hier nicht allein sind; dass wir verfolgt, beobachtet werden. Ich habe keine Angst, nur ein unbestimmtes Gefühl, das ich schon kenne.

Nur mit Mühe kommen wir voran. Ich bin völlig durchnässt ... vom Schweiß, der mir in Strömen den Rücken hinabläuft, und von der hohen Luftfeuchtigkeit. Als wir ein kleines Plateau erreichen, kann ich es kaum glauben. Endlich sind wir oben angelangt und stehen im dichten Unterholz. Der Pfad hier oben ist nur einen halben Meter breit, immer wieder liegen uns Äste und Schlingpflanzen im Weg. Der Himmel über uns ist blau. Ich kann keinen Windhauch spüren, die heiße Luft staut sich zwischen all den Pflanzen. Wie in einem riesigen Gewächshaus drängen sich hier die verschiedensten Pflanzenarten zusammen: Orchideen, so bunt, wie ich sie noch nie gesehen habe; riesige Farne und Palmen; Sträucher mit bunten Blüten; Pflanzen mit gewaltigen Blättern und hier und da große Bananenstauden. Wir klettern auf einen Baumstamm und balancieren, uns an Lianen festhaltend, über die grüne Pflanzenmasse unter uns hinweg. Unsicher stehe ich auf dem bemoosten Stamm, klammere mich an eine Liane und scheuche dabei ein paar rote Kolibris auf. Der Ausblick, der sich mir nun bietet, nimmt mir den Atem: Vor mir reißt der Nebel auf und gibt den Blick frei auf eine unglaubliche Fläche dampfenden, undurchdringlichen Regenwaldes. Vor uns erstreckt sich das Amazonastiefland. Bis zum Horizont sehe ich ein gewaltiges Pflanzenmeer – unendlich weit, ohne Anfang und Ende. Kein Berggipfel ragt aus dem Regenwald heraus, alles ist grün überwuchert. Und irgendwo in diesem Ozean aus Schlingpflanzen, Blättern, verschlungenen Wasserläufen, irgendwo in diesem sich ständig wandelnden Ökosystem, irgendwo unter den Baumkronen verborgen, lebt der Schamane.

Ich bin so fasziniert von diesem Anblick, dass ich die angenehm kühle Brise, die über dem Dach des Regenwaldes weht, erst gar nicht bemerke. Hier oben, über dem Blätterdach des Waldes, brennt auch die Sonne mit ungebremster Intensität. Der strahlend blaue Himmel, das tiefgrüne Blätterdach und dazwischen kühlender Wind. Ein Erleben, das tief in meinem Inneren ein Hochgefühl und ein wunderbares Wohlbefinden erzeugt. Kein Gedanke mehr an die Anstrengungen der vergangenen Stunden, kein Verlangen nach Wasser oder Nahrung. Ich will nur hier stehen, die Sonne auf meinem Gesicht spüren und diesen Blick genießen. Das Wort „Schöpfung“ bekommt in diesen Minuten eine völlig neue Bedeutung für mich. Ich spüre ihre Kraft und Energie in mir und ein Schrei, der sich meiner Seele entringt, fliegt hinaus über diese sattgrüne Welt. Tierstimmen antworten, ich kann meinen Herzschlag in den Ohren dröhnen hören, meine Augen füllen sich mit Tränen und irgendetwas zerspringt in mir. Meinen Begleiter vergesse ich völlig. Von fern höre ich, wie jemand meinen Namen ruft. Es ist Simon, er will weitergehen. Doch ich möchte dieses Glücksgefühl noch zehn Minuten genießen. Und als Simon mir ins Gesicht schaut, meinen Gesichtsausdruck wahrnimmt, lächelt er breit und nickt nur stumm.

Es sei gut hier, gibt er mir zu verstehen, ein guter Platz, ein Ort des Friedens und der Ruhe. Ich versuche, was ich gerade erfahre, in einem Foto festzuhalten. Doch als ich mir bewusst werde, dass kein Fotoapparat diese Stimmung einfangen kann, dass jedes Bild nur ein Abklatsch dessen sein kann, was ich hier sehe und erlebe, stecke ich den Apparat wieder in die Tasche. Aber meine Seele nimmt den Eindruck auf, prägt sich dieses Gefühl, diesen Blick, dieses Wissen um die Kunst der Schöpfung ein. Hier kann ich spüren, dass Gott nicht tot ist; vielleicht macht er gerade Urlaub, und wenn ja, dann mit Sicherheit hier.

Nur schwer kann ich mich losreißen; es fällt nicht leicht, die Trockenheit und Helligkeit über dem Blätterdach des Urwaldes gegen die feuchte, dunkle, schwüle Tiefe, durch die wir uns bewegen müssen, einzutauschen. Doch wir brechen auf. Von meinem Aussichtsposten wieder herunterzuklettern ist schwierig, die letzten Meter falle ich, sehr zu Simons Amüsement. Ich wische meinen blutenden Handrücken unauffällig an meiner Weste ab und lache mit.

Wir ziehen weiter, zwar nur wenige hundert Meter, aber mit einem Mal scheint die Gegend – und vor allem die Stimmung an diesem Ort – völlig verändert zu sein. Simon entschließt sich dazu, unter einer großen Bananenstaude zu rasten. Nur unter den gewaltigen Blättern dieser Pflanze kann man auf dem Boden sitzen. Zwei Blätter dienen uns als Unterlage und nachdem ich mich vergewissert habe, dass ich mich nicht in einer Ameisenstraße niederlasse und meinen Nacken keinen kleinen, schnellen Spinnen präsentiere, lehne auch ich mich bequem zurück, um mich auszuruhen. Simon sucht in der Umgebung nach Früchten, doch scheinen Nahrungsmittel in dieser Gegend eher Mangelware zu sein. Als Ersatz für süße Früchte zeigt er mir stolz grüne, harte Zweige einer Strauchart, die hier überall wächst. Die Blätter duften angenehm nach Limone und in kleinen grünen „Wucherungen“ an den Blattachseln der Pflanze hausen niedliche kleine Ameisen ... Mich erstaunt die kulinarische Besonderheit dieser Pflanzen-Ameisen-Symbiose: Die kleinen Ameisen schmecken ausgezeichnet nach Limone. Sie in meinen Mund zu befördern ist nicht einfach, sie schnell genug zu kauen und zu schlucken – bevor sie wieder den Weg in die Freiheit finden – ist aber noch ungleich schwieriger. Simon hat darin offensichtlich mehr Übung, mir fallen viele der Insekten in meinen Hemdkragen ...

Mein Begleiter will nun zuerst noch eine Siesta machen. Ich bin ihm dankbar dafür, denn viel Zeit zum Rasten und Regenerieren habe ich heute noch nicht gehabt. So lege auch ich mich hin, versuche, die lästigen Moskitos zu vergessen und trotz der feuchten Hitze ein wenig Schlaf zu finden. Das Sirren der Mücken und die Tierstimmen ... all das vermischt sich zu einem Geräuschteppich, der mich zudeckt. Ich fühle, wie ich in den weichen Urwaldboden hineinsinke und in den Schlaf eintauche, in die Welt eines Traumes gleite, der übervoll ist mit Bildern des Waldes.

16

Ich träume. Ein weißer Blitz zerfetzt die Dunkelheit, die mich umgibt, der Donnerschlag folgt prompt, alles dröhnt und vibriert. Dann herrscht wieder Stille. Ich atme roten Dampf aus, habe Schmerzen in der Brust und den Geschmack von Blut im Mund. Ich renne durch die Dunkelheit ... wieder ein Blitz, das grellweiße Licht wirft mich zu Boden. „Weiter!“, schreit eine Stimme in mir. „Nur weiter! Schau nicht zurück! Bloß nicht stehen bleiben!“

Ich strecke die Arme aus und laufe ins Dunkel hinein. Irgendetwas streift mich an der linken Schulter und reißt mich um meine Achse. Ich falle zu Boden, schlage hart auf. Der Geschmack von Blut in meinem Mund vermischt sich mit dem von nasser Erde. Der Regen fällt in Strömen. Alles schmerzt. Ich versuche aufzustehen und höre wieder die Stimme: „Lauf! Renn, du musst weiter, lauf um dein Leben!“

Wieder renne ich. Ich bin in irgendeinem Wald, nicht im Regenwald Südamerikas, nein, in dem Wald meiner Kindheit. Obwohl es dunkel ist, weiß ich genau, wo ich mich befinde: der Bach, die kleine Brücke, dahinter der Wald; Fichten, Tannen, wenig Laubbäume; kein Gras, nur Nadeln auf dem Boden. Die Erde vibriert unter meinen Schritten. Es riecht nach Nadelholz. Ich laufe, will gerade einen Hügel hinauf, als mich wieder etwas erwischt, diesmal an der rechten Seite, und zu Boden reißt. Weißer Schmerz zuckt durch meinen Körper, bahnt sich den Weg in mein Gehirn und explodiert dort in einem Funkenregen. Ich bleibe am Boden liegen, atme seinen erdigen Geruch, die Feuchtigkeit des modernden Waldbodens ein.

Da beginnt alles zu schwanken, meine Umgebung dreht sich

langsam, dann rasend schnell. Ich sinke in den Boden, immer tiefer und tiefer in die Dunkelheit der Erde hinein. Zwischen Wurzeln und Steinen führt mein Weg nach unten, hie und da erhellt von Blitzen weit über mir. Ich beginne zu fallen, schneller und schneller, stürze einen Schacht hinunter, ein ungebremster Sturz ins Nichts. Ich versuche einen Grund auszumachen, irgendwo in der Tiefe glitzert schwach eine Wasseroberfläche. Und schon stürze ich ins Wasser, tauche unter, spüre den Widerstand des Wassers und zugleich einen stetigen Sog, der mich weiter in die Tiefe zieht. Zuerst habe ich Angst zu atmen, dann – nach einiger Zeit – überwinde ich sie und mit einem tiefen Atemzug füllen sich meine Lungen mit Flüssigkeit. Der Schmerz, den ich erwartet habe, bleibt aus, das Wasser ist kalt, umgibt meinen Körper und ist jetzt auch in ihm, in jeder Zelle meines Körpers. Ich sinke noch tiefer, doch um mich herum wird es heller und heller.

Bilder tauchen auf und verschwinden wieder – in rascher Folge: Ich sehe Höhlen, die unter Wasser liegen, und Unterwasserlandschaften. Rechts von mir kann ich einen Tunneleingang erkennen, der von dem Schacht, in den ich gestürzt bin, abzuzweigen scheint. Ich werde von ihm angezogen, in diesen Tunnel hineingespült. Rasend schnell bewege ich mich in diesem überfluteten Gang vorwärts; weit vorn sehe ich Licht, den Ausgang, das Ende meiner unfreiwilligen Tauchfahrt. Erneut zuckt ein weißer Blitz, ich fühle einen explodierenden Schmerz hinter meinen Schläfen, dann spuckt mich der Gang, das Wasser, wieder hinaus ins Licht, ins Trockene, in den Regenwald hinein.

Ich liege auf einer Lichtung, über mir das Blätterdach der Baumriesen, um mich herum das undurchdringliche Dickicht des tropischen Regenwaldes. Der Boden vibriert in demselben Rhythmus wie mein Herzschlag und plötzlich scheint der ganze Regenwald in diesen Rhythmus einzufallen. Alles bewegt sich zum Lied meines Herzens. – die Bäume mit ihren mächtigen Stämmen, die Lianen, die Orchideen, Farne und Palmen ...

Dann beginnt der Wald sich auf mich zuzubewegen, er rückt näher und näher. Die Pflanzen um mich herum haben begonnen, feine Wurzeln zu treiben, die jetzt auf mich zukriechen. Von oben herab berühren mich die haarfeinen Ausläufer der Lianen und aus dem Boden wachsen feine Triebe, legen sich um meine Arme, Beine, betasten und befühlen mich, streichen mir über die Haut, krabbeln an meinem Rücken entlang nach oben, schieben sich durch meine Haare, überwuchern mich, liebkosen mich ... und mit einem einzigen gemeinsamen Ruck dringen all die Wurzeln und spitzen Triebe in meinen Körper ein, suchen sich ihren Weg durch die Haut, wachsen in Venen und Arterien hinein, umschließen Organe, überwuchern Knochen, füllen mich aus und ... schließlich – endlich! – erreichen sie mein Herz und meine Seele. Ich fühle keinen Schmerz, keinen Ekel, bin nur verwundert und habe ein Gefühl, das ich noch nicht kenne. „Verbundenheit" vielleicht, anders kann ich das, was ich empfinde, nicht beschreiben.

Mein Blickwinkel verändert sich: Nun schwebe ich über meinem Körper und sehe hinab auf ihn, nehme wahr, dass er von feinen Fasern überwuchert ist. Ich beobachte, wie immer mehr Schlingpflanzen sich um diesen Körper legen, in ihn hineinwachsen, ihn auszufüllen beginnen. Die Umrisse der Arme sind schon nicht mehr vom übrigen Boden zu unterscheiden, nur Kopf und Torso heben sich noch vom Boden des Urwaldes ab. Aber schon nähern sich neue Pflanzen; immer mehr frische, grüne Triebe sprießen aus dem Lianenholz. Mein Leib wird mehr und mehr „Dschungel" und schon kurze Zeit später ist die Stelle meiner Verwandlung nicht mehr vom Regenwald zu unterscheiden.

Wieder ein Blitz und erneut ist es schwärzeste Nacht um mich herum; ich habe noch einmal das Gefühl zu fallen, aus großer Höhe zu stürzen. Schnell folgen Bilder des gerade Erlebten; ich höre verzerrte Geräusche; spüre den Wind, Blätter, Erde, Hitze, Feuchtigkeit, einen leichten Schmerz im Rücken, dann bin ich wieder wach.

Ich brauche noch einige Zeit, um wieder zu mir zu kommen und mich zu orientieren. Simon macht sich schon bereit zum Abmarsch. Er hat bemerkt, dass ich aufgewacht bin. „Also weiter“, sage ich zu mir selbst – meinen Kopf noch voll von den Bildern meines Traumes. Wir brechen auf und mir scheint der Regenwald näher zu sein, die Pflanzen scheinen eine Art Eigenleben zu haben. Noch einmal bietet sich uns ein wundervoller Ausblick über das Amazonastiefland, doch ganz kann ich mich nicht darauf konzentrieren, denn ich spüre die Anwesenheit der Pflanzengeister im Rücken.

Erst jetzt beginne ich zu begreifen, was für ein Ort das hier ist, warum dieser von Urwald überwucherte Felsen mitten im Meer des Regenwaldes für die Shuar heilig ist. Natürlich bin ich mir der Beseeltheit aller Lebewesen bewusst, doch hier, am heiligen Berg der Shuar, kann man diese Wesenheiten sehr viel stärker spüren. Kein Mensch kann sich dem Zauber, der Magie dieses Ortes entziehen – zu offensichtlich ist die Anwesenheit der Geister und zu intensiv sind die Träume.

Seit wir dieses Plateau erklommen haben, scheint selbst die Zeit keine Rolle mehr zu spielen. Angesichts dieses Naturerlebnisses und der Kraft dieses Ortes schlägt jeder Versuch fehl, das Erfahrene in Worte zu kleiden. Aber trotz der Schönheit bleibt ein gespaltenes Gefühl in mir zurück: Ich fühle mich nach wie vor verfolgt, auch wenn es der Geist des Urwaldes, der *espíritu de la selva,* ist und die guten Geister des Regenwaldes und seiner Bewohner uns beobachten. Tief in mir wurde vor vielen Jahren Angst gesät und sie beginnt zu keimen. „Die Ernte wird furchtbar sein“, denke ich bei mir.

Wir setzen unseren Weg fort, mal krabbeln wir auf allen Vieren, mal kriechen wir unter umgestürzten Bäumen hindurch, dann balancieren wir über glitschige Stämme. Und wieder trifft uns die Schwüle mit voller Wucht – keine Ahnung, wie lange wir schon unterwegs sind. Meine Armbanduhr – ein Qualitätsprodukt „Made in Japan“, schlag- und stoßfest, sogar in zweihundert Metern Tiefe wasserdicht – zeigt schon lange keine Uhrzeit mehr an. Anstelle der Anzeige glänzen Hunderte von kleinen Wassertröpfchen in der Sonne. Erneut betreten wir eine kleine Lichtung. Sie ist gerade groß genug, um sich hinlegen zu können, wäre da nicht die Ameisenstraße, die quer hindurchläuft.

Simon erklärt, dass dies ebenfalls ein magischer Platz auf diesem Berg sei. Mehr sagt er nicht und er gibt mir auch kaum Zeit, mich umzusehen ... stattdessen beginnt er noch schneller zu gehen. Verblüfft frage ich noch einmal, was es mit diesem Ort auf sich habe. Simon blockt ab, murmelt irgendetwas Unverständliches, dann sieht er mich direkt an und sagt nur: „*Malo*", böse. Es ist also ein böser Ort. Das genügt mir als Erklärung und auch ich gehe jetzt gern ein bisschen schneller.

Ich fühle mich noch immer verfolgt, wie auf der Flucht. Wir beginnen den Abstieg, die Hitze ist unerträglich, es muss gegen Mittag sein. Sehnsüchtig denke ich an den täglichen Platzregen, der am Nachmittag die Urwaldpfade in schlammige Bahnen verwandelt und die kleinen Rinnsale und Wasserläufe zu Gebirgsbächen anschwellen lässt. Der Spuk dauert jeden Tag eine gute Stunde. Die Shuar richten sich darauf ein ... und wir tun das auch, denn an einen Abstieg in strömendem Regen ist nicht zu denken. Langsam kämpfen wir uns nach unten, der Weg bergab erscheint mir gefahrvoller und anstrengender als der Aufstieg. Wieder und wieder falle ich und rutsche den Berg hinab ... zurück bleiben blutende Ellbogen und unzählige blaue Flecken. Dann baumle ich über einem kleinen Abgrund und hoffe darauf, dass Simon mich rettet. Er befreit mich aus meiner misslichen Lage, diesmal ohne über mich zu lachen, und als ich wieder festen Boden unter meinen Füßen habe, kann ich erkennen, wie knapp ich einem größeren Unglück entronnen bin. ... Ich male mir aus, wie das hätte ausgehen können und dass auch die starken Schmerztabletten in meiner Notfallapotheke vermutlich wenig nützen würden. Und so setze ich jetzt jeden Schritt achtsam. Der Boden gibt wenig Halt; alles ist weich, federnd, glitschig und jeder falsche Schritt kann eine Lawine aus Geröll und Pflanzen auslösen.

Sehr viel später stehen wir schließlich wieder am Fuß des heiligen Berges. Simon lächelt, klopft mir freundschaftlich auf die Schulter und ich versuche, mir die Anstrengung trotz meiner weichen Knie nicht anmerken zu lassen. Den Weg zurück findet mein indianischer Begleiter sofort, ich wäre sicherlich in die falsche Richtung gelaufen. Den Urwald, der zwischen uns und dem Schamanenhaus liegt, durchschreite ich mit Leichtigkeit. Welche Wohltat für meine Beine! Endlich kann ich wieder aufrecht gehen, habe halbwegs festen Boden unter den Füßen. In Gedanken bin ich längst bei klarem, frischem Wasser und dem verspäteten Frühstück, das Antonio hoffentlich vorbereitet hat. Ich bin müde, aber glücklich. Und dieses Glücksgefühl lässt mich das letzte Stück Weges mit fast beschwingtem Schritt gehen. Simon hat seine Sprache wiedergefunden und er lacht ausgelassen, als wir gerade über einen Baumstamm balancieren. Als ich ihn nach dem Grund für seine Heiterkeit frage, verstehe ich sehr schnell: Er lacht über einen meiner Abstürze mit Ritt in die Tiefe. Aber ich kann ihm gar nicht böse sein. Es ist ja nichts Schlimmes passiert und in ein, zwei Tagen werde ich meine Kratzer und blauen Flecken dieses Tages von all den anderen Blessuren nicht mehr unterscheiden können.

So erreichen wir in bester Laune das Lager und mein Traum erfüllt sich: Antonio empfängt uns mit klarem Wasser, Urwaldtee und fettigen Tortillas. Als Simon und ich gegessen haben, wir gemeinsam mit unserem Tee ums Lagerfeuer sitzen und der tägliche Regenguss alles um uns herum im Nebel verschwinden lässt, fragt Antonio, wie es uns ergangen ist. Erst als ich meine Verletzungen zeige und selbst meine wilde Talfahrt nachspiele, sind die beiden Shuar zufrieden. Unser Lachen hallt hinaus in den Nebel, in den Regen und verliert sich irgendwo zwischen unserem Lager und dem Fuß des heiligen Berges im Regenwald.

17

Wie leicht bin ich in der Vergangenheit von einem Extrem ins andere gefallen, wie schnell habe ich meine Ansichten geändert. Ich hatte nie das Gefühl, dass ich wirklich so weit bin, Magie, Okkultismus oder Schamanismus betreiben zu können. Ich hatte viele Bücher gelesen, doch selbst die wundervollsten dort beschriebenen schamanischen Erlebnisse der Autoren waren eben nicht meine eigenen und die tollsten Schilderungen von ekstatischen Erlebnissen in der nicht alltäglichen Wirklichkeit schienen jenen vorbehalten zu sein, die nach langer, entbehrungsreicher Suche irgendwo im Nirgendwo auf einen Meister, einen weisen Mann, einen Schamanen getroffen waren, der sie nach einer langen Zeit des Wartens initiiert und in die Mysterien seiner Magie eingeführt hatte. Mein größtes Problem war allerdings die Frage, ob ich meiner Vision vertrauen konnte ... Ich selbst hatte jede auch noch so intensive und aufrüttelnde Erfahrung stets nach den Kriterien unserer Gesellschaft zu bewerten: War es Einbildung, Wunschdenken oder im besten Fall etwas Unerklärliches? Ich suchte nach einer Technik, die mir den natürlichen Zugang, eine Wahrnehmung ohne Filter, ermöglichen sollte. Krankheit war, wie schon erwähnt, der Auslöser und der Motor dieser Suche. Über Jahre hatte ich versucht, meine inneren Räume zu erforschen und lernte, meine Wahrnehmung immer mehr zu erweitern. Aber wieder und wieder schien mich meine Vergangenheit einzuholen. Tief in meinem Unterbewussten saßen immer noch der Ungeist meiner Erziehung, die Jahre im Internat, meine Lehrzeit, mein Beruf; das Bild der Gesellschaft, dass ein Mann Karriere machen muss ... „Das ist doch nur ein Traum", „Das bildest du dir nur ein" ... Wie oft habe ich sol-

che Sätze hören müssen, wie lange habe ich ihnen Glauben geschenkt. Und wie sollte ich einen Ausweg aus dieser materiellen, aus der „künstlichen“ Realität finden?

Natürlich war mir bewusst, dass die Zeiten der Aussteiger, die sich auf eine einsame Insel, in eine Hütte im Wald zurückzogen, vorbei waren. Im Übrigen wusste ich auch, dass dies nicht mein Weg war. Ich wollte nicht flüchten, ich wollte die beiden Realitäten, die ich kannte, in Einklang bringen. Immerhin lebte ich in dieser Gesellschaft und in der Realität unseres sozialen und politischen Systems. Sich dem zu entziehen, würde eine völlige Abkehr von dieser Welt bedeuten. Ich suchte nach Möglichkeiten, Erfahrungen zu sammeln, die nicht durch Menschen in einer Hierarchie weit über mir hervorgerufen wurden, ich suchte nach meinem ganz persönlichen Weg, die Mysterien der Natur, des Planeten „Erde“ zu erfahren. Auch meine Reise zu den Shuar-Indianern sollte ich allein antreten. Der Auftrag meiner Verbündeten war klar gewesen: Ich sollte allein gehen. Und das war ein Beweis für mich, dass diese Idee nicht meinem Wunschdenken entsprungen war.

Ehrlich gesagt, bereitete mir die Vorstellung, mich allein in den Regenwald zu begeben und den Shuar zu begegnen – die einst bekannt waren für Schrumpfköpfe und Curare sowie ihre eher kriegerische Natur –, große Angst. Vielleicht ist Mut nur eine Form der Verdrängung, war es mir ein paar Monate vor meiner Abreise durch den Kopf gegangen. Was, wenn Arbeitskollegen, Eltern, Freunde recht behielten und ich als Schrumpfkopf endete? Was, wenn ich dem Ganzen wirklich nicht gewachsen sein würde? Alle meine Anfragen in dieser Richtung – ich befragte natürlich meine Verbündeten in der nicht alltäglichen Wirklichkeit – konnten meine Ängste nicht zerstreuen, denn ich bekam keine Antwort, keinen verschlüsselten Hinweis. Aber irgendwann lüftete sich für einen kurzen Augenblick der Schleier meiner Panik und ich erkannte, dass allein mein mangelndes Selbstvertrauen, all die negativen Erwartungen, die in mich ge-

setzt worden waren, und im Grunde genommen die Angst der anderen, diesen Schritt zu wagen, den Samen für meine Ängste gesetzt hatten. Um meiner Angst zu begegnen, besann ich mich auf eine Technik, von der ich vor Monaten gelesen hatte. Es war eine Methode, seine Vergangenheit hinter sich zu lassen, die einem die Möglichkeit eröffnete, ganz neu zu beginnen.

So zog ich an einem Wochenende im Sommer wieder einmal in die Tiroler Berge. Diesmal hatte ich Dinge in meinen Rucksack getan, die mich an Erlebnisse und Begebenheiten aus meiner Vergangenheit erinnerten. Es waren Fotos, Briefe, kleine Andenken; eine Art Tagebuch, in dem ich mich mit meinen unbewussten Ängsten auseinandergesetzt hatte; ein paar Kleidungsstücke, mit denen ich bestimmte Erinnerungen verband – alles in allem wog das Ganze schwer ... Ich kannte einen besonderen Ort in den Bergen, den ich immer wieder aufgesucht hatte. Sobald der Schnee des Winters sich zurückzog, sobald sich die Felsen wieder in der Sonne erwärmten, war ich – vor allem, wenn ich mit Problemen beladen war – zu diesem Platz aufgebrochen. Niemand anders schien jemals hierher zu kommen, immer fand ich die Feuerstelle und den Steinkreis rund um meinen magischen Platz herum vor, wie ich sie verlassen hatte.

Mein Weg führte mich durch ein kleines Tal, einen Mikrokosmos mit Moosen, Farnen, großen Pilzen und uralten Bäumen. Fast wie ein Märchenwald wirkte dieses Stück unberührte Natur für mich. Das Wasser eines klaren Baches löschte meinen Durst, wenn ich am Ziel, meinem Steinkreis, angelangt war. Ich hatte diesen Kreis im Lauf der Jahre gebaut. Jedes Mal, wenn ich den Ort aufsuchte, fügte ich einen weiteren Stein hinzu. So war der Kreis über die Jahre gewachsen, hatte mehrere Winter erlebt. Dieser Platz hatte mich stets wie ein Freund und Vertrauter aufgenommen und mein Verlangen nach Ruhe gestillt. Immer hatte ich hier genau das gefunden, was ich gerade brauchte: War ich erschöpft und müde, schenkte er mir Energie; war ich zerrissen und unruhig, beruhigte er mich und zerstreute meine trüben

Gedanken, und immer erfüllte er mein Wesen mit Licht und Wärme. Nicht selten habe ich in der Sicherheit des Steinkreises geweint. In solchen Augenblicken schien der Wald näher zu rücken, das Rauschen des Wassers veränderte sich, es begann beruhigend zu gluckern; der Wind hielt inne, schien mir zuzuhören, nahm meine Sorgen und Nöte auf und Sonne und Mond trösteten mich mit ihrem Licht.

Nun war ich wieder gekommen, schwer beladen mit dem Ballast der vergangenen Jahre. Und der Ort, der Steinkreis, das Wasser, der Mond, sie schienen bereit zu sein, mir zu helfen, die Ketten der Vergangenheit zu sprengen. Nachdem ich in der Mitte des Kreises ein kleines Feuer entfacht hatte, machte ich mich auf die Suche nach trockenem Holz und so, wie es dieses Ritual vorschrieb, versuchte ich in den Zweigen und Ästen, die ich fand, Erinnerungen an früher, an gute wie schlechte Ereignisse, zu finden. So kam ich nach einiger Zeit zum glimmenden Feuer zurück, schwer mit Holz beladen, wobei jeder Ast und jeder Zweig einen Bezug zu meinem vergangenen Leben hatte. Dazu kamen jetzt die Dinge aus meinem Rucksack.

In dem Steinkreis fand ich schon bald meine Geschichte wieder – für Erinnerungen, zu denen ich nicht Materielles mehr gefunden hatte, nahm ich stellvertretend verschiedene Scheite Brennholz. So lag in diesem schützenden Steinkreis meine ganze Geschichte vor mir. Zum ersten Mal in meinem Leben sah ich mich meiner Vergangenheit gegenüber, wurde mit den Gefühlen, die ich zu all diesen Dingen und Ereignissen hatte, konfrontiert. Nachdem ich meine Verbündeten um Hilfe bei meiner Aufgabe gebeten hatte, begann ich, meine Vergangenheit dem Feuer zu übergeben. Ich löschte aus, was mich belastete, verfolgte und auf meinem Weg immer wieder bremste. Ich nahm ein Stück graues, verschlungenes Wurzelholz in die Hände: das Internat, das Eingesperrtsein, keine Zuwendung, keine Liebe, absolute Kontrolle, die Kälte in den Fluren, Linseneintopf; Zimmergenossen, die auf die Jüngeren Druck ausübten; kein

Ausgang, nur alle drei Wochen durfte ich nach Hause fahren ... Ein Funkenregen flog in den Nachthimmel, als ich das Holz ins Feuer warf. Ich sah zu, wie sich das Feuer ins Holz fraß, Bilder von damals strömten auf mich ein. Ich warf die Fotos, die das graue Internatsgebäude zeigten, ins Feuer und wie damals fühlte ich den Schmerz des Verlassenseins und die Kälte der Mauern. Aber das Feuer wärmte mich mit der umgewandelten Energie, die es aus dieser Vergangenheit schöpfte. Und diese Wärme trocknete wiederum meine Tränen – die Tränen eines Vierzehnjährigen und die des Erwachsenen hier am Feuer, in einem Kreis aus Steinen.

Ich fuhr fort, mit meiner persönlichen Geschichte aufzuräumen; Stück für Stück übergab ich dem Feuer, das all die Dinge verwandelte: Gute wie schlechte Erinnerungen wurden in neue Energie, in Licht und Wärme umgewandelt; in Wärme, die in meine Seele drang, und in ein Licht, das heute noch meinen Weg erhellt. Mit jedem Stück war eine Erinnerung verbunden, ein Gefühl, das in dem Augenblick, wo das Feuer seine wandelnde Arbeit begann, noch einmal auferstand. Die Gefühle waren intensiv und echt. Vieles aus meiner Kindheit begann ich jetzt erst zu verstehen; vieles wurde klarer, und so manches verstaubte Gefühl erstrahlte in mir in neuem Glanz, füllte mich aus und rührte mich zu Tränen. Es dauerte Stunden, bis ich den letzten Brocken meines alten Ich in die Glut warf und wartete, bis die Flammen das morsche Holz in Glut und Asche verwandelt hatten. Was blieb, war weiße Asche und ein Gefühl der Freiheit und der Leichtigkeit in mir.

Noch lange saß ich an der Feuerstelle, lauschte dem Lied des Windes und den Geschichten, die mir der Bach erzählte. In jener Nacht habe ich mich von vielem befreit, ein großer Teil meiner Ängste hatte sich im Feuer in Erfahrung verwandelt. Ich fühlte und wusste, dass ich meine Vergangenheit, meine persönliche Geschichte, nicht verdrängt oder zerstört hatte. In diesem Ritual war ich mit meiner Geschichte verschmolzen, erst jetzt hatte ich das in all den Jahren Erlebte integrieren, in Lebenserfahrung umwandeln und verarbeiten können.

Fast die ganze Nacht hatte ich an der Feuerstelle verbracht und als die letzte Glut erloschen war und nur noch ein wenig Rauch über den heißen Steinen aufstieg, machte ich mich wieder auf den Weg. Ich kehrte gereinigt zurück, war heiler geworden, ging aufrecht und erleichtert einem neuen Tag, der Sonne und einem neuen Abschnitt in meinem Leben entgegen.

Ich habe diesen Ort danach lange nicht mehr aufgesucht; ich hatte Angst, dass etwas unerledigt geblieben sein könnte und dort auf mich warten würde. Aber eines Tages nach der Schneeschmelze machte ich mich wieder auf den Weg zu meinem Steinkreis am Bach. Und als ich dort ankam, gab es keinen Steinkreis, keine Feuerstelle mehr. Nichts war geblieben, der Bach hatte den Ort, den ich so liebte, mit sich genommen; er hatte seine Richtung geändert und die flache Stelle im Wald überflutet. Das letzte Stück meiner Vergangenheit war damit wieder in das ewige „Stirb und Werde“ aufgenommen worden.

18

Nach unserem späten Frühstück – mittlerweile ist der Nebel verschwunden und die Lichtung vor der Hütte liegt in strahlendem Sonnenschein – habe ich endlich wieder Zeit, die Ereignisse der letzten Tage in meinem Tagebuch niederzuschreiben. Meine Begleiter wollen heute einen Ruhetag einlegen. Wir müssen uns also nur um Lebensmittel und frisches Wasser kümmern. Antonio meint, dass es in der Umgebung des Schamanenhauses Früchte gäbe. Ich habe für mich beschlossen, heute keinen Schritt vor die Hütte zu setzen: Heute ist Ruhetag. Und so brechen Antonio und Simon ohne mich auf, um nach Essbarem zu suchen. Ich bleibe allein zurück, sitze am Feuer und frage mich nach einiger Zeit, wie ich mich wohl im Falle eines überraschenden Besuches von Indios verhalten solle. Mein Shuar-Wortschatz beschränkt sich auf wenige Wörter und auch die habe ich mir nur angeeignet, um bei passender Gelegenheit ein wenig Vorwissen zu beweisen – obwohl ich langsam zu der Überzeugung komme, dass sich die Shuar gar nicht so leicht beeindrucken lassen. Sie erkennen zwar an, dass ich ein gewisses Grundwissen über ihre Kultur mitgebracht habe, dass ich zumindest mit ihren Tischsitten und dem sozialen Miteinander vertraut bin, aber meine Versuche, sie mit ein paar Brocken Shuar zu beeindrucken, haben bisher eher Kopfschütteln und Gelächter nach sich gezogen. Ich bin nun mal ein *gringo* oder, um es in der Sprache der Shuar auszudrücken, ein *kirinku.* Alles, was ich über die Shuar weiß, habe ich der spärlichen Literatur entnommen. Für einen Besuch der Shuar aus dem Amazonastiefland bin ich also nur insoweit gerüstet, dass ich weiß, wie man sich klein macht, wie man Unterwürfigkeit signalisiert und vor allem, dass man angebotene Speisen und Getränke, egal wie diese aussehen, riechen und schmecken mögen, niemals ablehnt. Im Notfall bleibt mir immer noch, mich ganz dumm zu stellen. Dann bin ich eben der *gringo*, der *kirinku* – der typische Tourist also, den die Shuar immer öfter in der Peripherie des Regenwaldes antreffen, meist natürlich in Begleitung von ebenfalls weißen Führern oder von Indios, die sich von der traditionellen Lebensart ihres Volkes abgewandt und dem Leben in den Dörfern und kleinen Städten am Rande des Regenwaldes den Vorzug gegeben haben.

Die Touristengruppen ziehen auf immer gleichen Wegen, oft entlang der Pipelines und Zufahrtswege der Ölgesellschaften, durch den Regenwald, durch den Bereich, dem der nach Ertrag und Gewinn strebende Weiße schon vor Jahren unübersehbar seinen Stempel aufgedrückt hat. Shuar und Touristen begegnen sich in manchen Gebieten mittlerweile schon mit der Regelmäßigkeit des ecuadorianischen Platzregens, der täglich, fast immer zur selben Stunde, niedergeht. ... Der klagende Schrei eines Urwaldvogels holt mich aus meinen trüben Gedanken; ich lege etwas Holz aufs Feuer und atme tief durch. Die Realität, in der ich mich befinde, ist eine andere, eine ehrliche. Langsam bekomme ich Einblick in das harte und entbehrungsreiche Leben der Shuar. Ich weiß, wie schwer es ist, den täglichen Nahrungsbedarf von nur drei Männern zu decken; ich weiß, wie viele Kilometer schwieriger Pfade man bewältigen muss, um frisches, reines Wasser zu finden. Denn auch die scheinbar unerschöpflichen Ressourcen des Waldes können zum Versiegen gebracht werden. Früher, als die Familien noch weiter voneinander entfernt lebten, musste man für einen Besuch beim Nachbarn einen mehrtägigen Fußmarsch auf sich nehmen. Damals hatte der Wald noch Zeit, sich zu erholen.

Sicherlich habe ich meine Illusionen, was das Leben der Shuar angeht, aber mit jedem Tag, mit jeder Erfahrung – und vor allem im Zusammensein mit Antonio und Simon – verschwinden meine idealisierten Vorstellungen und ich lerne das reale Leben der Shuar kennen. Bei allen Problemen, bei aller Gefährdung durch die Ausbeutung der Zivilisation, verliert der Regenwald dennoch keinesfalls an Reiz. Es bleibt das Bild eines stolzen Volkes in einem bedrohten Lebensraum, eines Volkes, das sich auf seine Wurzeln und auf seine Traditionen besinnt und mutig den Schritt in ein neues Zeitalter wagt. Das Streben der Shuar nach Unabhängigkeit gipfelte vor Jahren in gewalttätigen Aufständen. Heute betreten die Shuar einen neuen, friedvollen, aber nicht weniger gefahrvollen Weg in die Unabhängigkeit, sie sind reifer und wissender.

Alles scheint in diesem Moment in bester Ordnung zu sein, aber eine alte Angst, die sich tief in mir verborgen gehalten hat, kommt nun durch, obwohl ich sie damals im Feuer, in meinem Steinkreis, zu vernichten gehofft hatte. In mir steigt die Furcht vor meinem eigenen Versagen auf, die Furcht davor, dass auch ich mich, wie die Touristen auf den ausgetretenen Pfaden, in eine Realität flüchten will, die mit der Wahrheit nicht viel gemeinsam hat, und diese Vorstellung lässt mich frösteln.

Um mich von dieser wenig ermutigenden Vorstellung zu befreien, beschließe ich, mir die Beine zu vertreten. Angesichts des schönen Wetters und der lockenden Trockenheit auf der Lichtung werde ich ein wenig übermütig. Was soll mir schon passieren? Ich orientiere mich noch kurz: Der heilige Berg liegt hinter mir, zur Linken steht das Schamanenhaus und geradeaus führt der Pfad in den Regenwald. Ich rechne erst in einer Stunde mit der Rückkehr der beiden Shuar. Auf geht's, das Unbekannte lockt! Ich bin zum ersten Mal ganz allein unterwegs. Ich will in einem Bogen um das Schamanenhaus herumgehen und auf der anderen Seite wieder auf die Lichtung gelangen. Das wird nicht ganz einfach sein, denn der Pfad führt in den Regenwald hinein, also muss ich den Weg verlassen und mich durch den Wald schlagen. Gedacht, getan ... Ich verlasse den Pfad und versuche, mich durch das Unterholz zu kämpfen. Jetzt bereue ich es, dass ich Antonios Machete nicht mitgenommen habe. Immer öfter bin ich gezwungen, um undurchdringliches Gebüsch herumzugehen und über Baumstämme zu klettern. Schon nach wenigen Minuten bin ich durchnässt. Langsam bewege ich mich durch dieses riesige Gewächshaus, immer dichter wird das Blätterdach über mir. Ein Schwarm Stechmücken verfolgt mich, seit ich versucht habe, mich durch eine Wand aus Lianen zu arbeiten. Wehmütig muss ich an den Mückenstift in meinem Gepäck im Schamanenhaus denken.

Ich komme mir lächerlich vor, denn ich bin doch erst seit zehn Minuten unterwegs. Dass ich den heiligen Berg durch das Blätterdach nicht sehen und mich an ihm also nicht orientieren kann, trägt nicht gerade zu meiner Beruhigung bei. Notfalls kann ich ja einfach zurückgehen. Aber es gibt keinen Weg; alle Pflanzen, die ich niedergetreten habe, haben sich auf wunderbare Weise wieder aufgerichtet. Ich stehe mitten im Regenwald, über mir ist ebenfalls Regenwald und unter mir verläuft eine Ameisenstraße. Das Krabbeln in meinen Hosenbeinen nimmt zu und ich suche mir einen Baumstamm, auf den ich mich setze, um meine Unterschenkel von den anhänglichen Insekten zu befreien. Während dieser Pause lausche ich den Geräuschen der Tierwelt. Sie scheinen immer näher zu kommen, der Regenwald nimmt meine Anwesenheit gelassen zur Kenntnis. Nur die Moskitos, die mich als mobile Nahrungsquelle entdeckt haben und diese Information auf wunderbare Weise an ihre Artgenossen weitergegeben haben, nehmen mich wirklich zur Kenntnis.

Vögel stoßen ihre klagenden Schreie aus, hoch über mir vernehme ich ein Rascheln im Blätterdach, am Boden flüchtet sich ein unterarmlanger Tausendfüßler in die schützende Dunkelheit unter dem Baumstamm, auf dem ich sitze. Ich bin allein und bin es doch nicht. Vorsichtshalber stecke ich mir die Hosenbeine in die Strümpfe und kremple meine Hemdsärmel herunter.

Da ich mir der Richtung sicher bin, setze ich meinen Weg fort. Es wird wohl kaum länger als zwanzig Minuten dauern und ich bin wieder an meinem Ausgangspunkt angekommen. Nun habe ich Zeit, all die fremdartigen Pflanzen zu betrachten, sie zu betasten, an den Orchideen zu riechen. Die unbekannten Früchte an den Zweigen eines mannshohen Baumes wage ich nicht zu kosten.

Zwischendurch glaube ich Stimmen zu hören, doch wenn ich stehen bleibe, um auszumachen, woher sie kommen, scheint mein Herzschlag alles in meinen Ohren zu übertönen. Ich gehe weiter, halte mich links und hoffe, auf diese Weise nicht weiter in den Regenwald hineinkommen! Nach gut einer halben Stunde frage ich mich, ob es tatsächlich eine gute Idee gewesen ist, allein loszugehen. Neben der Hitze und Feuchtigkeit macht mir meine Orientierungslosigkeit Sorgen. Es dauert nicht lange und ich weiß, dass ich mich verlaufen habe. Nach einem kurzen Anfall von Ärger versuche ich das Ganze rational anzugehen: Die Sonne geht im Osten auf, aber ich sehe sie gar nicht. Gekommen bin ich *ungefähr* von da oder eher von dort. ... Ich entscheide mich für eine Richtung und gehe los. Prompt öffnet der Himmel seine Schleusen – und noch ehe ich unter einer Bananenstaude Schutz finde, bin ich nass bis auf die Haut. So kauere ich mich unter eine Bananenstaude, habe Zeit, mich über mich selbst zu ärgern und versuche, mir im Geiste auszumalen, wie Antonio und Simon wohl auf meine Abwesenheit reagieren werden. Der Regen trommelt auf die Blätter und jedes andere Geräusch wird von diesem Prasseln und Klopfen verschluckt. Um mich herum nehme ich nur ein gewaltiges Rauschen wahr. Meine Hoffnung, ohne Hilfe zurück zu dem Schamanenhaus mit seinem wärmenden Feuer zu finden, schwindet.

Nun wird es zuerst einmal eine Stunde, vielleicht auch länger regnen. Natürlich könnte ich meinen Weg auch während des Wolkenbruchs fortsetzen, nur kann man bei den Wassermengen, die vom Himmel stürzen, nichts mehr sehen. Selbst wenn ich zwanzig Meter vor dem Schamanenhaus stehen würde, würde ich es nicht erkennen. Alles verschwimmt und ich habe genügend Zeit, über meine Lage nachzudenken: „Die beiden Shuar werden mich wohl suchen, wenn sie mich nicht im Schamanenhaus antreffen. Aber wo sollen mich nun suchen? Der Regenwald verschluckt Geräusche, zumindest wird es für den Ungeübten – und das bin ich wohl – schwierig, die Richtung auszumachen, aus der ein Ruf kommt. ...“ Ich starre wieder in die Wand aus Regen vor mir und mir wird bewusst, dass ich nicht weiß, wo ich mich befinde, dass ich keine Ahnung habe, in welcher Richtung das Schamanenhaus liegt.

So plötzlich, wie der Regen eingesetzt hat, hört er auch wieder auf. Jetzt beginnt die Feuchtigkeit wieder vom Boden aufzusteigen und legt sich als feiner Nebel auf die Pflanzen und durchnässt meine Kleidung. Meine Brille wird in dieser Phase zu einem unnützen Accessoire. Dennoch stolpere ich weiter, irgendwann muss ich ja zwangsläufig an den Fuß des heiligen Berges kommen. Von dort kann ich vielleicht den Weg zurück finden. Also setze ich meinen Marsch durch den Regenwald fort und glaube fest daran, dass mein Instinkt mich richtig leiten wird; er wird mich zurückführen ins trockene Lager.

Endlich glaube ich vor mir einen riesigen Felsen wiederzuerkennen, es ist hoffentlich eben einer jener gewaltigen Gesteinsbrocken, die rund um den heiligen Berg verstreut liegen. Meine Enttäuschung ist groß, als ich unter dem dicken Moos nicht auf grauen, harten Stein stoße, sondern den vermodernden Stamm eines umgestürzten Urwaldriesen vorfinde.

Mittlerweile habe ich mein Zeitgefühl ganz verloren. Das geht im Regenwald schneller, als man glaubt. Das gleichförmige Grün um einen herum trägt zum Gefühl der Zeitlosigkeit bei. Von Minute zu Minute wird es dunkler, die Konturen der Pflanzen verschwimmen immer mehr und die Tiere des Urwaldes bereiten sich lautstark auf den „Schichtwechsel“ vor. Mit dem Einsetzen der ohnehin nur kurzen Dämmerung schaltet mein Gehirn auf ein neues Programm um: auf das Programm „Panik im Regenwald“. Nichts habe ich bei mir – keine Taschenlampe, kein Feuerzeug, kein Wasser. Alles liegt so sicher und trocken verstaut in meinem Rucksack wie die Notapotheke. Um mich herum nimmt die Dunkelheit weiter zu. Schon sirren die ersten Leuchtkäfer durch die Luft, ich taumle weiter auf ein Ziel zu, das irgendwo in der Dunkelheit weit vor mir liegt.

Ich habe beschlossen, mich an einem kleinen Wasserlauf zu orientieren. Wenn ich ihm folge, finde ich zumindest wieder bis hierhin zurück. Insgeheim hoffe ich, dass der kleine Bach, den ich entlanggehe, mich zum heiligen Berg führen wird. Dunkel kann ich mich daran erinnern, dass Simon und ich nach unserem Abstieg eine Zeit lang dem Lauf eines kleinen Bachs gefolgt sind. Leider gibt es hier einige Rinnsale zur Auswahl. Ich hoffe das Beste und entsinne mich, dass ich bei ähnlicher Gelegenheit in den Bergen meiner Heimat einmal auf die Idee kam, mein Krafttier um Hilfe zu bitten. Also versuche ich mich darauf zu konzentrieren, Kontakt zu meinem Krafttier herzustellen. Ich beginne mein Lied – eine Melodie, die sich mir auf einer schamanischen Reise tief eingeprägt hat – zu summen, schließe meine Augen und überlasse mich den Klängen. Je lauter ich summe, desto stärker ist die Energie, die ich aus diesem Kraftlied schöpfe. Mein Körper strafft sich, ich vergesse Zeit und Raum um mich herum. Irgendwann beginne ich, rhythmisch zu meinem Lied zu stampfen. Die Vibrationen, die ich auf diese Weise in dem durchwurzelten Waldboden erzeuge, gleiten vor meinem inneren Auge hinaus in den Regenwald – wie die sich vergrößernden Wellen, die ein Stein, den man in einen See wirft, verursacht. Immer weiter, in immer größeren Kreisen zieht der Rhythmus des Liedes in den Regenwald hinein; er berührt Bäume, Zweige und Blätter, scheucht Tiere auf, bringt Pfützen in Bewegung, lässt Tautropfen von den Blättern herabfallen. Ich beginne mich zu drehen, überlasse mich dem Wissen und der Führung der Verbündeten. Lauter und lauter summe ich und bringe schließlich Laute hervor ... mein Lied, das alte Lied, trägt meine Bitte durch den Wald zu meinem Krafttier und dem Geist des Urwaldes. Alles wird leicht, ich fühle mich größer und stärker.

Meine Augen sind geschlossen und dennoch kann ich durch meine Augenlider hindurch den Regenwald sehen. Alles ist heller und klarer, ich lasse meinen Blick wie das Licht eines Leuchtturmes durch den Wald schweifen und jede Stelle, die ich genauer anschaue, ist heller, klarer, als wenn ich sie mit meinen physischen Augen betrachten würde.

Immer wieder drehe ich mich im Kreis und versuche einen Weg, einen Hinweis, zu entdecken. Und endlich, nach geraumer Zeit, habe ich den Eindruck, als würden sich vor mir Zweige zur Seite biegen, als gäbe mir der Regenwald selbst den Weg frei. Wie eine Gasse öffnet sich im Blättermeer vor mir ein Weg, ich halte die Augen noch immer geschlossen, beginne erst zaghaft, dann vertrauensvoll, diesem Weg in Dunkelheit zu folgen. Aber vor meinem inneren Auge ist der Pfad von Mondlicht erleuchtet. Und tatsächlich, als ich nach einigen Metern die Augen öffne, immer noch mein Kraftlied summend, kann ich vor mir einen schmalen Pfad erkennen, der trotz der dichten Decke der Baumkronen über mir wie vom Mond erhellt scheint. Weit vor mir nehme ich eine Bewegung war. Ich glaube, den schwarzen Jaguar zu erkennen, meinen Gefährten und Freund aus der anderen, der schamanischen Welt. Nur kurz funkeln seine Katzenaugen in meine Richtung, dann ist er verschwunden. ... Mehr und mehr beginnt sich der Wald zu lichten, auch wenn es nicht der Mond ist, der Himmel über mir wird sichtbar und alles scheint nicht mehr so dunkel wie zu Anfang. Fast habe ich den Eindruck, als würden die Pflanzen und besonders der schmale Pfad vor mir wie von selbst leuchten, sie sind von bläulichem Tau überzogen. Als ich prüfend ein Blatt mit dem Finger berühre und die Feuchtigkeit zwischen meinen Fingern zerreibe, scheint auch von meinen Händen ein magisches Leuchten auszugehen.

Unvermittelt macht der schmale Pfad eine Biegung nach

links und wenige Meter weiter neigt er sich erneut nach links. Ich gehe durch einen kleinen Wasserlauf, rechts von mir sehe ich einen großen Felsen, er ist nicht mit Moos bewachsen. Er liegt da, als sei er gerade erst vom Berg hinabgestürzt, und strahlt ein weißes, diffuses Licht aus. Wie in Trance lasse ich mich weiter den Pfad entlangtreiben, bis ich – als hätte mich der Urwald ausgespuckt – auf einer Lichtung stehe ... und vor mir die schwarzen Umrisse des Schamanenhauses erkennen kann. In diesem Augenblick bin ich selbst unglaublich verblüfft und mein Lied, das ich die ganze Strecke gesummt und gepfiffen habe, erstirbt mir auf den Lippen. In demselben Moment verliert alles um mich herum die bläuliche Aura, das diffuse Leuchten, das mich zurück in die Sicherheit geführt hat.

Die Lichtung versinkt in der Dunkelheit. Die Nacht rückt näher, schiebt mich förmlich durch den Eingang und erst, als ich das Lagerfeuer schüre, nimmt das Dunkel, das mich umgibt, Reißaus und flüchtet sich in den Giebel des Daches und den hinteren Teil des Langhauses. Als ich das Feuer anzünde, höre ich Stimmen. Mir bleibt gerade noch genug Zeit, mich gemütlich hinzusetzen, denn schon Sekunden später treten Antonio und Simon durch den Eingang. Sie haben frisches Wasser mitgebracht, Bananen, einige Maden, wildes Gemüse und jene Früchte, die ich nicht zu pflücken und zu essen gewagt habe. Es tut ihnen leid, dass sie so lange fortgeblieben sind; sie erzählen vom Regen, der länger als sonst angedauert habe; zeigen mir stolz die Maden, die sie aus einer vor Monaten gefällten Palme geholt haben. Antonio hat sogar Tabak besorgt. Stolz zeigt er mir die großen, grünen Blätter und erkundigt sich nebenbei, was ich denn so gemacht hätte. Kurz will ich ihm die Wahrheit erzählen, doch dann besinne ich mich eines Besseren. Ich erzähle ihnen auf Englisch und Spanisch eine Geschichte, in der es um Sonnenbaden, einen kleinen Spaziergang und Tagebuchschreiben geht. Beide haben wohl von meinem Kauderwelsch nicht allzu viel verstanden und fragen auch nicht weiter nach.

Simon kümmert sich nun ums Kochen und Antonio sieht nach dem Feuer. Dass ich pitschnass bin, scheinen sie nicht bemerkt zu haben. Als ich mich in meiner halbwegs trockenen zweiten Garnitur ans Feuer setze, sieht Simon nicht einmal von seiner Arbeit auf. Stumm widmet er seine Aufmerksamkeit den wilden Zwiebeln und den Chilischoten. Antonio bringt trockenes Feuerholz; mir ist es ein Rätsel, woher er das hat. Ich vertiefe mich in mein Tagebuch und summe dabei leise das Lied, das mich zurück zum Schamanenhaus geführt hat. Ich rücke näher ans Feuer, um mehr Licht zu haben, sehe kurz von meinen Zeilen auf, da stehen die beiden Indios fassungslos vor mir und starren mich an. Ich zucke mit den Schultern, will mich wieder meinem Tagebuch widmen, da beginnen sie, schallend zu lachen. Ich ahne es: Die beiden sind mir wohl gefolgt und haben mich beobachtet. ... Antonio hat sich wieder gefangen und erklärt mir in fürchterlichem Englisch, dass sie beide diese Melodie, die ich gesummt habe, andauernd gehört hätten. Nur konnten sie sich nicht erklären, woher sie gekommen sei. Fast seien sie darüber in Streit geraten. Aber jetzt wüssten sie es besser. Diese Melodie hätte ich vor zwei Tagen auf dem Weg hierher gepfiffen. Ich lasse sie in diesem Glauben und lache höflich mit. Auf meine Frage, wo die beiden denn die Früchte und das Wasser gefunden hätten, zeigt Simon in eine ganz andere Richtung als die, in die ich allein gegangen war. Dennoch stimmt mich diese Geschichte nachdenklich.

Wir sitzen am Feuer, rauchen den wild wachsenden Tabak. Der aromatische Rauch verbreitet sich in der ganzen Hütte. In der Ferne entlädt sich ein Gewitter, der Donner rollt wie eine langsam ersterbende Welle über das Blätterdach. Auf unserer Lichtung angelangt, zeugt nur noch ein dumpfes, sanftes Grollen von der elektrischen Entladung viele Kilometer weiter südlich. Meine Kleider, die ich am Körper trage, dampfen, langsam beginnt sich das wohlige Gefühl von Trockenheit und Geborgenheit auszubreiten. Genüsslich gönnt sich Antonio eine am Feuer gegrillte Made, während Simon den Tee zubereitet. Nun ist es Zeit für Geschichten, denen ich aufgrund meines nicht vorhandenen Wortschatzes der Shuar-Sprache nur folgen kann, indem ich Gestik, Mimik und Betonung aufmerksam verfolge. Es müssen alte Geschichten sein, die sich die beiden Shuar erzählen – Geschichten, die schon seit Generationen am Leben spendenden Feuer erzählt werden.

Die beiden Indios sind ganz in ihrer Welt, ganz in die Erzählung versunken. Meine Anwesenheit scheinen sie ganz und gar vergessen zu haben oder besser noch, sie haben mich akzeptiert, nehmen mein Hiersein als ganz normal an. Es ist ein gutes Gefühl, einmal nicht umsorgt und bedient zu werden. Ich nun habe den Part des staunenden Beobachters übernommen. Und weil ich die Sprache nicht verstehe, kann ich mich ganz auf die Atmosphäre, die sich in unserer einfachen Unterkunft auszubreiten beginnt, einlassen. Mehr und mehr gerate ich in den Sog der Erzählung, immer weiter werde ich in das Gewebe aus Worten und Stimmungen der Shuar verstrickt. Wie in einen weichen Teppich sinke ich in die Erzählung hinein und auf einmal ist mir, als würde ich die Worte tatsächlich begreifen.

Nicht dass ich etwas von dem mit viel Emotion Erzählten verstehen würde, aber ich beginne die Botschaft der Geschichten bildlich wahrzunehmen. Die Erzählungen der beiden Shuar sind so kraftvoll, dass sich vor meinem geistigen Auge farbige Szenen vom Leben im Regenwald abzuspielen beginnen. Ich sehe die Indios der Vergangenheit, eins mit dem Regenwald; ich sehe sie jagen und fischen, bei ihren rituellen Tänzen und Gesängen. Mythische Figuren; Geister, die den Regenwald bewohnen – die *Ajaimp; Iwianch,* der Totengeist; *Shakaim,* der Geist des Waldes ... sie alle nehmen vor meinen Augen Gestalt an. Dann steigen Bilder der Schamanen des Amazonas vor meinem geistigen Auge auf. Bilder der weisen Männer, der *Uwishin*; der

Tsuakratin, der Heilerschamanen, und der *Panku*, jener Schamanen, die den Geist eines Toten anrufen und mit ihm kommunizieren können. Schon längst begleitet das Gespräch der beiden Shuar den Flug meiner Fantasie nur noch als Hintergrundmusik – leise, dumpf, rhythmisch. Dazu die Gerüche im Langhaus, die Dunkelheit, die mich umgibt, und die unheimlichen Geräusche der nachtaktiven Regenwaldbewohner.

Plötzlich reißt die Bilderflut in meinem Kopf ab; mir ist, als sei ich gerade aus einem See aufgetaucht und müsse dringend meine Lunge mit frischer Luft füllen. Ich fühle mich nicht mehr dumpf eingehüllt in die Gespräche am Feuer, bin völlig klar. Ein Gedanke, eine Botschaft, erfüllt mich und beschleunigt meinen Herzschlag: Ich bin hier, im Jetzt, und nichts ist schöner, lässt mich mich zufriedener fühlen und ist aufregender, als im Hier und Jetzt zu sein! Leichtigkeit macht sich in mir breit; ich könnte jubeln vor Glück und die beiden Gestalten am Feuer umarmen. Aber ich setze mich nur näher ans Feuer und sehe Antonio und Simon lange an, erwidere ihr ehrliches Lächeln und nehme dankbar die Schale mit heißem Tee von Antonio entgegen.

Die Bilder, die vor meinem geistigen Auge erschienen waren, beschäftigen mich noch lange Zeit. Wie werde ich reagieren, wenn mir solche Wesenheiten in dieser mir noch so fremden Welt tatsächlich begegnen? Wer garantiert mir, dass mich *Shakaim*, der Geist des Waldes, wohlwollend aufnehmen und mich seine Geheimnisse lehren wird? Wird mich ein *Uwishin*, ein Schamane – sofern ich ihn überhaupt finde – einweihen, mir die *tsentsak*, die magischen Pfeile in einem Ritual übertragen? Wieder spüre ich meine alte Angst. Immer öfter auf meinem Weg scheint sie mir wie ein wildes Tier, eine reißende Bestie, aufzulauern; einen günstigen Moment, einen Augenblick meiner Schwäche abwartend, um dann zuschlagen zu können.

Ich bin nicht mehr gewillt, mich mit Teilsiegen über mein

altes Ego und meine Ängste zufriedenzugeben, aber eine Eigenschaft dieser alten Muster und Ängste ist, dass sie mich und meine Schwachstellen genau kennen.

Ich muss aufmerksam sein; bereit, den Kampf auszutragen; bereit, mich meiner Angst zu stellen. Das sagt sich natürlich sehr leicht, ich weiß das.

19

Noch ist es dunkel, der neue Tag wird erst in einigen Stunden beginnen, aber ich halte es nicht länger im Schlafsack aus. Die Nacht war unruhig, immer wieder bin ich aus dem Schlaf aufgeschreckt, zu viele Bilder stürzten auf mich ein. Mir fehlt die Ruhe, um alle Eindrücke verarbeiten zu können. Ich habe jegliches Zeitgefühl verloren, orientiere mich nur noch an Tag und Nacht, dem täglichen Regenguss und meinem Magen, und doch scheinen sich die Stunden bis zum Morgengrauen endlos in die Länge zu ziehen. Ich schäle mich aus dem Schlafsack heraus und versuche, das Feuer in Gang zu bringen. Wie die Shuar schiebe ich einfach die drei Baumstämme näher zueinander, lege ein wenig trockenes Palmenholz darauf und schon beginnen die Flammen zu lodern und erhellen das Langhaus. Ich blättere in meinem Tagebuch, kann meine eigene Schrift kaum mehr entziffern. Seit Beginn meiner Reise haben sich auch die Eintragungen in meinem Tagebuch verändert: Zu Anfang habe ich noch alles aufgeschrieben, jetzt begnüge ich mich damit, die wichtigsten Ereignisse niederzuschreiben, auf das Datum verzichte ich ganz. Nur der Wechsel von Tag und Nacht bringt einen Rhythmus in die Eintragungen. Ich beginne ernsthaft, die letzten Tage vor meinem inneren Auge noch einmal Revue passieren zu lassen. Doch da waren so viele Eindrücke und es ist mir unmöglich, sie in eine sinnvolle Reihenfolge zu bringen und niederzuschreiben. Kurz spiele ich mit dem Gedanken, das kleine, gebundene Büchlein den Flammen vor mir zu übergeben. Aber ich schaffe es nicht und lasse es in meiner Tasche verschwinden. Erst wenn ich den Schamanen getroffen habe, werde ich es wieder herausholen. Das Feuer wärmt mich auf und mit der Wärme in mir dämmert der neue Tag. Wieder verändert sich die Geräuschkulisse des Regenwaldes: Die nachtaktiven Tiere ziehen sich zurück und überlassen das Feld den Tieren des Tages, die sich auf die Jagd nach Beute vorbereiten. Langsam lässt die Morgendämmerung die Formen der Bäume und Blätter aus dem Dunkel hervortreten, Nebel steigt auf, es wird Tag. Auch Simon und Antonio sind jetzt wach. Simon beginnt wie jeden Morgen, das Frühstück vorzubereiten, ohne viel Notiz von mir zu nehmen. Unsere Lebensmittelvorräte sind fast aufgebraucht und so beginnt der neue Tag mit Tee und Popcorn, ein paar Früchten, zwei Tortillas – mehr gibt's nicht. Eine Stunde später sind wir bereit aufzubrechen.

Allzu gern würde ich wieder einmal duschen, mich rasieren, meine verfilzten Haare auskämmen. Und auch gegen frische, saubere und vor allem trockene Kleidung hätte ich nichts einzuwenden. Mittlerweile fallen die kleinen Unannehmlichkeiten, die mit einem Besuch im Regenwald nun einmal verbunden sind, mehr und mehr auf: Hier juckt es, da sticht es; dass ich wie ein Iltis rieche, merke ich Gott sei Dank selbst nicht. Die Haut an meinen Füßen, die dauernd in den feuchten Gummistiefeln stecken, beginnt sich an manchen Stellen abzulösen. Ich befürchte, Fußpilz zu haben, und die unzähligen Moskitostiche an meinen Unterarmen und Handrücken haben sich entzündet und ich kratze mich unentwegt. Außerdem bin ich sicher, dass ich zu wenig trinke. Durch die extrem hohe Luftfeuchtigkeit habe ich kein wirkliches Durstgefühl, verliere aber jeden Tag viele Mineralien. Meine Mineralsalztabletten liegen sicher mit dem Rest meines Gepäcks im Hotel.

Unser Weg wird nicht leichter, im Gegenteil, ich ertappe mich fast bei jeder Anstrengung – vor allem wenn der schlammige, glitschige Pfad bergauf führt – dabei, dass ich mich nach dem Sinn dieser Reise frage. Schon nach wenigen Kilometern habe ich meine Grenze erreicht. Ich habe genug ... von dieser Feuchtigkeit, dreißig Grad schwüler Hitze, von Moskitostichen, Blutegeln und Spinnennetzen, in die ich hineinlaufe. Doch plötzlich schlägt etwas an meine linke Schläfe, mir wird schwarz vor Augen, meine Beine fühlen sich an wie aus Gummi. Wo vor Sekunden noch oben war, ist plötzlich unten. Ein dumpfer Schmerz zieht an meiner Wirbelsäule entlang nach oben und explodiert in meinem Gehirn. Dann dröhnt und kreischt alles um mich herum, kurz habe ich den Geschmack von Erde im Mund. Ich glaube, mich ein paarmal um meine Achse zu drehen und spüre einen Schmerz in meiner Hüfte. Dann das Gefühl des freien Falles, nicht lange, aber lange genug, um es zu wahrzunehmen ... danach ist Stille, Schmerz, Dunkelheit und ein helles Singen, das sich in meinem Kopf breitmacht.

Ich beschließe, einfach liegen zu bleiben und mich nicht zu bewegen. Wenn ich mir etwas gebrochen habe, will ich es erst gar nicht wissen. Immerhin scheinen meine Zähne noch vollständig und an ihrem Platz zu sein. Die harten Stückchen, die ich im Mund habe, sind nur kleine Steine. Vorsichtig versuche ich die Augen zu öffnen und bin schockiert. Ich sehe ... nichts, merke dann, dass ich auf dem Bauch liege und, so wie es sich anfühlt, mit dem Gesicht in der Erde. Ich habe noch immer das Singen in meinem Kopf, drehe mich unter Schmerzen zur Seite. Alle Glieder gehorchen, gebrochen scheint nichts zu sein, meine Knochen sind noch heil und ganz. Kurz habe ich Angst, dass ich am Rande eines Abgrundes liege, doch es ist nur der Schwindel, der mir das Gefühl gibt, an der Kante zum Nichts zu liegen. Endlich habe ich es geschafft, mich umzudrehen, und blinzle in den grünen Blätterhimmel über mir hinein. Am liebsten würde ich so liegen bleiben und warten, bis ich wieder in Ordnung bin, aber Antonio und Simon, die meiner Spur folgen – der Schneise, die ich durch das Unterholz gezogen habe –, haben über mir eine kleine Stein- und Schlammlawine ausgelöst. Gerade als mich die ersten größeren Steine polternd erreichen, bin ich auf den Beinen und suche wankend Halt an einem Baumstamm. Mein Rücken schmerzt und der rechte Ellbogen fühlt sich taub an ... aber ich lebe. Und mit der Erkenntnis, dass ich wohl im Großen und Ganzen heil geblieben bin, wird mir die Situation zunehmend peinlich. Wie oft stürze ich ab, laufe ich gegen Äste, rutsche aus ... Doch ich finde kein Anzeichen von Ärger oder Hohn in den Gesichtern der beiden Shuar, nur Besorgnis und Erleichterung. Schon beginnen sie mich zu säubern und untersuchen meinen Körper auf etwaige Wunden, die es zu versorgen gilt. Doch mir scheint nichts Ernsthaftes passiert zu sein, auch wenn der Schmerz in meinem Ellbogen und das Singen in meinem Kopf noch nicht verschwunden sind. Mein Rucksack hat wohl das Schlimmste verhindert. Er hat mich gebremst und die schwersten Karambolagen mit Bäumen und Wurzeln gemildert. Ich trage nur zwei tiefe Kratzer in meiner Brille, Abschürfungen am Rücken und an den Armen, unzählige blaue Flecken, eine kleine Risswunde am Unterschenkel und eine leichte Zerrung im linken Sprunggelenk davon. Sonst ist alles in Ordnung.

Ich muss wohl, als ich so in Gedanken versunken war, den richtigen Weg zum Abstieg von diesem Hügel verpasst haben. Vermutlich bin ich mit beiden Beinen in einer Wurzel hängen geblieben und habe dann kopfüber die Talfahrt angetreten. Dann, so wurde mir berichtet, sei ich einem kleinen Rinnsal gefolgt, das nach einiger Zeit in einen kleinen Wasserfall übergeht ... daher das Gefühl des freien Falles. Anschließend sauste ich noch etliche Meter weiter, wobei ich immer wieder an Bäume und größere Wurzeln prallte, bis ich schließlich am Fuße des Hügels liegen blieb.

Die Abschürfungen sind schnell gereinigt und mit Antonios Regenwaldmedizin versorgt. Ich bestehe darauf, nicht zu rasten, ich will so schnell wie möglich weitergehen. Wenn ich in Bewegung bleibe, verschwinden die Schmerzen der Prellungen schneller, das weiß ich aus Erfahrung. Mein Sprunggelenk schmerzt sehr, als ich aber einfach mehr darauf achte, wohin ich meinen Fuß setze, komme ich auch mit diesem Handikap gut voran. Schritt für Schritt setzte ich meinen Weg fort. Der Regenwald ist nicht die richtige Umgebung, um von Dingen zu träumen, die zurzeit ohnehin unerreichbar für mich sind, das hat mich der Geist des Urwaldes gerade gelehrt, und so erinnere ich mich wieder, weshalb ich eigentlich hier bin. ...

Antonio lässt mich wissen, dass wir nur noch wenige Kilometer bis zu unserem nächsten Lager vor uns haben. Ich bin immer noch voll von der schwarzen Erde, die als brauner Schweiß an meinem Körper hinabläuft. Endlich erreichen wir einen breiten Urwaldfluss. Am sandigen Ufer machen wir halt. Nun gilt es, dieses ruhig fließende Gewässer zu überqueren, denn auf der anderen Seite befindet sich unser nächstes Lager. Also ziehe ich die Kleider aus, nehme den Rucksack auf den Kopf und laufe in den Fluss. Das lauwarme Wasser reicht mir bis zur Brust und obwohl der Fluss kein reißender Wildbach ist, habe ich doch einige Mühe, mein Gepäck trocken auf die andere Seite zu bringen. Noch bevor wir ein ausgiebiges Bad nehmen können, steht der Aufbau unseres Unterstandes auf dem Programm. Zwar gibt es bereits ein Gerüst für den Unterstand, aber die Abdeckung aus Palmwedeln muss vollständig erneuert werden. Die Shuar suchen diese Unterstände auf, wenn sie auf der Jagd sind. Oft sind sie tagelang allein oder zu zweit unterwegs und finden in diesen Unterständen immer trockenes Holz und Schutz vor dem täglichen Regen.

Simon kümmert sich um eine neue Abdeckung, Antonio bereitet die Feuerstelle vor. Ich nutze die Zeit, um meine Kleidung auf dem heißen, von der Sonne beschienenen Sand am Ufer des Flusses mitten im Urwald auszubreiten, damit sie trocknen kann. Endlich kann ich auf die Stiefel verzichten. Der feine, warme Sand unter meinen nackten Füßen ist eine Wohltat. In kurzer Zeit haben wir das Lager errichtet. Ich helfe noch, die letzten Palmwedel mit einer Liane am Gerüst festzubinden. Dann teilen wir uns ein kleines Stück Seife und waschen uns den Schweiß und den Dreck der letzten Tage vom Körper. Mit nichts und niemandem möchte ich jetzt tauschen: um uns herum die Geräusche des Regenwaldes, über uns der blaue Himmel, Sonne, ein leichter Wind und das warme, klare Wasser. Es ist einfach herrlich! Weiter flussabwärts gibt es ein großes, tiefes Wasserbecken, in dem wir sogar ein paar Züge schwimmen können. Eine Wasserschlange bringt ihren drei Meter langen Körper vor den lachenden, planschenden Männern in Sicherheit. Ich treibe, auf dem Rücken liegend, stromabwärts ... und nur die Geräusche des Regenwaldes begleiten mich. In der Ferne höre ich das Lachen der Shuar. Dann bin ich allein, nackt, unbewaffnet, mitten im Regenwald ... Ich setze mich in den Sand am Ufer eines Urwaldflusses ohne Namen. Ein Traum kommt mir in den Sinn und kurz bin ich versucht, mich, wie in diesem Traum, in den Dschungel hineinzuwagen. Der Gedanke verschwindet mit dem lang gezogenen Schrei eines bunten Vogels, der in einem der Bäume auf der anderen Seite des Flusses sitzt. Ich bin gefangen von dem Augenblick, vom Hier und Jetzt. So liege ich im Sand, die Sonne scheint auf meinen Körper, die Augen habe ich geschlossen ... und ich bin überzeugt davon, dass mir hier nichts Böses widerfahren kann.

Die Zeit, losgelöst von ihrer Bedeutung, scheint stillzustehen oder sich wie im Kreise zu drehen. Nichts ist in diesem Augenblick von Bedeutung. Mein Traum, den ich damals hatte, scheint Wirklichkeit zu werden. Plötzlich hat sich etwas verändert, ich kann es fühlen. Am Himmel ist keine Wolke zu sehen, kein Wind bläst ... alles ist noch so wie vor wenigen Minuten, als ich hier am Ufer aus dem Wasser stieg. Ich werde mir meiner Nacktheit bewusst, im Grunde ist das völlig irrational, wer sollte mir hier schon begegnen? Ich stehe auf und wische mir den prickelnden Sand von der Haut. Alles scheint noch genauso zu sein wie zuvor und dennoch ist alles anders; es ist so, als hätte sich die Schwingung der Pflanzen, des Wassers, des Sandes verändert. Ich muss mir eingestehen, dass ich mich fürchte – vermutlich vor den wilden Tieren. Und so beschließe ich zurückzuschwimmen. Aber als ich bis zum Nabel im Wasser stehe, überlege ich es mir anders. Warum immer flüchten? Andererseits: Kann man einen Instinkt falsch interpretieren?

Ich entscheide mich dafür, zu bleiben, meinen Traum von damals ein Stück mehr Wirklichkeit werden zu lassen. Doch ich will es langsam angehen und lege mich wieder in den heißen Sand, genieße die wärmenden Strahlen der Sonne und falle in einen Zustand zwischen Wachen und Schlafen, der mich verzaubert und mir – wenn auch nur langsam – meine Angst nimmt. ... Ich habe das Gefühl, mich zu drehen, fühle, wie ich tiefer in den Sand hineingezogen werde, mir geht die Orientierung verloren, ich bin verwirrt und beruhigt zugleich. Ich kenne dieses Gefühl, diesen Zustand und warte auf die Bilder, die ich sonst vor meinem geistigen Auge sehe. Aber sie bleiben aus, nur Dunkelheit, keine Szenen aus der Vergangenheit, keine aus der Zukunft, nichts ... So liege ich in der Sonne und überlasse mich weiter dem Sog, doch langsam wird mir klar, dass ich zum Handeln gezwungen bin – es ist nicht wie in einem Traum, einer Vision, wo alles um mich herum einfach geschieht und ich keinerlei Einfluss darauf habe. Hier, am Ufer dieses Flusses, bin ich aufgefordert zu handeln. „Tu es oder lass es!", flüstert eine Stimme in mir.

Ein Vogel, ganz in meiner Nähe, scheint mir eine ähnliche Botschaft zuzurufen. Aber ich bin schon lange nicht mehr in der Lage, Innen- und Außenwelt, Traum und Wachzustand voneinander zu unterscheiden. Mein rationales Denken und die Fähigkeit zu analysieren habe ich mit meiner Kleidung beim Lagerplatz zurückgelassen. Hier liegt ein nackter Weißer mitten im Regenwald und weiß nicht, ob er in Panik flüchten oder sich allem um sich herum hingeben soll.

Die Umgebung kommt mir bekannt vor: vor mir der Fluss, das andere Ufer, hinter mir der dunkle Regenwald. Im Traum hatte ich den Fluss überquert, um in den Urwald zu gelangen. Hier muss ich mich für eine Seite des Flusses entscheiden. Wo ich im Schneidersitz hocke, scheint die Sonne, die andere Seite liegt im Dunkel, ist wenig einladend. Das Ufer fällt zum Wasser hin steil ab; es wird wohl schwer sein hinaufzukommen. Ich beschließe, es einfach auszuprobieren. Zurück kann ich immer noch. Ich möchte auch nicht, dass Antonio und Simon sich Sorgen machen. Also: vorwärts, keine Zeit verlieren.

Ich vergewissere mich, dass keine Wasserschlangen oder Piranhas im Wasser sind, und lasse ich mich in das warme Nass hineingleiten. Zur anderen Seite des Flusses kann ich gehen, das Wasser reicht mir gerade bis zur Brust. Schwieriger ist es tatsächlich, die lehmige Böschung hinaufzuklettern. Schlingpflanzen und Sträucher am Ufer bieten keinen Halt ... wie überall im Dschungel. Ich brauche einige Zeit, um die kleine Uferböschung zu erklimmen. Immer wieder rutsche ich auf dem lehmigen Grund ab. Am Ende stehe ich glücklich einen guten Meter über dem Wasser und halte mich an einer Liane fest. Im Unterschied zum warmen Wasser schlägt mir hier kühle Luft vom Wald entgegen. Ich muss aufpassen, wohin ich trete, denn ich will mir keine Verletzungen durch diese stacheligen Pflanzen zuziehen. Ich weiß von Antonio, dass solche Verletzungen durch das Sekret, das die Stacheln dieser Pflanzen überzieht, nur schwer abheilen und dass die Wunden meist zu eitern beginnen. Also ist Vorsicht geboten.

Meine Blöße mit den Händen bedeckend, gehe ich durch den dichten Lianenvorhang und bin erstaunt, dass ich plötzlich auf einer kleinen Lichtung, umgeben von Bananenstauden, stehe. Der Waldboden unter meinen Füßen fühlt sich lebendig an, aber die Blattschneiderameisen nehmen keine Notiz von mir, sie setzen ihren Weg, auch über meinen Fußrücken, unbeirrt fort. Ich fühle mich sicher; weiß, in welcher Richtung der Fluss liegt, und würde mühelos zum Lager zurückfinden. So stehe ich mitten auf der Lichtung. Plötzlich empfinde ich wieder, dass sich etwas verändert hat. Es ist, als ob mich dieses Gefühl verfolgen würde und sobald es mich eingeholt hat, kann ich es um mich herum wahrnehmen: Die Farben der Pflanzen sind anders. Was zuerst noch dunkles Grün war, leuchtet mir jetzt in helleren Tönen entgegen. Die Luft scheint ebenfalls leichter, vielleicht weniger dicht zu sein. Alles um mich herum wird intensiver – das Licht, der Geruch, die Geräusche ... Alles scheint klarer, durchsichtiger und weniger bedrohlich. Fast glaube ich, durch manche Blätter hindurchsehen zu können.

Ich stehe einfach nur da und nehme das alles wahr. Obwohl ich mir bewusst bin, dass ich wach bin, fühle ich mich immer noch wie in einem Zustand, der zwischen Traum und Wachsein liegt – es ist eine Verschmelzung, wie ich sie noch nie zuvor erlebt hatte. Sogar Moose und Farne haben schärfere Konturen. Und meine akustische Wahrnehmung hat sich ebenfalls verändert. Anfangs glaube ich noch an die Nachwirkungen meines Sturzes vor einigen Stunden, aber die Geräusche sind nicht gedämpft oder verzerrt ... nein, alles ist klar, ungefiltert, hell. Ein tiefes Grollen aus der Ferne kündigt den nachmittäglichen Regen an und wenige Minuten später fallen riesige Tropfen wie funkelnde Diamanten, die bei ihrem Aufschlag einen Nebel aus Tausenden leuchtender Tröpfchen erzeugen. Jedes Blatt wird so zur Tanzfläche dieses Reigens aus Licht und Wasser. Das Geräusch der explodierenden Tropfen strömt tausendfach auf mich ein und tausendfach treffen die Tropfen auf meine Haut, spülen Lehm und Schweiß von meinem Körper ab; massieren mich, bis ich unter einer Bananenstaude Schutz finde. Das Trommeln der Regentropfen auf den Palmwedeln hat einen eigenen Rhythmus; es ist ein Lied, ein Regenlied, das mich während des Wolkenbruchs nicht mehr loslässt.

Dann lässt der Regen schlagartig nach und der Nebel kommt. Er steigt vom Boden auf, von Blättern, Moos ... Alles dampft, überall schweben weiße Schwaden. Der Nebel umhüllt meinen Körper, ich kann mit ihm spielen, kann ihn berühren. Manchmal zuckt er zurück, flieht vor meiner Hand, dann wieder schmiegt er sich an mich, steigt an meinem Körper hinauf, flüstert und singt, lockt und drängt. Ich bin gefangen in all den Geräuschen, dem Nebel, den Geistern des Regenwaldes.

Fast lässt mich dieser Tanz alles vergessen, doch als die Sonne durchkommt, beginnen die Tiere des Urwaldes sich wieder bemerkbar zu machen: Ich höre lautes Rufen, die klagenden Schreie der Vögel, in der Ferne brüllen Affen ... und holen mich aus der Umarmung des Nebels heraus. Ich fröstle, mein Körper holt mich ein, mein Bein schmerzt und ich habe Hunger. Es ist Zeit zu gehen, wieder in die andere Realität zurückzukehren. Ich fühle mich leicht und stark zugleich.

So trete ich den Rückweg an, bahne mir wieder meinen Weg durch die nasse Wand aus Lianen und anderen Schlingpflanzen in Richtung Ufer. Erst jetzt bemerke ich wunderschöne, riesige Orchideen und andere Blütenpflanzen, die ich noch nie zuvor gesehen habe. Ich lasse mich über den nassen Lehm hinab ins warme Wasser gleiten, da werde ich mir wieder meiner Nacktheit bewusst und muss herzlich lachen. Im Fluss macht es mir die Strömung schwer, mich flussaufwärts zu bewegen. Ich muss mich mit aller Kraft dagegenstemmen und im weichen Schlick finden meine Füße nur schlecht Halt.

Als ich wieder im Lager ankomme, überrascht mich Antonio mit meinen fast trockenen Kleidern. Mit der für ihn so typischen Umsicht hat Simon sie vor dem nachmittäglichen Regenguss in Sicherheit gebracht. Ich fühle mich so richtig wohl und sauber nach meinem ausgiebigen Badeausflug, bin weitgehend trocken, wenn auch unrasiert. Jetzt fehlt mir nur noch eine gepflegte Mahlzeit. Simon gibt sein Bestes und zaubert aus den wenigen Lebensmitteln ein wirklich köstliches Shuar-Mahl.

Tausende von Schmetterlingen flattern um unser Lager herum. Die Nacht ist voller Stimmen, voller Musik. Und über uns wacht ein bleicher Mond ... in der Ferne höre ich den Donner.

20

Wir sind wieder einmal bereit zum Aufbruch. Die letzte Etappe liegt vor uns, lässt man mich wissen. Es sei nicht mehr weit bis zu Antonios Haus ... Wie weit ist es aber wohl noch bis zu meinem Ziel? Nicht in Kilometern, sondern in Erfahrungen: Wie viele Erfahrungen mögen noch vor mir liegen, bis ich endlich dem Schamanen begegnen werde?

Wir folgen wieder den schlammigen Urwaldpfaden. Die modernden Blätter, die auf dem glitschigen Lehm liegen, vermitteln eine trügerische Sicherheit. Ich habe das Gefühl, dass der Weg zunehmend schwieriger und anstrengender wird. Obwohl die beiden Shuar wesentlich öfter Pausen machen als an den vorangegangenen Tagen, bin ich doch schnell erschöpft. Die Zeit, in der Antonio mir Medizinpflanzen erklärt, reicht mir kaum, um mich zu erholen. Ich habe kein Trinkwasser mehr und doch scheint mein Rucksack schwerer zu sein. Nun lassen wir die Hügel hinter uns und die Landschaft wird flacher. Nur noch selten muss ich bergauf gehen, doch immer öfter versperren Reste von Bananenstauden den Weg. Verborgen unter dem hohen Gras, sind sie wahre Stolperfallen. Ich strauchle oft, kann mich aber immer wieder fangen.

Nach vielen Stunden Marsch kommen wir in eine Gegend, in der vor Tagen ein Orkan gewütet haben muss. Der Sturm hat alte Palmen und Bäume aus dem Boden gerissen. Überall liegen Stämme und Äste verstreut und machen ein Durchkommen schier unmöglich. Simon leistet mit seiner Machete Schwerstarbeit. Er bahnt uns einen Weg durch die stacheligen Zweige und Schlingpflanzen. Immer wieder klettern wir über Baumstämme, die er zuvor von den stacheligen Pflanzen befreit hat.

Durch den Kahlschlag, den der Sturm verursacht hat, brennt uns die Sonne unbarmherzig auf Kopf und Schultern, dazu gesellen sich noch Moskitos und Schmeißfliegen. Wir klettern und kriechen abwechselnd. Über manche Baumriesen können wir nicht klettern und so müssen wir um sie herumgehen und uns dabei durch die zerschmetterten Baumkronen schlängeln oder durch die mächtigen Wurzeln kriechen. Teilweise haben sich die Kronen mehrerer Bäume zu gewaltigen, unüberwindbaren Barrieren verflochten. Im Zickzack durchqueren wir diesen Ort der Zerstörung und gehen dabei knietief im Laub, das teilweise schon in fauliger Zersetzung begriffen ist, teils von den Pflanzen des Bodens überwuchert und von Insekten besiedelt. Hundertschaften kleiner Ameisen suchen sich ihren Weg über die nassen Stiefel in meine Hosenbeine, meine Hand greift in Spinnennetze, die klebrig an meinen Fingern haften bleiben. Auch Antonio und Simon ist die Anstrengung anzusehen.

Endlich machen wir Pause. Eine Bananenstaude spendet Schatten, wir teilen das Trinkwasser und Antonio findet ein paar Bananen. Nachdem ich gesehen habe, wie Antonio die Früchte, die ohnehin schon halb verfault sind, von kleinen Maden und Ameisen befreit, verzichte ich auf diese Zwischenmahlzeit. Dann geht es weiter, die Riemen meines Rucksacks scheuern an meinen Schultern, während wir auf die andere Seite dieser vom Sturm geschaffenen Lichtung laufen. Der dichte Regenwald – und vor allem die im Vergleich zur prallen Sonne kühle Umgebung unter dem dichten Blätterdach – ist wie eine Erlösung.

Der Pfad folgt nun einem ruhig fließenden, schmalen Fluss. Einmal durchqueren wir ihn, dann noch einmal. Scheinbar ziellos schlängelt sich der Urwaldpfad durch den Wald. Aber ich weiß, dass der schlammige Weg um kleine Hügel, umgestürzte Baumriesen und undurchdringbares Dickicht herum führt. Immer wieder ziehen wir unsere Stiefel aus und dann wieder an, halten unser Gepäck über den Kopf ... Die Shuar haben keine Brücken über ihre Gewässer gebaut ... Kaum habe ich diesen

Gedanken zu Ende gedacht, steht wieder eine Überquerung des braungrünen Wassers an. Diesmal verspricht ein Baumstamm, der quer über dem Flüsschen liegt, dass wir die andere Seite trockenen Fußes erreichen werden. Die beiden Indianer schaffen es, ohne Mühe über den glitschigen, bemoosten Stamm zu balancieren. Ich habe jedoch große Mühe, das Gleichgewicht nicht zu verlieren. Nass bin ich zwar schon, ich möchte aber ungern meinen Fotoapparat und die belichteten Filme verlieren. Also versuche ich, so schnell wie möglich über den Stamm zu kommen, rudere dabei ungeschickt mit meinen Armen und erreiche dann das rettende Ufer gerade noch. Ich bin froh, dieses Hindernis überwunden zu haben. Jetzt geht es durch tiefen Schlick weiter; wir folgen dem Pfad. Wir gehen an einem kleinen Hügel entlang, von dessen überwucherten Hängen in unzähligen Rinnsalen lehmiges, rötlich braunes Wasser strömt. Die ganze Gegend scheint förmlich zu ertrinken. Wasser von allen Seiten ... und ich habe Durst. Ich beuge mich zu einem der Rinnsale, um mir wenigstens das Gesicht zu waschen. Sofort kommt Antonio auf mich zu und zischt mich warnend an. Kein gutes Wasser also, vermutlich voller Bakterien und Erreger, die einem verweichlichten Europäer wie mir Probleme verursachen können. So bleibt mir als einzige Möglichkeit zur Erfrischung nur das Wasser, das sich auf den riesigen Blättern sammelt. Es reicht nicht, um meinen Durst zu löschen.

Nach vielen Stunden erreichen wir ein kleines Flussdelta. Vor uns öffnet sich der Regenwald, gibt den Blick auf einen breiten, klaren Fluss frei. Wir treten aus dem Dickicht und schon sind Antonio und Simon im Wasser. Unbeholfen schäle ich mich aus meiner Kleidung, versuche mich von den klebrigen Hosen zu befreien. Kurze Zeit später schwelge auch ich im kühlen Nass. Ich brauche an gar nichts zu denken, hier lauern keine Gefahren, ich kann einfach nur im Wasser sein und es mir gut gehen lassen. Wir planschen wie Kinder: Wir jagen uns, versuchen uns gegenseitig unter Wasser zu drücken, bespritzen uns und lachen und johlen dabei ausgelassen. Plötzlich starrt Antonio gebannt auf das Wasser, taucht unter und schießt Sekunden später aus dem Wasser, prustet und spuckt, während er uns stolz in beiden Händen einen recht großen Fisch präsentiert. Er wirft den Fisch ans Ufer, wo ihm Simon den Garaus macht. Jetzt ist Fischen mit der Hand angesagt. Meine Schmerzen in den Füßen habe ich schon fast vergessen; ich versuche auch einen Fisch wie die Shuar zu fangen. Die beiden sind im Fischefangen wahre Meister. Ich habe kein Glück, in der Strömung kann ich beim besten Willen keinen Fisch erkennen, im Übrigen drückt mir das Wasser immer wieder die Augen zu und fließt mir in die Nase. Ich gebe auf und überlasse Antonio und Simon das Fischen. Nachdem wir die Ausbeute kritisch unter die Lupe genommen haben, bleiben am Ende doch nur wenige Exemplare übrig, die es wert sind, gekocht zu werden.

Dann liegen wir auf den heißen Steinen in der Sonne und lassen uns und unsere Kleidung trocknen. Ein sinnloses Unterfangen, denn schon setzt der tägliche Regenguss ein, den wir, unter einer Bananenstaude kauernd, abwarten. Antonio nutzt die Zeit, um die Fische zu säubern; wir werden sie wohl mit Innereien und Gräten verzehren. Ich frage Antonio, wie weit es jetzt noch bis zu seinem Haus sei. Er gibt mir zu verstehen, dass wir uns Zeit lassen könnten. Es sei ganz in der Nähe, nur ein kleines Stück zu Fuß, ein Stück mit dem Kanu – dann seien wir da. Gute Aussichten also. Ich kann es kaum erwarten, endlich einmal irgendwo länger als nur ein paar Stunden zu sein. Ich sehne mich nach Ruhe und danach, zweimal an demselben Ort aufzuwachen.

Ich versuche, einige Eintragungen in meinem Tagebuch nachzuholen, aber das Prasseln des Regens, dazu das Rauschen des Flusses und die Stimmung, die der Nebel, der uns umgibt, zaubert, lassen meine Gedanken immer wieder abschweifen. Ich sitze nur da und starre in die weiße Nebelwand vor mir, warte auf die Nebelgesichter, die Geister des Regenwaldes, die ich in den vergangenen Tagen immer wieder zu sehen geglaubt habe. Antonio summt sein Lied, Simon hat die Fische in einen Palmwedel gewickelt und es mit einem Stück Liane verschnürt. Nun starrt auch er in den Nebel. Was denkt er in diesem Moment? Welche Gesichter, welche Geister sieht ein Shuar? Nichts in dem stolzen Gesicht des Shuar verrät, woran er denkt. Er könnte gerade im Zwiegespräch mit *Tsunki*, dem Flussgeist, sein oder aber seine Gedanken sind bereits bei seiner Frau, seinen Kindern, seinem Stamm. Plötzlich lächelt er breit, wendet sich mir zu und flüstert: *„Spirit, spirit of water, tsunki, tsunki ...“* Dann pfeift er leise eine Melodie und singt danach ein Lied, dessen Worte ich nicht verstehen kann. Ich denke, er singt für die Geister des Regenwaldes, vielleicht um sich für die Fische zu bedanken. In seinem Gesicht liegt etwas Friedliches und zugleich Kraftvolles; Ruhe und Stärke, die sich auch in seiner Haltung widerspiegelt. Er ist ganz bei dem, was er gerade tut, genauso wie Antonio. Mir ist bewusst, dass auch die Shuar gute *und* schlechte Seiten haben. Doch in diesem Augenblick, in diesen Minuten unter der Bananenstaude im Regen, bin ich mir der Ehrlichkeit und Aufrichtigkeit der beiden Shuar sicher.

Antonio singt ebenfalls leise ein Lied und nach einer längeren Pause lasse ich mich dazu hinreißen, mein Kraftlied zuerst zu pfeifen und dann leise zu singen. Als ich verstumme, sehen wir uns lange an, wir lächeln uns zu und verstehen uns ... ohne große Worte.

Der Regen lässt schnell nach. Der Fluss ist im Nebel versunken, nur sein Rauschen ist gedämpft zu vernehmen. Wieder beginnt der ewige Kreislauf des Wassers. Überall Feuchtigkeit, Nässe, Nebel. Ohne auf die Sonne zu warten, brechen wir auf, es ist wird wohl der letzte Abschnitt unserer Reise sein. Der Weg führt uns am Ufer entlang. Wir gehen jetzt auf runden Steinen, kein weicher Regenwaldboden ist mehr unter unseren Füßen. Am Rande des Flusses macht sich Grasland breit, nur vereinzelt stehen Bäume in dichten Gruppen zusammen. Fast erinnert das Bild an eine afrikanische Landschaft. Noch einmal heizt die Sonne die Luft auf, doch durch die vergleichsweise kleinwüchsige Vegetation bleibt die Schwüle weitgehend aus. Die Steine schmerzen unter meinen Füßen. Ich weiß schon nicht mehr, wie ich gehen soll. Antonio geht barfuß, aber das ist nichts für mich. Meine Fußsohlen halten das nicht lange durch. Also schlüpfe ich wieder hinein in die feuchten Stiefel und beiße die Zähne zusammen. Weit sei es nicht mehr, beteuert Antonio. Ich glaube, er sagt das nur zu meiner Beruhigung. Ich versuche durchzuhalten.

Endlich erlebe ich die Dämmerung in all ihren Farben. Bisher konnte ich dieses Schauspiel durch das dichte Blätterdach des Regenwaldes nicht genießen. Doch schon kurze Zeit später durchqueren wir eine Landschaft aus niedrigem Gebüsch. Wie ein Tunnel führt der frei geschlagene Pfad durch das Dickicht. Meinem Rücken wird das Letzte abverlangt. Unvermittelt öffnet sich das Buschwerk und wir stehen wenige Meter von dem schlammigen Ufer eines breiten Flusses entfernt. Zwischen Felsen versteckt liegen hier sonst wohl die Kanus der Shuar. Zu sehen sind aber nur vier armdicke Pfosten, die tief im Lehm stecken; an ihnen sind Seile und Lianen befestigt, deren lose Enden im Wasser treiben. Kein Einbaum, kein Kanu in Sicht. Ich befürchte schon, auf die andere Seite schwimmen zu müssen. Da schickt Antonio ein lang gezogenes „*Chiiiiiiihaaaaa!*“ über das Wasser auf die andere Seite des Flusses. Was ich für ein Echo halte, ist die Antwort auf Antonios Ruf. Die beiden Shuar machen es sich bequem. Ich tue es ihnen gleich und so warten wir gemeinsam auf ein „Dschungelflusstaxi“, das uns zu Antonios Familie bringen soll.

Noch einmal treibt das Wasser einen lang gezogenen Ruf zu uns. Und schon wenige Minuten später ist in der Ferne ein kleines Kanu zu sehen. Am Bug steht eine Gestalt, fast bewegungslos, nur hie und da taucht sie einen langen Stab ins Wasser, um das Kanu zu lenken. Nahezu geräuschlos kommt der Einbaum näher. Jetzt kann ich den Indianer am Bug genau erkennen. Er ist groß gewachsen, trägt nur zerrissene Shorts, hat die langen schwarzen Haare zusammengebunden und dirigiert das Kanu zur Anlegestelle. Die Begrüßung dauert eine ganze Weile und ich werde vorerst nicht zur Kenntnis genommen. Antonio scheint dem Indio, dessen Name ich nicht gehört habe, zu erklären, wer ich bin. Einmal höre ich „Jojo-*chamán*"*, meinen Namen, der Indio blickt mir tief in die Augen und ich höre ein freundliches *„Buenos días"*, gefolgt von dem für die Shuar üblichen leichten Händedruck. Sofort will er alles Mögliche wissen, ich verstehe so gut wie gar nichts, aber Antonio antwortet für mich. Ich würde zu gern verstehen, was er alles über mich erzählt. Allem Anschein nach präsentiert er mich nicht als verweichlichten *gringo*, denn unser Gegenüber nickt mehrmals anerkennend und lässt keinen Zweifel daran, dass er viel von mir zu halten scheint. Alles in allem ist die Unterhaltung eher ernsthaft, meine Ausrutscher werden offenbar nicht erwähnt. Das soll mir nur recht sein.

Langsam senkt sich die Dunkelheit über den Fluss, nun gilt es erst einmal den Einbaum leer zu schöpfen. Ich habe mir zu Beginn meiner Reise durch den Regenwald von Antonio erklären lassen, dass ein Einbaum gute zehn bis zwanzig Jahre hält. Dieser hier dürfte wohl schon zu den Oldtimern gehören. Das Holz ist teilweise morsch und durchlöchert, am Boden finden sich einige Holzschalen, quasi eine Aufforderung für die Passagiere, sich am Schöpfen zu beteiligen. Das Einsteigen in das wackelige Gefährt gestaltet sich relativ schwierig für mich. Da die Einbäume der Shuar sehr schmal sind und praktisch keinen Tiefgang haben, ist man in ständiger Gefahr zu kentern. Auch Antonios Anweisung, ich solle mich möglichst gerade halten, hilft da wenig. Instinktiv versuche ich das Schwanken des Ein-

* *chamán* bedeutet „Schamane" (Anm. d. Hrsg.)

baumes auszugleichen. Nun sind wir alle eingestiegen, der Steuermann steht wieder am Bug, das Gleichgewicht in dieser Nussschale zu halten ist natürlich sein täglich Brot. Während ich mir Sorgen mache, wie wir unbeschadet und vor allem halbwegs trocken zum anderen Ufer und ein Stückchen flussaufwärts kommen, schwatzen die drei Shuar munter drauflos und tauschen offensichtlich Neuigkeiten aus. Ich kralle mich am Holz fest und stelle resignierend fest, wie schnell das Wasser in den Einbaum fließt. Auf meine Frage, ob es nicht an der Zeit wäre, mit dem Schöpfen zu beginnen, schüttelt Antonio nach einem Blick auf das knöcheltiefe Wasser nur den Kopf. Nach einigen hundert Metern habe ich dann auch genug Vertrauen in die Fähigkeiten der Shuar gewonnen und kann endlich die Fahrt genießen. Wir befinden uns auf einem Urwaldfluss, wie man ihn sich vorstellt. Von den Ufern aus ragen Bäume in den Fluss – die Äste von Mangroven, die Wedel von Palmen und die Lianen treiben mit der Strömung. Als wir uns dem Ufer nähern, höre ich Vogelschreie. Ich sehe Hunderte kleiner Vögel flüchten und im tiefroten Himmel verschwinden; dazu das Geräusch des Wassers, das an das Holz des Einbaumes schlägt; sein Rauschen an den großen Felsen, die mitten im Fluss liegen und sich gegen die Strömung behaupten; der Wind, die Gerüche. Alles ist wie ein Traum ...

Kaum habe ich mich an das Schaukeln des Einbaumes gewöhnt, steuern wir das rechte Ufer an. Dort befindet sich ebenfalls eine Anlegestelle. Ein kleiner Damm staut das Wasser, drei Frauen waschen Wäsche im Fluss, Kinder planschen im Wasser. Hier legen wir an. An der rechten Seite führt eine lange Reihe von in den Fels geschlagenen Stufen die steile Uferböschung hinauf. Über uns ragen Palmen in die Höhe, ich habe das Gefühl, endlich angekommen zu sein. Die Frauen unterbrechen ihre Arbeit, um Antonio und Simon zu begrüßen, und Antonio erzählt den Frauen, wer ich bin. Sie begrüßen mich allerdings wesentlich zurückhaltender als der Shuar vorhin. Eine der drei lässt sich dazu hinreißen, mir die Hand zu geben und murmelt auch noch ein leises „*Buenos*", dann zieht sie sich rasch zurück. Als wir uns auf den Weg über die Treppen nach oben machen, stehen die drei Frauen kichernd und tuschelnd zusammen. Immer wieder blicken sie zu mir herauf, nur um dann wieder die Köpfe zusammenzustecken und in schrilles Kichern auszubrechen. Auch die Kinder halten Abstand zu mir; sie winken den Indios zu, ignorieren mich aber zu Anfang. Als ich mich allerdings einmal unvermittelt umdrehe, stehen vier schwarzhaarige, völlig verdreckte kleine Wesen vor mir, die sofort kreischend fortlaufen.

Nach unzähligen Stufen erreichen wir endlich ein Plateau – mit tiefem Gras, die Fläche ist gerodet, in einiger Entfernung stehen ein paar kleine Hütten, die durch Palmenbretter miteinander verbunden sind. Ein paradiesischer Ort. Am Ende der Lichtung, wo der dichte Regenwald beginnt, kann ich in der Dämmerung Bananenplantagen erkennen. Antonio führt mich stolz zu seinem Langhaus. Als wir eintreten, geht auch der Tag zu Ende. Es dämmert und schon wenige Minuten später ist es dunkel. Als ich den rauchigen Raum betrete, kann ich zuerst gar nichts erkennen.

Antonio weist mir einen Platz auf der Besucherbank zu. Als sich meine Augen an die Dunkelheit gewöhnt haben, versuche ich mich zu orientieren: Es ist ein eher kleines Langhaus, mit einem Boden aus Palmenbrettern, eher untypisch für die Bauweise der Shuar. Ich sitze in Blickrichtung zum Frauenteil des Hauses, dem *ekent.* An der Grenze zum Frauenteil endet auch der Boden aus Palmenholz. Dahinter befindet sich die Küche. Die Feuerstelle auf dem Boden ist aus gestampftem Lehm besteht und – ganz traditionell – aus den drei sternförmig angeordneten Baumstämmen. Darauf steht ein großer Topf mit Wasser. Auf dem roh gezimmerten Tisch stehen Schalen mit Lebensmitteln, an den Wänden sehe ich zwei Regale mit Töpfen, Tellern und anderem Hausrat.

Die Shuar leben einfach, doch kommt mir die Einrichtung nach diesen Tagen im Regenwald fast luxuriös vor. Vor allem kann ich endlich aus meinen Stiefeln heraus, ohne Angst vor beißwütigen Ameisen haben zu müssen. Simon hat ebenfalls auf der Besucherbank Platz genommen. Antonio, der Herr des Hauses, hat sich auf seinem *chimpui*, einem geschnitzten Holzschemel – oft mit mystischen Symbolen verziert – in der Mitte des Raumes niedergelassen. Hinter ihm hängen zwei Gewehre und ein großes Blasrohr an der Wand. Auch der Shuar, der uns mit dem Kanu abgeholt hat, gesellt sich zu uns.

Aus dem Halbdunkel der Küche taucht Antonios Frau auf. Sie entzündet eine zweite Kerze, begrüßt still ihren Mann, dann jeden einzelnen von uns mit einem gehauchten „*Buenos*" und einer fast nicht spürbaren Berührung der Hände. Ich schätze sie auf etwa zwanzig Jahre; sie ist hoch gewachsen, feingliedrig und, ich muss gestehen, sehr hübsch – dunkler Teint, langes, glänzendes schwarzes Haar. Die traditionelle Tätowierung läuft über ihre Wangenknochen und verleiht ihr etwas Exotisches, Kriegerisches, Wildes. Bekleidet ist sie mit einem T-Shirt, das schon sehr abgetragen ist und auf dem noch das verblichene Logo einer bekannten Ölgesellschaft zu erkennen ist. Nachdem sie jeden begrüßt hat, stellt sie sich hinter ihren Mann und betrachtet mich von dort aus eingehend. Ich fühle mich unter ihren Blicken nicht gerade wohl, versuche möglichst unbeteiligt dreinzuschauen und vertiefe mich in die Reinigung meiner Fingernägel. Endlich bricht Antonio das Schweigen. Er verlangt nach *chicha*, Maniokbier. Seine Frau verschwindet hinter dem Haus und kommt nach wenigen Minuten mit einer großen Kalebasse und einer Trinkschale zurück.

Maniokbier wird zu meinem nächsten Prüfstein. Alles, was ich bisher darüber weiß, ist, wie es hergestellt wird. Die Methode ist denkbar einfach: Maniok, eine der Kartoffel ähnliche stärkehaltige Wurzel, wird zerstampft. Die Masse wird anschließend von den Frauen gekaut und danach in einen Bottich gespuckt.

Das Ganze wird mit etwas Wasser aufgegossen und stehen gelassen. Durch den Speichel fermentiert der Maniokbrei und so entsteht das köstliche, allseits beliebte Maniokbier. Der Geschmack soll allerdings nicht jedermanns Sache sein. Aber immerhin hat das Gebräu ein paar Prozent Alkohol. Schon das Trinken des Maniokbieres ist ein altes Ritual. Zuerst bekommt natürlich der Hausherr Bier, dann – der Rangfolge entsprechend – alle anderen Besucher. Das Gebräu abzulehnen wäre ein schlimmer Verstoß gegen die Gastfreundschaft des Hausherrn. Ich beobachte, wie Antonios Frau die Schale füllt, mit den Fingern umrührt, dabei die meisten der langen Pflanzenfasern herausfischt, kurz über der Schale ausdrückt und dann wieder in die Kalebasse mit dem Bier zurückgibt. So rührt sie mit ihren Fingern im Maniokbier und wartet, bis Antonio den guten Viertelliter der weißlichen Flüssigkeit getrunken hat. Mit einem stummen Nicken reicht er ihr die Schale und nun kommt sie zu mir, denn ich bin der Ehrengast. Ich versuche, es Antonio gleichzutun, und warte, bis meine Schale gefüllt, umgerührt und von den Fasern befreit ist. Dann setze ich sie an meine Lippen und trinke die säuerliche Brühe in langen Zügen. Danach gebe ich Antonios Frau die Schale mit einem stummen Kopfnicken zurück, bedacht darauf, sie dabei nicht direkt anzuschauen. Dieses Bier regt zu übermäßiger Speichelbildung an und so wird viel gespuckt. Nach der vierten oder fünften Runde macht sich außerdem sein Alkoholgehalt bemerkbar: Er löst die Zungen der Männer und einige Liter später ist eine wilde Diskussion entbrannt, der ich ohnehin nicht folgen kann. Doch ich bin Gast und ein Gast hat Pflichten. So sitze ich auf der harten Holzbank, versuche interessiert auszusehen und komme nicht umhin, immer wieder eine Schale Maniokbier zu trinken. Irgendwann ist der Punkt erreicht, an dem die Gespräche verstummen und jeder der Männer seinen eigenen Gedanken nachhängt. Antonios Frau schürt das Feuer und bereitet die gefangenen Fische vor. Alle sitzen schweigend da, Simon schlürft Maniokbier, Antonio stochert in seinen Zähnen.

21

Unvermittelt steht ein Mann in der Tür, dessen Alter ich schwer schätzen kann: Er ist vielleicht sechzig oder fünfundsechzig Jahre alt. Seine tiefschwarzen Augen liegen in einem freundlichen, faltigen Gesicht; die Haut ist gegerbt von Sonne und Regen. Sein Oberkörper ist nackt; er trägt ein Blasrohr und einen Köcher mit Pfeilen bei sich. Über der Schulter hängt ein Netz, das aus Palmenfasern geflochten ist. Seine schwarze Hose ist an den Knien schon so gut wie durchsichtig. Er ist barfuß. So betritt der Fremde den Raum und zieht sofort alle Aufmerksamkeit auf sich. Mit einem Nicken begrüßt er die Anwesenden, die respektvoll den Kopf senken. Er lehnt sein Blasrohr in einer Ecke an die Wand, hängt den Köcher mit den Pfeilen an einen Nagel, stellt sich vor mich hin und sieht mir tief in die Augen. Mein Magen krampft sich zusammen; er wird zu einem steinharten Klumpen. Unwillkürlich stehe ich auf. Er kommt noch näher, betrachtet mich eingehend und ernst. Mir wird schwindlig. Plötzlich sehe ich auf seinem ernsten Gesicht ein breites, freundliches Lächeln. Als er mich an beiden Schultern fasst, mich umarmt und mir links und rechts einen Bruderkuss auf die Wange drückt, bin ich wie vom Donner gerührt. Ich bringe kein Wort heraus, kann seine herzliche Begrüßung nicht erwidern. „Endlich bist du da!“, raunt mir der Indianer in eigenartigem Spanisch mit tiefer Stimme ins Ohr – ein Satz, dessen Bedeutung ich erst später verstehe. Er ist der Schamane, er ist der Mann, der mich lehren soll, der Mann, den ich treffen soll. Nun ist es wahr geworden. Ich kann immer noch nicht sprechen, wir stehen einander gegenüber … und er lächelt mich verschmitzt an, klopft mir immer wieder freundschaftlich auf die Schulter und auf die Brust.

Und ich stehe einfach nur da, mir schwindelt, keiner der Anwesenden spricht. Ich lasse meinen Blick über die anderen Männer schweifen – sie sind ebenfalls erstaunt über die freundschaftliche Begrüßung. Der Schamane ist auf mich wie auf einen alten Freund zugegangen, als ob wir uns schon lange Zeit kennen würden. Seine Art passt so gar nicht in das Bild von den zurückhaltenden Shuar. Mir wird bewusst, welche außergewöhnliche Ehre mir zuteil geworden ist. Diese Art der Begrüßung, noch dazu im Beisein anderer Männer, ist eine Auszeichnung für mich. Wir setzen uns, der Schamane nimmt mir gegenüber Platz; er lächelt mich weiterhin an. Als er die Schale mit Maniokbier in beide Hände nimmt und durstig daraus trinkt, ruht sein Blick immer noch auf mir.

Auch ich nehme mir nun die Freiheit, mein Gegenüber einer genaueren Betrachtung zu unterziehen. Das lange schwarze Haar fällt ihm in den Nacken und nur ein paar graue Strähnen und die vielen Falten um seine listigen Augen herum verraten sein Alter. Auf seinem Oberkörper, der so muskulös ist wie der Körper eines jungen Mannes, hat das harte Leben im Urwald seine Spuren hinterlassen – Narben, Tätowierungen ... eine Landkarte des Lebens, seines Lebens als Schamane der Shuar, als Krieger und Kind des Urwaldes. Immer wieder sieht er wie beiläufig zu mir hin. Wenn unsere Augen sich treffen, stürzt sein Blick in mich hinein ... er berührt mich in der Tiefe meines Seins. Ich habe das Gefühl, dass dieser Mann mich kennt – mit all meinen Stärken und Schwächen. Sein Blick lotet mich aus, dringt in Bereiche meines Ich vor, in denen ich selbst noch nicht gewesen bin. Er kennt mich, durchschaut mich – es ist unmöglich, etwas vor ihm zu verbergen, und wozu auch?

Endlich, nach der zweiten Schale *chicha*, bricht der Schamane das Schweigen im Langhaus und stellt sich mir in aller Form vor. Seinen Shuar-Namen kann ich nur schwer verstehen und nach einigem Hin und Her einigen wir uns auf den Namen, den die Ecuadorianer ihm gegeben haben: Enrique. Enrique ist der Schamane des Shuar-Stammes, der in diesem Gebiet lebt.

Antonio stellt mich Enrique als „Jojo-*chamán*“ vor, als Schamanen aus Europa. Enrique lächelt noch breiter, wendet sich dann wieder Antonio zu, der ihm Einzelheiten zu meiner Person erzählt. Und ich fühle, wie sein durchdringender Blick auf mir ruht. Dann bitte ich Antonio, Enrique zu fragen, woher er gewusst habe, dass ich kommen würde. Antonio übersetzt und Enrique sieht mir ernst ins Gesicht. Er erklärt, dass er einen Traum gehabt habe, so übersetzt mir Antonio umständlich Enriques Antwort ins Englische, einen Traum, in dem ich vorgekommen sei.

Wieder grinst er mich breit an und ich erwidere sein Lächeln. Natürlich! Es gibt keinen Zweifel, denn nun ist alles so gekommen, wie es mir von den Verbündeten angekündigt worden war. Ich bin so erfüllt von Glück, wie ich es bisher noch nicht gekannt habe. Alle Anstrengungen meiner Reise, alle Zweifel sind vergessen. Ich bin bei dem Schamanen angekommen, habe es geschafft. Jetzt beginnt ein neuer Abschnitt in meinem Leben.

Die Schale mit *chicha* macht die Runde, die Stimmung ist gelöst. Die Ereignisse auf unserem Weg hierher werden in den Erzählungen von Antonio und Simon wieder lebendig, fliegen an mir vorbei ... und obgleich ich ihre Sprache nicht verstehe, so ziehen doch Bilder an meinem geistigen Auge vorüber. Schon seit Generationen werden solche Geschichten am wärmenden Feuer erzählt. Enrique hört interessiert zu und lacht immer wieder besonders herzlich, wirft mir Blicke zu ... manchmal amüsiert, manchmal fragend. Hie und da glaube ich auch einen Funken Anerkennung in seinen Augen zu erkennen. Antonios Vorrat an Maniokbier scheint unerschöpflich zu sein. Stunde um Stunde verstreicht und die Erzählungen der Männer fließen ebenso wie das Bier. Zwischendurch bringt Antonios Frau, deren Namen ich noch immer nicht weiß, geröstete Bananenscheiben mit Salz, dann gibt es wieder eine Runde Bier. Später serviert sie Fisch mit Reis und alle langen ordentlich zu.

Mir steigt der Alkohol ein wenig zu Kopf; er löst meine Zunge und so beginne auch ich zu erzählen … mit Händen und Füßen. Irgendwann geht es darum, weshalb ich hier bin, was ich von Enrique erwarte. Es wird still im Raum und die Blicke der Männer sind auf mich gerichtet. Ich krame verzweifelt in meinem kargen Spanisch-Wortschatz und bringe schließlich nur ein paar unzusammenhängende Wörter heraus. Ich möchte von Enrique die *tsentsak*, die magischen Pfeile, und ich habe ein Geschenk für ihn. Die Männer scheinen mich verstanden zu haben, sie nicken zustimmend. Ich löse den Lederbeutel mit dem Bergkristall von meinem Gürtel, hole den Stein mit zitternden Fingern heraus und gebe ihn mit gesenktem Blick Enrique, wobei ich meine Bitte wiederhole. Enrique nimmt den Kristall mit ernster Miene entgegen. Als er ihn in seinen Händen hält, leuchten seine Augen; abwechselnd schaut er den Bergkristall und mich an. Er scheint tief gerührt zu sein, anscheinend habe ich das richtige Geschenk für einen Schamanen ausgewählt, oder, besser gesagt, meine Verbündeten haben mir wohl den richtigen Tipp gegeben. Nun bestaunen alle den Kristall; Enrique hält ihn gegen die Kerzenflamme und betrachtet das Spiel der Farben im Inneren des Steines. Immer wieder nickt er anerkennend. Zwischen ihm und den anderen Männern kommt ein Gespräch in Gang, in dem es offenbar um die Eigenschaften des Kristalls geht.

Im Schamanismus ist der Bergkristall der wichtigste Stein. Für die Schamanen ist er „gefrorenes Licht“, ein „Behältnis der Seele“, ein mächtiger Verbündeter und kraftvollen Hilfsgeist. Der Bergkristall steht im Mittelpunkt der Aufmerksamkeit unserer kleinen Gesellschaft, jeder will ihn genauer betrachten, aber Enrique gibt ihn nicht aus der Hand. Ich versuche, ihm zu erzählen, dass ich den Kristall in den heiligen Wasserfällen der Shuar gereinigt habe. Enrique versteht mich anfangs nicht, erst als ich Antonio bitte zu übersetzen, begreift er, was ich ihm sagen will. Er nickt anerkennend und lässt mich durch Antonio wissen, dass er in mir einen Schamanen, einen Mann mit viel schamanischer Kraft sähe. Ich bin sehr stolz, obwohl ich alles noch gar nicht so recht fassen kann. Natürlich bin ich mir bewusst, dass ich mich nicht mit Enrique vergleichen kann. Schon als kleines Kind ist er in die Geheimnisse des Schamanismus der Shuar eingeweiht worden. Sein Vater war ein Schamane, sein Großvater und dessen Vater ebenfalls. Ich bin mir sicher, dass die Linie der Schamanen in seiner Familie bis weit in die Vergangenheit zurückreicht. Meine schamanischen Wurzeln gibt es eigentlich gar nicht. Natürlich habe auch ich meine Erfahrungen gesammelt und daraus gelernt, aber bis heute war ich allein auf mich selbst angewiesen; ich hatte niemanden, der mich gelehrt, der mir einen Weg gezeigt oder mich initiiert hätte.

Für Enrique scheint das alles keinerlei Bedeutung zu haben. Er schaut mir direkt in die Seele, in mein Herz, scheint meine Qualitäten wie meine Ängste, Sorgen und meine Unsicherheit mit einem Blick zu erfassen. Unvermittelt erhebt sich der Schamane und als ob er Angst hätte, dass ich weggehen würde, bedeutet er mir, sitzen zu bleiben. Er sei gleich zurück. Er scheint ebenfalls ein wenig aufgeregt zu sein, was im Grunde gar nicht zu seiner ruhigen und besonnenen Art passt. So verschwindet in der Dunkelheit – geräuschlos, wie er gekommen ist. Den Bergkristall hat er mitgenommen. Und ich bin mir gar nicht sicher, dass er wieder zurückkommen wird. Antonio und Simon wollen von mir wissen, was ich als Schamane in Österreich so tue. Nur allzu gern möchte ich ihnen alles erzählen, von mir und meinem Weg, doch die Sprachbarriere scheint unüberwindbar. So wird jede Frage und jede Antwort zu einer Art Ratespiel, einer Scharade. Immer wieder betont Antonio, dass Enrique ein mächtiger Schamane sei, wie viel er schon erlebt habe in der anderen Wirklichkeit … im Kampf gegen böse Schamanen, Schwarzmagier, Dämonen und Geister. Außerdem sei er einer der mächtigsten *ayahuasqueros* in diesem Teil des Urwaldes. Er kenne die Macht des *jagé*, von *ayahuasca*, wie kein anderer. Nun ist es ausgesprochen und dieses Wort trifft mich wie ein Donnerschlag: *ayahuasca* oder *jagé*, auch „Liane des Todes" genannt. Ich bin an einen Schamanen, einen *ayahuasquero*, geraten, der offensichtlich sehr erfahren ist im Umgang mit den psychoaktiven Pflanzen des Regenwaldes. Hierbei handelt es sich um eine Möglichkeit der Bewusstseinserweiterung und der spirituellen, mystischen Erfahrung, an die ich bisher, vielleicht aus Angst, noch gar nicht gedacht habe.

Tief in meine Gedanken versunken, bemerke ich zuerst gar nicht, dass der Schamane zurückgekehrt ist. Antonio schlägt mir auf die Schulter, das holt mich in die Gegenwart zurück. Er hat wohl eine ganze Zeit mit mir gesprochen.

Wieder sitzt er mir gegenüber. Er breitet ein fleckiges, rotes Tuch vor sich aus, auf dem seine schamanischen Werkzeuge liegen: Steine, seltsam gemustert oder von eigenartiger Form; polierte Quarze, Bergkristalle und Aquamarine; ein fast runder und polierter Amethyst und ein paar Dinge, die wohl kleine Pfeilspitzen, vielleicht aus Knochen, sind. Schon beginnt er damit, mir ausführlich seine Werkzeuge zu erklären. Wenn er durch manche Steine hindurchsehe, könne er Krankheiten, böse *tsentsak,* erkennen, die er mit einem anderen Stein aus dem Körper hinausziehe.

Ich beginne zu verstehen, was hier geschieht, und hole ebenfalls meine Kraftobjekte hervor, die ich seit Tagen in einem Ledersäckchen in meinem Rucksack mit mir herumtrage. So sitzen wir einander gegenüber. Ich versuche, ihm die Funktionsweise meiner schamanischen Werkzeuge zu erklären; er sieht zu; ist interessiert; nickt, wenn er versteht; lässt über Antonio noch genauer nachfragen. Er akzeptiert mich. Letztendlich arbeiten wir mit ähnlichen Methoden; dass er bei seinen Behandlungen *ayahuasca* verwendet, ist natürlich eine andere Sache. Aber prinzipiell scheinen nur wenige Unterschiede zwischen seiner und meiner Arbeitsweise zu bestehen. Nun hat sich auch Antonios Frau zu uns gesellt, obwohl das bei den Shuar gar nicht üblich ist. Sie lauscht dem Gespräch interessiert. Antonio scheint nichts dagegen zu haben, nur einmal schickt er sie hinaus, um frisches Maniokbier zu holen.

Ein neuer Gast betritt das Langhaus. Für mich ist es der „Dschungeltiger“, denn genau so sieht er auch aus. Er ist groß gewachsen für einen Indio; seine Haare sind nackenlang, zu einem Zopf gebunden; er trägt uralte Militärstiefel ohne Schnürsenkel und dazu passend einen völlig verschlissenen Tarnanzug. Dem kriegerischen Ruf der Shuar entsprechend hat er eine Jagdflinte und eine Machete bei sich. Es folgt das Begrüßungsritual und Enrique stellt mich dem Fremden vor ... und wieder werden die Geschichten unserer Reise erzählt, wieder wird gelacht und meine diversen Stürze und meine rasante Talfahrt werden mimisch und gestisch dargestellt. Außerdem wird immer wieder betont, dass auch ich ein praktizierender Schamane sei, was mir ein gewisses Maß an Respekt verschafft. Das Maniokbier fließt in Strömen und es wird viel gelacht ... so endet meine erste Begegnung mit dem Schamanen der Shuar in einem ausgelassenen Trinkgelage.

Bis tief in die Nacht trinken und lachen wir. Irgendwann verabschiedet sich der schweigsame „Dschungeltiger“ und verschwindet laut rülpsend in der tiefschwarzen Nacht. Auch für uns wird es Zeit, das heißt, Enrique beendet unser Trinkgelage, indem er aufsteht, sein Blasrohr an sich nimmt, den Köcher mit den Pfeilen schultert, dann jedem wortlos die Hand reicht und ebenfalls in der Nacht verschwindet. Ich bin ein wenig verwirrt über seinen raschen Aufbruch, doch scheint sein Verhalten hier im Regenwald völlig normal zu sein. Wenn der älteste und angesehenste Teilnehmer einer Festlichkeit aufbricht, so ist das das Zeichen zum Aufbruch für alle. Und so wird die letzte Schale *chicha* gefüllt und geleert, danach versuche ich auf die Füße zu kommen. Simon und der schweigsame Kanufahrer verabschieden sich rasch und machen sich auf den Weg durch den nächtlichen Regenwald. Die beiden haben noch ein ganzes Stück Weg vor sich .... Und das ohne Licht und in angetrunkenem Zustand.

Antonio löscht die Kerze, alles versinkt im Dunkel, nur das Feuer glimmt noch ein wenig. Er führt mich in eine andere Hütte, die nur knappe hundert Meter von dieser entfernt liegt. Dort erwartet mich eine Art Bett aus Palmenholz und eine kleine Feuerstelle; es ist Antonios Gästehaus – eine ausgediente Hütte, voller Kakerlaken, mit Löchern in den Wänden und einem unebenen Lehmboden. Hier riecht es modrig und nach verdorbener Nahrung, aber immerhin habe ich ein Dach über dem Kopf. Antonio verabschiedet sich mit einem leisen „*Buenas noches*" und fügt noch „*Ya es tarde*" hinzu, „Es ist schon spät". Ich zünde eine Kerze an und rolle meinen Schlafsack aus, hänge meine Kleider über einen Balken und versuche einzuschlafen. Das viele Maniokbier hat einen unsagbar schlechten Geschmack in meinem Mund hinterlassen und ich habe leider kein Trinkwasser zum Nachspülen. So versuche ich den faden Geschmack mit Zahnpasta zu bekämpfen. Im Schlafsack ist es heiß, aber ich krieche so tief wie möglich hinein, um den Moskitos zu entkommen. Ich bin todmüde, doch die Erlebnisse der letzten Stunden haben mich aufgewühlt, sie lassen mich keinen Schlaf finden.

Noch lange liege ich wach, in diesem Zustand zwischen Müdigkeit und Aufgekratztsein. Irgendwann siegt die Müdigkeit und trägt mich in ein schwarzes Meer, weit und ruhig, ohne die bunten Strände wilder Träume.

22

Ich erwache im Morgengrauen. Der Kopfschmerz, den ich nach diesem feuchtfröhlichen Abend erwarte, stellt sich prompt ein. Ich habe unglaublichen Hunger. Geträumt habe ich nichts, ich war wie anästhesiert. Immer noch den faden Geschmack im Mund, mache ich mich, nachdem ich die Orientierung wiedergefunden habe, auf zum Fluss. Nichts geht über ein kühles Bad am Morgen. Auf Schuhe verzichte ich, nur das schmutzige Handtuch wickle ich mir um die Hüften. Noch schlafen alle. Zum ersten Mal sehe ich diesen Ort bei Tageslicht. Drei Hütten, aus einer steigt Rauch in den stahlgrauen Himmel auf. Ringsum Urwald, ein paar kultivierte Bananenstauden, Palmen, Ananas, ein kleiner umzäunter Garten, darin Yucca, Maniok, Gemüse – über allem Feuchtigkeit und Nebel und Ruhe.

Der Abstieg über die vielen Stufen zum Fluss macht mir Schwierigkeiten; meine Gelenke schmerzen, meine Sprunggelenke und die Knie sind steif. Unten angekommen, prüfe ich die Wassertemperatur und halte im seichten Wasser am Ufer Ausschau nach Piranhas. Dann sehe ich mich noch einmal um, ob ich auch allein bin, und schon zeugt nur noch das Handtuch am Ufer von meiner Anwesenheit. Ich schwimme bis zur Mitte des Flusses – ich kann hier immer noch stehen – und genieße das herrlich kühle Wasser auf meiner Haut. So tanke ich auf; es ist einfach wunderschön hier. Niemand stört meine Ruhe. Ich habe keinen Stress, ich muss keinen Rucksack tragen … und vor allem habe ich genug zu trinken. So lasse ich mich weiter ein Stück flussabwärts treiben und schwimme dann wieder gegen die Strömung zurück. Ein gutes Training, stelle ich fest, denn dem ruhigen Fluss ist seine Kraft nicht anzusehen. Als mich wieder dem Ufer nähere, stelle ich fest, dass auch die anderen Bewohner der kleinen Ansiedlung schon munter sind. Ich nehme an, dass die Frauen, die nun mit Wäsche und Eimern beladen über die Treppen zum Flussufer hinabsteigen, zu Antonios oder Enriques Familie gehören.

Noch bevor ich das Ufer und somit mein Handtuch erreichen kann, sind zwei der Urwaldschönheiten – und es sind wirklich schöne und stolze Menschen – bereits im Wasser. Ich stehe bis zur Brust darin und betrachte das Schauspiel in der Morgensonne. Die Mädchen haben ihre Wickelröcke und Lendentücher ausgezogen, ein schmutzig weißes T-Shirt treibt auf dem Wasser, auf den Steinen liegt bunte Wäsche. Sie lachen und planschen und scheinen mich dabei gar nicht zu bemerken. Doch auch wenn der Fluss ein Urwaldfluss und somit naturgemäß eher warm ist, wird mir langsam kalt und kälter. Also bewege ich mich langsam auf die Mädchen im Wasser zu; ich will sie nicht erschrecken. Sie sind sicherlich keine zwanzig Jahre alt. Am Ufer hockt eine alte Shuar-Frau und bearbeitet im flachen Wasser die Wäsche mit Seife. So komme ich näher und als sich mir alle Köpfe zuwenden, bin ich auf alles gefasst. Doch es geschieht gar nichts. Die Mädchen grüßen mich freundlich, keines kichert, niemand läuft schreiend vor mir davon. Ich bin nackt, sie sind nackt und die Situation ist ganz entspannt. Es scheint einfach niemanden zu kümmern. Die Mädchen machen keinen Versuch, ihre Blöße zu bedecken. Als mich die Alte am Ufer bemerkt, ruft sie den Mädchen im Wasser etwas zu und alle wenden sich ab und beschäftigen sich mit der Wäsche. Mein Handtuch liegt keine zwei Meter von der alten Shuar entfernt, ich gehe hin, hebe es auf … und auch sie begrüßt mich leise und schenkt mir keine weitere Aufmerksamkeit. Später wird mir Antonio den Badeplatz für die Männer zeigen …

Als ich die Stufen hinaufgehe, tönt mir Kinderlachen entgegen. Oben angekommen, setze ich mich in die Sonne und betrachte die spielenden Kinder. Eines davon muss Antonios Sohn sein. Auf unserer Reise hat er oft von seinem Sohn erzählt. Die Kinder strotzen vor Schmutz und vor Gesundheit: Rosige Wangen, stämmige Beine ... so jagen sie barfuß, meist nur mit den Resten eines Hemdes bekleidet, über die Lichtung. Als sie mich bemerken, halten sie inne. Neugierig kommen sie näher und stellen dabei immer wieder Fragen. Leider verstehe ich sie nicht. Dann werde ich genauer unter die Lupe genommen. Ein kleiner Fratz zwickt mich prüfend in meine weiße Wade, ein anderer möchte unbedingt meine Haare anfassen. Ich lasse es geschehen. Von nun an habe ich ständig drei der Kleinen um mich herum; alles interessiert sie, besonders mein Gepäck.

Als ich mich anziehe, kommt Antonio. Unvermittelt beginnt er zu rennen, schießt in die Hütte und wirft sich mit lautem Gebrüll auf seinen Sohn. Ich glaube erst, dass er ihn für irgendetwas bestrafen will, und möchte schon ansetzen, ihn zu beschwichtigen. Aber das schrille Kinderlachen und das ausgelassene Kreischen des kleinen Shuar zeigen mir, dass es nur ein wildes Spiel zwischen Vater und Sohn ist. Wie ein Raubtier fällt Antonio immer wieder über eines der Kinder her, das sich dann vor ihm zu retten versucht. Hat er eines von ihnen erwischt, rollt er wild mit den Augen und setzt zum „tödlichen" Biss in den Nacken an. Doch dann lässt er sein Opfer doch entwischen und die wilde Jagd geht von Neuem los. Ich kann nur staunen über die Art und Weise, wie er mit den Kindern spielt – wild und ungestüm und gleichzeitig sehr vorsichtig, um ihnen nicht weh zu tun. Ich stehe im Eingang und betrachte das wilde Treiben, das sich vor meinen Augen abspielt. Endlich erhebt sich Antonio und steht umringt von den Kindern in der Morgensonne; er ist außer Atem, über und über mit Erde beschmiert, hält seinen Sohn liebevoll im Arm, küsst und streichelt ihn. „Was für ein Vater!", denke ich bei mir, „was für eine Kindheit!"

Auf ein Wort von Antonio suchen die Kinder johlend das Weite, machen sich auf die Jagd nach den kleinen Hunden, die mit zur Familie gehören. Und Antonio begrüßt mich überschwänglich, nennt mich immer wieder *amigo* und bittet mich zum gemeinsamen Frühstück. Es muss wohl gegen acht Uhr sein, als wir uns schweigend im Langhaus gegenübersitzen. Antonios Frau kümmert sich um das Frühstück. Pfefferminztee mit Zucker gibt's, wunderbar! Antonio fragt schmunzelnd nach meinem Bad im Fluss, ob denn alles gut gegangen sei, ob das Wasser auch angenehm gewesen sei und ob mir die Shuar-Mädchen gefielen. Ich lächle verlegen, da lacht Antonio schallend, ich lache mit.

Enrique kommt nicht zum Frühstück. Antonio bemerkt meine Enttäuschung. Seiner Erklärung entnehme ich, dass Enrique ein paar Kilometer entfernt wohnt und dass er heute Abend zurückkehren wird. „Also gut", denke ich mir, „dann habe ich heute Zeit für mich." Immerhin ist das der erste Tag, an dem wir nicht unterwegs sind. Ich habe Zeit. Die nächsten Stunden verbringe ich mit Antonio beim Fischen. Wir fahren mit seinem Einbaum ein Stück flussabwärts und machen an einer der wenigen Sandbänke halt. Antonio fängt die Fische mit der Hand. Ich hänge eine Angelleine ins Wasser und hoffe, dass nichts anbeißt. Ich kann kein Blut sehen, vor allem scheue ich davor zurück, dem Fisch den Angelhaken aus der Lippe zu ziehen. Und ich habe Glück …

Wir liegen in der Sonne, gehen von Zeit zu Zeit ins kühle Wasser, um uns abzukühlen. Hier am Fluss, wo kein Blätterdach vor der ecuadorianischen Sonne schützt, fühle ich mich fast wie an einem karibischen Strand. Antonio sucht im Wald nach Bananen, ich schreibe in mein Tagebuch und irgendwo lachen Kinder. Meine Kleider sind trocken. Was will ich mehr? Ich fühle mich ein wenig wie im Urlaub … und im Grunde bin ich nicht hier, um Urlaub zu machen. So lasse ich den gestrigen Abend noch einmal vor meinem geistigen Auge Revue passieren und versuche, mich in die richtige Stimmung zu bringen, die nötige Ernsthaftigkeit zu finden. Enrique ist ein *ayahuasquero*, er arbeitet also mit halluzinogenen Pflanzen, und zwar mit einer Lianenart, über deren Wirkung nicht allzu viel bekannt ist. In Büchern hatte ich von den Erfahrungen jener weißen Ethnologen gelesen, die das Glück hatten, unter Führung eines Schamanen die Wirkung von *ayahuasca* am eigenen Leib zu erfahren. Ihre Erlebnisse waren von wilden, Angst einflößenden Visionen geprägt. Von Dämonen und Geistern war da die Rede, von Todeserfahrung und lähmender Angst. Meine Erfahrungen mit Drogen sind eher bescheiden. Außer der Gesellschaftsdroge Alkohol habe ich bisher nur Erfahrungen mit Marihuana gemacht – und die in meiner Sturm- und Drangzeit –, wobei ich zugeben muss, dass mir Marihuana immer nur Kopfweh und Übelkeit beschert hat, genau wie Alkohol. Ich habe Angst. Was, wenn mich Enrique auffordert, *ayahuasca* zu kosten? Andererseits ist Enrique ein weiser Mann, eben ein Schamane; er hat viel Erfahrung in diesen Dingen.

Antonio lenkt mich ab: Er hat Bananen und andere Früchte des Urwaldes mitgebracht. Und er erzählt von den Frauen, wie immer, wenn er nachdenklich ist. Natürlich sei er verheiratet, natürlich liebe er seine Frau, aber ebenso natürlich sehne er sich nach den Zeiten zurück, als die Vielehe bei den Shuar normal gewesen sei. Jeder Shuar-Mann habe bis zu drei Frauen gehabt … wie Enrique drei Frauen. Aber Antonios Frau fordert ihren Mann für sich allein. Und das macht Antonio Probleme, denn er will das Leben seiner Vorväter leben, er baut auf Tradition und alte Werte. Ich wage nicht, ihm von den Idealen unserer westlichen Gesellschaft zu erzählen, von Gleichberechtigung und von Monogamie, von der Emanzipation der Frau und Ähnlichem. Hier spüre ich deutlich, wie groß die Kluft zwischen Menschen der „zivilisierten Welt“ und Menschen eines Naturvolkes ist. Für die Shuar hat sich ihr soziales System über Generationen bewährt und ich persönlich werde mich hüten, unser System als das bessere zu betrachten. …

Wir fahren wieder zu Antonios Haus zurück. Es ist Mittagessenszeit: Es gibt gekochtes Hühnchen, dazu unglaublich mehlige Kochbananen, Gemüse, Palmherzen und die Reste der Nudeln, die wir als Proviant dabei hatten. Ich esse mich satt, danach trägt Antonios Frau noch eine große Schüssel mit frischer aufgeschnittener Ananas herein. Einfach köstlich! Zum Abschluss gibt es wieder *chicha*; ich entziehe mich dem Umtrunk, indem ich vorgebe, mich in der näheren Umgebung umzusehen.

Meine Ausrede wird akzeptiert und so mache ich mich – mit Fotoapparat und Tagebuch bewaffnet – auf den Weg, um einige Eindrücke in Wort und Bild festzuhalten. Alles ist gepflegt und sauber: die kleinen Gärten, die Verbindungswege zwischen den Hütten; um die Häuser sind schmale Gräben angelegt, in die das Wasser der Regengüsse abfließen kann. Etwas abseits wird gerade an einem weiteren Langhaus gebaut. Rund um die Lichtung ist dichter Regenwald. Die Häuser sind durch einen Weg miteinander verbunden, von dem ein breiter Pfad, zu beiden Seiten mit Stämmen befestigt und zum Teil mit flachen Steinen ausgelegt, in den Regenwald hineinführt.

Ich mache ein paar Fotos und Notizen in mein Tagebuch. Da steht plötzlich Enrique vor mir. Ich erschrecke, als er so aus dem Nichts auftaucht. Er aber lächelt mich verschmitzt an, blinzelt in die Sonne und begrüßt mich mit einem leisen: „*Buenas tardes, amigo.*" Ich erwidere seinen Gruß und wir schlendern gemeinsam über Antonios Grundstück. Vor einem dichten Geflecht aus grünen Lianen, die einen Baum fast vollständig überwuchern, bleibt der Schamane stehen. Er zeigt auf die Pflanze, dann auf mich – ob ich wisse, was das für eine Pflanze sei, will er mich vermutlich fragen. Ich bin mir nicht sicher, denke aber, dass es *ayahuasca* ist. Ich versuche es zunächst mit dem Indio-Wort für die Pflanze. „*jagé*", sage ich und fühle mich wie bei einer Prüfung. Enrique horcht auf, klatscht in die Hände und klopft mir dann freundschaftlich auf die Schulter. Die Prüfung ist bestanden und ich atme auf. Nun will er wissen, so viel kann ich mir zusammenreimen, ob ich denn schon einmal *jagé* genommen hätte. Ich verneine und Enrique sagt: „*Bien, bien.*“ Die Führung geht weiter und nach einer halben Stunde ist mir bewusst, dass in Antonios Garten mindestens vier verschiedene halluzinogene Pflanzen wachsen und dazu noch viele Medizinpflanzen. Für die Shuar ist das eine Selbstverständlichkeit, für mich ein Wunder!

Enrique ist schweigsam geworden, er scheint über irgendetwas nachzugrübeln. Als ich auf eine Pflanze zeige und von ihm wissen will, wozu die Shuar sie verwenden, scheint er mich gar nicht zu hören. Er steht regungslos da und starrt mit leeren Augen in den Regenwald. Ich folge seinem Blick und mit einem Mal stürzen die Geräusche der Tiere im Regenwald wie ein tosender Wasserfall auf mich ein. Ich war so gefangen von der botanischen Vielfalt und den Details der Pflanzen in Antonios Garten, dass ich das Drumherum völlig ausgeblendet hatte.

Enrique steht noch immer regungslos da und ich lausche den Geräuschen. In der Ferne ist Donner zu hören, der Vorbote des täglichen Platzregens. Unvermittelt nehme ich Veränderungen wahr: Die Farben des Himmels und der Pflanzen verlieren an Intensität, alles scheint blasser zu werden. Mir ist schwindelig und ein wenig übel. Der Donner kommt näher, der Himmel ist nicht mehr hellblau, seine Farbe ist jetzt eher ein bleiernes Grau. Dunkle Wolken ziehen sich in unglaublicher Geschwindigkeit über uns zusammen. Auch die Geräusche um mich herum werden dumpfer, zumindest nehme ich sie eher wie ein Flüstern wahr. Ich kann die einzelnen Geräusche kaum noch auseinanderhalten.

Verzweifelt versuche ich gegen meinen Schwindel anzukämpfen, der mich fast in die Knie zwingt. Alles dreht sich und ich spüre einen stechenden Schmerz im Nacken. Ich versuche tief durchzuatmen – das ist das Einzige, was ich dem Schwindelanfall entgegenzusetzen vermag. Und plötzlich steigt die Angst in mir auf – die größte, gemeinste von allen –, ich bin in heller Panik, dass ich einen epileptischen Anfall bekommen könnte. „Nicht jetzt, nicht hier!“, schreie ich in mich hinein und fürchte mich vor dem Sturz, der Schwärze und der Leere. Panisch sehe ich Enrique an. Der steht still da und hat die Handflächen nach oben, zu den dunklen Wolken, den Blitzen gerichtet. Der aufkommende Wind fährt durch sein Haar, seine Lippen bewegen sich, aber ich höre nichts. Ich bin wie taub. Wie nach einem gewaltigen Donnerschlag singt und klingelt es in meinen Ohren. Ich sehe schwarze Punkte, mir ist schwindelig und übel; die Luft zu warm, zu feucht; alles ist zu verschwommen, als dass ich irgendwo Halt finden könnte. Dann fallen die ersten Regentropfen. Wie Kugeln aus weißem Glas fühle ich sie auf meinem Körper aufschlagen; jeder Tropfen schmerzt … aber mit jedem Tropfen werde ich klarer. Wieder sehe ich Enrique an, er hat die Augen geschlossen, lächelt, summt ein Lied. „Was machst du mit mir, was hast du vor, Enrique?“, schießt es mir durch den Kopf. Da lässt der Schwindel nach, ich kann wieder klar denken, noch ein tiefer Atemzug und ich bin wieder ich selbst. … Zwei Männer stehen im Regen und schauen sich stumm an … einer wissend, der andere hoffend.

Wir schlendern durch den Regen zum Langhaus zurück. Wir haben es nicht eilig, nass sind wir sowieso und drinnen erwartet uns sicher ein wärmendes Feuer. Mehrmals ertappe ich Enrique dabei, wie er mich von der Seite mustert und dabei kichert. Als wir am Feuer sitzen und süßen Tee trinken, lacht er mich an und sagt, dass ich stark sei, stark genug. „Stark genug wofür?“, frage ich mich. Aber ich kann die Frage nicht stellen, denn da gesellt sich Antonio zu uns und das Gespräch nimmt einen anderen Lauf. Nun geht es um Alltägliches – um das Langhaus, dessen Dach erneuert werden müsste; um den Einbaum, der in der Nacht im Fluss fortgetrieben ist; im Nachbardorf ist ein Mann gestorben; die Straße, die Zivilisation, die Frauen …

Ich bin wieder Zuhörer, Beobachter einer Szene, die viel gemein hat mit denen in meiner Welt: Es geht um die Sorgen der Menschen, hier wie dort; um die Freuden und die Hoffnungen, um Tod und Geburt, Neid und Eifersucht … eben das ganze Spektrum menschlichen Seins.

23

Der Regen hat nachgelassen, Nebel liegt über allem. Antonio spielt mit seinem Sohn, irgendwo hinter dem Haus stöbert ein *Aguti** in den Küchenabfällen, klagende Vogelrufe dringen aus dem Wald. Enrique ist in Gedanken versunken und ich erwarte schon eine erneute Prüfung meiner Standfestigkeit, da sieht er mir direkt in die Augen, scheint kurz zu überlegen und redet dann eine ganze Weile, auf eine Art, die sehr formell klingt. Ungeduldig weist er Antonio an, das eben Gesagte für mich zu übersetzen. Antonio gelingt es, Enriques Wortschwall auf wenige englische und spanische Wörter zu reduzieren: „Heute Nacht, *ayahuasca*-Zeremonie, du bekommst *tsentsak*!“ Diese Nachricht trifft mich nicht unvorbereitet, doch jetzt, wo es tatsächlich passieren soll, spüre ich Angst. Noch kann ich aussteigen, noch kann ich ablehnen, ohne mein Gesicht zu verlieren. Aber das will ich nicht. So versuche ich, meine Aufregung und meine Neugierde zu verbergen und mich so zu verhalten, wie die Shuar es tun. Ich sage zu, den Blick gesenkt, ganz so, wie es sich gehört. Und weder Enrique noch Antonio verlieren ein weiteres Wort über die Sache. Antonio lässt mich noch wissen, dass ich ab jetzt nichts mehr essen solle, nur der Aufguss einer bestimmten Pflanzenart sei mir erlaubt – *ayahuasca*-Diät sozusagen. Enrique will mit der Zeremonie gegen zehn Uhr beginnen. Mir bleibt ausreichend Zeit, um mich vorzubereiten. Ich weiß zwar nicht, was wirklich auf mich zukommt, aber ich ver-

* *Dasyprocta*; ein dem Meerschweinchen verwandtes Nagetier (Anm. d. Hrsg.)

suche, die Zeit zu nutzen, indem ich zu meinen Verbündeten Kontakt aufnehme und sie um Schutz und Hilfe bitte. Was allerdings bleibt, ist ein mulmiges Gefühl.

Enrique verschwindet bei Einbruch der Dunkelheit, um *ayahuasca* zu besorgen und noch einige Vorbereitungen zu treffen. Am Abendessen muss ich ja heute nicht teilnehmen: Es gibt Maden und kleine Fische mit Kopf und Gräten. Ich sitze mit meinem bitteren Tee aus Dschungelpflanzen am Feuer und sehe Antonio und seiner Familie zu. Als Simon vorbeikommt, werden auch ihm ganz selbstverständlich etwas zu essen und *chicha* hingestellt. Antonio erzählt ihm von dem *ayahuasca*-Ritual, das Enrique abhalten wird. Simon ist interessiert, will aber nicht daran teilnehmen. Bevor er uns wieder verlässt, kommt er noch zu mir herüber und wünscht mir viel Glück und Kraft. Ich glaube, so etwas wie Besorgnis in seiner Stimme zu erkennen, was mich beunruhigt. Immer wieder kommen mir die Berichte in den Sinn, die ich über *ayahuasca* gelesen habe. Von Wahnsinn war die Rede, von todesähnlichen Zuständen, von Visionen am Rande des Ertragbaren. Es hat sicherlich einen Grund, warum die *ayahuasca*-Liane auch „Liane des Todes" genannt wird. Ich kann mich dunkel an die Erlebnisse in einem Buch von Michael Harner, einem amerikanischen Anthropologen und schamanisch Tätigen, erinnern. Er glaubte damals, vor zwanzig Jahren, im Regenwald sterben zu müssen, nachdem er das *jagé* zu sich genommen hatte. Er hatte erschütternde Visionen, die sein ganzes Leben beeinflussten.

Natürlich bin ich vorbereitet, so gut es eben geht. All meine Erfahrungen mit der schamanischen Welt und dem Bewusstseinszustand des Schamanen, meine Begegnungen mit meinen Verbündeten und nicht zuletzt die Tatsache, dass mich eben diese Verbündeten nach Ecuador geschickt haben, beruhigen mich ein wenig. Außerdem vertraue ich auf die Erfahrung und die Fähigkeiten des Schamanen. Was ich über *ayahuasca* weiß, ist, dass diese unscheinbare Liane stark halluzinogen wirkende

Substanzen enthält. *ayahuasca* wird mit einer anderen Pflanze gemischt und das so entstehende Gebräu enthält ein ungeheures Potenzial an bewusstseinsverändernder und -erweiternder Kraft. Eine Kraft, die, verschiedenen Berichten zufolge, die Grenzen unseres Denkens sprengt. Wenn ich mir vergegenwärtige, dass alle Lebewesen um uns herum, Pflanzen, Tiere, Menschen, ja selbst die Steine eine Seele besitzen, also zur Kommunikation fähig sind, bekomme ich eine vage Vorstellung davon, was es heißt, mit all den Geistern und Wesenheiten um uns herum in Verbindung zu sein. Auf meinen Reisen in die schamanische Welt habe ich schon oft Erfahrungen gemacht, die erstaunlich real waren. Die Welt der Verbündeten und Geister ist für mich nicht weniger real als die Welt, in der wir uns gewöhnlich, im nicht schamanischen Bewusstseinszustand, bewegen.

Immer wieder habe ich die Grenze in die andere Welt überschritten, aber nun werde ich es zum ersten Mal mithilfe eines mächtigen Verbündeten, des Geistes von *ayahuasca*, wagen. Natürlich bin ich nervös, meine Hände sind kalt und feucht. Das Schweigen im Langhaus bedrückt mich, niemand nimmt Notiz von mir, als wäre ich überhaupt nicht anwesend. So beschließe ich, die Wartezeit mit einem Nachtspaziergang zu verkürzen. Als ich aufstehe und in die Dunkelheit hinaustrete, scheint das weder Antonio noch seine Frau zu kümmern. Ich bin allein mit mir und meinen Ängsten. Wenige Meter vor dem Langhaus entfernt, viele Meter über dem Fluss, habe ich einen wundervollen Ausblick: Obwohl es schon finster ist, kann ich das silbern glänzende Band des Flusses erkennen, die Windungen und Mäander, die sich im Regenwald verlieren. Über den Baumkronen liegt der weißlich blaue Nebel, darüber der stahlblaue Himmel … eine Komposition in Blau und Schwarz.

Ich genieße die Aussicht eine Weile und gehe dann zu meiner Hütte zurück. Ich bin nervös; es gibt einfach nichts mehr zu tun, ich kann nur warten. Also trete ich wieder in die Nacht hinaus und glaube Simon am anderen Ende der Lichtung im

Schein einer Kerze zu sehen. Ich gehe zu ihm hin, aber da ist er auch schon verschwunden und steht plötzlich rechts neben mir, in einer Hand hält er eine Kerze, mir der anderen schützt er die Flamme vor dem leichten Abendwind. Er begrüßt mich kurz, aber herzlich. Wie gern würde ich mich jetzt mit ihm unterhalten; ihm von meinen Ängsten erzählen; hören, was er mir rät. Aber wieder ist es die Sprache, die uns trennt. So stehen wir nur stumm nebeneinander. Simon deutet in Richtung Langhaus, klopft mir auf die Schulter und verschwindet wieder in der Nacht.

Auf meinem Schlafplatz kauere ich mich zusammen und versuche, meine Gedanken zu ordnen. Nach einigen Minuten scheint sich meine Angst langsam in freudige Erwartung zu verwandeln. Als ich ins Langhaus zurückkomme, wartet Enrique bereits auf mich. Er sitzt am Feuer, trägt einen Kopfschmuck aus Tukanfedern und lächelt mich an. Wieder begrüßt er mich mit einer festen Umarmung und fragt, ob ich bereit sei, wie es mir gehe, ob ich die Diät eingehalten hätte. Antonio übersetzt und der Schamane nickt zufrieden. Die Kinder sind längst zu Bett gebracht worden, heute etwas früher als sonst. Enrique, Antonio und ich machen uns auf den Weg zu einer anderen Hütte, in der die Zeremonie stattfinden soll. Antonios Frau bleibt zurück und kümmert sich um das Feuer. Simon hat sich mit einer Jagdflinte bewaffnet, er wird vor der Hütte Wache halten. Antonio hat die Hütte bereits vorbereitet. In der Mitte des Raumes brennt ein Feuer. Kalebassen mit Trinkwasser und *chicha* stehen bereit. Neben der Feuerstelle steht ein niedriger Tisch, als Sitze dienen einige Stücke eines Baumstammes. Auf dem Tisch sehe ich eine Kerze, die den Raum erstaunlich hell erscheinen lässt, und Enriques Kraftobjekte, sein schamanisches Handwerkszeug und den Bergkristall, den ich ihm geschenkt habe. Daneben das *shinkishinki,* ein Büschel aus Blättern eines bestimmten Strauches. Die Schamanen des Regenwaldes erzeugen damit ein rhythmisches Geräusch, das ähnlich klingt wie das einer Indianerrassel. Eine Schale aus Tropenholz ist mit dem Saft einer anderen heiligen Pflanze gefüllt, wir werden die grünliche Flüssigkeit wohl im Laufe der Nacht durch die Nase einziehen. Tabakblätter und einige Urwaldzigarren liegen auf dem rohen Holz des Tisches. Der Raum selbst ist spartanisch ausgestattet, wie es bei den Shuar üblich ist: gestampfter Lehmboden, ein kleiner Schemel steht nah am Feuer; weiterhin gibt es ein Bettgestell aus Palmenbrettern, ein Regal und Feuerholz. Im Unterschied zum Langhaus reichen die Wände dieser Hütte bis zum Dach und die Tür schließt ebenfalls mit dem Dach ab. Das heißt, zwischen Wand und Dach ist kein offener Bereich und so kann niemand neugierige Blicke in die Hütte werfen, wir sind ganz unter uns.

Enrique heißt mich, am Tisch ihm gegenüber Platz zu nehmen. Es riecht nach Rauch, das Feuer knistert, die Stimmung ist einzigartig. Antonio setzt sich neben Enrique. Er kümmert sich um die Zigarren, geht Enrique zur Hand. Nun bin ich an der Reihe, meine Kraftobjekte, die ich in dem Lederbeutel an meinem Gürtel bei mir trage, auf den Tisch zu legen. Ich bin entspannt, die beiden Shuar sind freundlich, aber ernst, das Kerzenlicht lässt bizarre Schatten an den Wänden tanzen. Draußen höre ich einen Urwaldvogel rufen, in der Ferne grollt wieder der Donner und meine Aufmerksamkeit zieht sich immer mehr auf das Hier und Jetzt zurück. Alles rückt näher, wir werden zum Mittelpunkt, zur Achse, um die sich alles dreht.

Wir sitzen stumm da und jeder scheint seinen Gedanken nachzuhängen. Antonio nimmt die Zigarren noch einmal in die Hand, eine nach der anderen, sieht sie prüfend an und legt Zündhölzer zurecht. Enrique sieht stumm nach oben und schwankt leicht und rhythmisch nach vorn und zurück. Der Schein der Kerze lässt seine Gesichtszüge beinahe dämonisch wirken. Seine Lippen bewegen sich fast unmerklich zu einem stillen Lied. Ich bin fasziniert von Licht und Schatten, wie hypnotisiert starre ich in das Gesicht des Schamanen. Nach vorn und zurück, nach vorn und zurück ... hell, dunkel, hell, dunkel ... Schatten, Licht ... nach vorn und zurück. Als er in seiner Bewegung innehält und mir in die Augen sieht, bin ich wie versteinert, nicht fähig, mich seinem Blick zu entziehen. Nur schwer kann ich mich aus dieser Erstarrung befreien. Als Enrique zu sprechen beginnt, werde ich mir bewusst, dass ich in den letzten Minuten keine Geräusche mehr wahrgenommen habe. Mich erreicht die Stimme des Schamanen mit ungeheurer Intensität und Fülle. Erst bin ich so fasziniert, dass ich Antonios Übersetzung gar nicht höre. Das Ritual wird nun beginnen. Ich habe das Gefühl, dass es schon längst begonnen hat. ...

24

Zuerst rauchen wir eine Urwaldzigarre. Enrique beginnt und bläst den Rauch mit lautem Zischen über den Tisch, dazu murmelt er unverständliche Worte. Dann nimmt er jeden seiner schamanischen Steine in die Hand und bläst zischend Rauch darüber. Damit erweckt er die Hilfsgeister in den Steinen. Alle Utensilien werden mit dieser Methode erweckt. Aus einem Beutel holt Enrique jetzt eine kleine Kalebasse hervor, ich vermute sie ist mit *ayahuasca* gefüllt. Ihr widmet er besonders viel Aufmerksamkeit. Enrique spricht mit der Kalebasse, verfällt in ein Zwiegespräch mit dem Geist des *ayahuasca,* bläst immer wieder Rauch darüber, um den mächtigen Geist des jagé zu erwecken. Mittlerweile ist der Raum erfüllt vom aromatischen Rauch des Tabaks. Dann wird Antonio mit Tabakrauch angeblasen, besonders sein Gesicht und seine Brust. Ich weiß, dass der Rauch eine reinigende Kraft besitzt. Nachdem Antonio gereinigt ist, bin ich an der Reihe.

Der Tabakrauch aus Enriques Mund trifft mich zuerst im Gesicht – mit fast physischer Kraft. Ich muss mich an die Tischplatte klammern, um nicht das Gleichgewicht zu verlieren und nach hinten zu kippen. Als mich Enrique zum zweiten Mal mit Tabakrauch anbläst, bekomme ich ein Gefühl, das dem ähnelt, das ich oft vor epileptischen Anfällen hatte: Schwarze Punkte tanzen vor meinen Augen; ich spüre nicht mehr viel, in meinen Ohren und in meinem Kopf nehme ich ein helles Singen wahr und mir ist ein wenig übel. Die dritte Tabakwolke hüllt mich ein und fühlt sich an wie Eis. Kalt und spitz dringt der Rauch in mein Gehirn ein und gleichzeitig fühle ich, wie er mich wieder klarer macht. Der leichte Schwindel vergeht augenblicklich, die

Übelkeit verschwindet und als sich mein Blick wieder klärt, bin ich fürs Erste beruhigt.

Antonio reicht mir eine Zigarre. Ich nehme einen tiefen Zug und blase den Rauch in den Raum hinein, bin mir dabei bewusst, dass er ein Geschenk an die *spirits*, die Geister, ist; das zweite Ausstoßen des Rauches ist der Erde, das dritte dem Himmel gewidmet. Enrique beobachtet mich die ganze Zeit über und als ich die Zigarre weiterreiche, nickt er lächelnd und sagt etwas in Antonios Richtung. Antonio übersetzt: Ich wisse Bescheid, habe Enrique gesagt. Also erkennt er mein schamanisches Grundwissen an. Als die Zigarre wieder bei mir angelangt ist, nehme ich einen tiefen Zug, diesmal für meine Verbündeten, für meine Freunde und für mich.

Während ich rauche, bereitet Enrique die Schale mit der grünlichen Flüssigkeit vor. Er drückt die Blätter, die darin schwimmen, aus. Dann fordert er mich auf, die Hand hohl zu machen, damit er den grünen Saft hineinfüllen kann. Antonio nimmt ebenfalls etwas von der Flüssigkeit in seine Hand und dann ziehen wir das Tabakwasser gemeinsam durch die Nase ein. Antonio hat mir vorher mitgeteilt, dass der Pflanzensaft nicht wie andere Urwaldmedizin durch die Nase eingesaugt und dann hinuntergeschluckt wird; er wird vielmehr, wenn er im Mund ist, wieder ausgespuckt. Ich spucke ihn gern aus, denn der bittere Saft brennt enorm in Nase und Mund. Antonio reicht mir eine Kalebasse mit Wasser und ich spüle den Mund damit und spucke noch einmal kräftig aus. Durch einen Schleier aus Tränen kann ich erkennen, dass es Antonio nicht anders ergeht als mir.

Bald ist das Brennen in der Nase verschwunden, nur der bittere Geschmack der Pflanze hat sich an meinen Gaumen gelegt. Nun wird die Hauptwirkung dieser Pflanze spürbar: Sie stellt eine spirituelle Verbindung zum Geist des Regenwaldes her, was ich tief in meinem Innersten spüren kann, und sie reinigt die Nebenhöhlen und schafft eine kristallene Klarheit in meinem

Kopf. Die Summe dieser Empfindungen ist ein Gefühl der Klarheit und Verbundenheit mit der Natur. Ich fühle mich, als wäre ich aus dünnem Porzellan, als würde ich von innen leuchten ... leicht und rein. Die Zigarre kommt wieder zu mir, ich nehme noch einmal ein paar tiefe Züge – und erinnere mich dabei an all das, was in den letzten Tagen geschehen ist.

Enrique stellt sich neben mich, er legt eine Hand auf meine Schulter und beginnt rhythmisch mit dem Blätterbüschel zu rascheln. Das ununterbrochene „SchssSchssSchss“ allein hat schon eine unglaubliche Wirkung. Dicht über meinem Kopf raschelt er mit den Blättern, mir läuft es heiß und kalt den Rücken hinab. Dann beginnt der Schamane, ein Lied zu pfeifen, sein Kraftlied, eine Melodie voller Energie. Nach einigen Minuten geht sein Pfeifen in gesungene Worte über. In seinem Shuar-Dialekt ruft er die Geister seiner Ahnen, den Geist des Urwaldes, den des Jaguars, den Geist der Anakonda und den der Pflanzen und des Wassers. Er ruft sie alle, damit sie helfen und heilen.

Er zwingt sie nicht, ihm zu dienen, er lockt, er bittet sie. Schon bald kann ich die Anwesenheit der Verbündeten im Raum spüren. Mir wird abwechselnd heiß und kalt, ich zittere und mein Körper schüttelt sich. Die Angst ist allerdings wie weggeblasen. Es gibt nun kein Zurück mehr; ich habe den Schritt gewagt, mich ausgeliefert, mein Schicksal in die Hände anderer Mächte gelegt. Ich bin erfüllt von Vertrauen ... in den Schamanen, in die Verbündeten, in die Natur und ihre Geister. Mein Zeitgefühl habe ich ganz verloren ... wie auf einer Insel fühle ich mich, irgendwo zwischen gestern und heute. Alles verliert an Bedeutung. Ich bin ... und das genügt mir völlig. Nach einiger Zeit sitzt Enrique mir wieder gegenüber. Wir rauchen noch eine Zigarre und ich danke den Verbündeten, dem Geist des Urwaldes noch einmal.

Nun wird das *ayahuasca* vorbereitet. ... Danach verteilt Enrique den Inhalt der Kalebasse auf zwei Schalen. Der Tabakrauch wird über die Schalen geblasen und entfaltet dort seine reinigende Wirkung; er kräuselt sich über der grünlich braunen Oberfläche des *ayahuasca*. Die Oberfläche der Flüssigkeit scheint aufzuleuchten und sich mir entgegenzuwölben. Enrique verwendet viel Zeit darauf, den Geist des Gebräus zu erwecken. Dann reicht er mir die Schale und bedeutet mir, alles auszutrinken. Ich atme tief durch und führe das Gefäß an meine Lippen. Kurz zögere ich ... dann schließe ich die Augen und trinke die bittere, holzig schmeckende Flüssigkeit ... Schluck für Schluck. Enrique hat seine Schale ebenfalls geleert. Er sieht mir freundlich in die Augen, nickt stumm und beginnt von Neuem, seine Lieder zu singen und dazu mit dem Blätterbüschel, dem *shinkishinki,* rhythmisch zu rascheln. Ich fühle mich benommen und versuche, mich daran zu erinnern, was ich über die Nebenwirkung von *ayahuasca* weiß: starke Übelkeit, Erbrechen ... Es soll ungefähr zwanzig Minuten nach der Einnahme beginnen. Ich werde nervös. Denn jetzt habe ich mich dem Geist von *jagé* und seinen Visionen ausgeliefert. Es gibt kein Zurück mehr. Antonio scheint meine Besorgnis zu spüren. Er gibt mir zu verstehen, dass die Wirkung der Droge sich mit einem Geräusch ankündigen werde. ... Und so sitze ich da und warte ... warte auf ein Geräusch. Ich fühle mich unsicher und verwirrt, doch Enrique ist all das wohl sehr vertraut. Ich versuche, das Ganze gelassener zu sehen. ... Noch immer kann ich keine Veränderung, welcher Art auch immer, feststellen. Die leichte Übelkeit, die sich bald nach der Einnahme von *jagé* auszubreiten begonnen hatte, ist wieder verschwunden. Mir ist nicht mehr schwindelig und ich kann noch keine veränderte Wahrnehmung an mir bemerken. Nach einiger Zeit löscht Antonio die Kerze, der Raum versinkt in Dunkelheit. Die Glut des niedergebrannten Feuers spendet gerade so viel Licht, dass ich die Feuerstelle ausmachen kann. Antonio erklärt, Enrique könne im Dunkel besser sehen. Das Sehen, auf das sich Antonio bezieht, ist eine andere Art der Wahrnehmung.

Ich sitze im Dunkeln; die Glut der Zigarre erhellt von Zeit

zu Zeit Enriques Gesicht. Wie ein Dämon, ein Teufel, sieht er dann aus. Mein Gesäß schmerzt von der rauen Oberfläche des Baumstammes, auf dem ich sitze, und ich habe Hunger. Ich bin enttäuscht und fürchte, dass die *ayahuasca*-Erfahrung allein Enrique vorbehalten sein könnte: „Natürlich, ich bin größer und schwerer als er, die Dosis wird wohl für mich nicht ausreichend gewesen sein. ..." Gerade, als ich zu resignieren beginne, lenkt mich ein Geräusch ab. Dass es im Urwald keine Lastwagen gibt, ist mir klar. Und doch, da ist es wieder: ein tiefes, massives Brummen; ein Dröhnen, das von links nach rechts wandert, in brillanter Stereoqualität. Ich bin zuerst schockiert, dann begeistert. Wieder höre ich das Brummen; diesmal ist es näher, aggressiver; ich kann die Vibration fast in meinem Körper spüren. Mein Körper reagiert auf dieses Phänomen mit Zittern. Obwohl es völlig dunkel ist, kann ich das Gesicht des Schamanen erkennen. Er lächelt und summt sein Kraftlied. ... Und da ist es wieder, das Dröhnen, diesmal scheint es von der anderen Seite zu kommen. Es umkreist mich wie ein wildes Tier. Automatisch beginne ich dem Geräusch mit meinen Augen zu folgen und habe plötzlich den Eindruck, durch die Wände in den Regenwald hinausschauen zu können. Mein Blick ist fokussiert; es ist, als würde ich durch eine Röhre schauen, und ich kann tatsächlich durch die Wände hindurchsehen.

Ich bin so fasziniert davon, dass es mich lange Zeit gefangen nimmt. Erst als ich Antonio immer wieder meinen Namen sagen höre, kann ich mich losreißen und nehme die Zigarre entgegen, die er mir reicht. Ich ziehe ein paar Mal daran und versuche, mich auf Enriques Gesang zu konzentrieren. Plötzlich beginnt sich der Raum um mich zu drehen ... nein, ich bin es, der sich dreht. Mir wird allerdings nicht schwindelig. Die Geräusche verändern sich, je nachdem, in welche Richtung ich sehe. Was ich höre, ist glasklar und dringt in meinen Solarplexus ein. Von dort breiten sich die Schwingungen in meinem ganzen Körper aus ... durchfluten mich mit unglaublicher Intensität und lassen vor meinen Augen ein symmetrisches Muster aus leuchtenden Linien entstehen – dreidimensional und absolut real. Ich habe den Eindruck, mich in einem Raum voller Neonröhren zu befinden. Meine Drehung kann ich nicht mehr beeinflussen. Schneller und schneller drehe ich mich um meine Achse, habe aber noch kein Problem damit, aufrecht sitzen zu bleiben. Ich fühle mich wie ein Leuchtturm, der mit rasender Geschwindigkeit sein gebündeltes Licht an weit entfernte Orte schickt.

Dann folgt eine gewaltige Explosion. Weißes Licht hüllt mich ein, bündelt sich in meiner Mitte, um sich von dort aus mit einem silberhellen splitternden Geräusch in alle Richtungen auszudehnen. Wie eine Supernova, ein kollabierender Stern. Ich bin im All; ich bin das All … in seinem Mittelpunkt und in seiner unendlichen Ausdehnung im selben Augenblick. Wieder und wieder ziehe ich mich zusammen, werde ich unendlich klein; dann dehne ich mich mit Lichtgeschwindigkeit aus, um gleich darauf erneut als Lichtpartikel zu einem winzig kleinen Punkt zusammenzuschrumpfen. Dann beginnt alles von Neuem … ein Schrei, tief aus meinem Innern, dröhnt als Lichtspur in die Schwärze des Alls hinein, stößt an Grenzen, überschreitet sie und strömt von allen Seiten her zu mir zurück. Dann wieder völlige Stille, absolute Stille … kein auch nur gedachtes Geräusch ist zu hören … ein Gefühl des absoluten Nichts. „So ist es, wenn man stirbt und geboren wird“, denke ich, dann beginnt das Ganze von Neuem. Längst habe ich mich aus der realen Welt ausgeklinkt, als mich von weit her Enriques Lied erreicht, mir den Boden unter den Füßen wiedergibt, mich einfängt und in die Welt, den Urwald, die Hütte, an diesen Tisch am Feuer zurückholt.

Mir bleibt nur ein kurzer Augenblick, um mich zu orientieren. Antonio reicht mir die Zigarre, deren Glut ich zunächst als leuchtende Sonne sehe. Wieder setzt die Drehbewegung ein, schneller und schneller … ich zerberste noch einmal: Myriaden Teilchen, jedes Teilchen ich selbst. Abermals ist es Enriques Gesang, der mich zurückholt. Ich habe keine Gewalt mehr über meinen Körper; in immer schnellerem Rhythmus beginne ich nach vorn und zurück zu wippen – wie es Enrique zu Beginn der Zeremonie getan hat. Ich habe selbst keinen Einfluss mehr auf meine Bewegungen, habe die Kontrolle abgegeben. Meine rechte Gesichtshälfte ist wie betäubt, aber mein analytisches Denken funktioniert wieder. So beginne ich mich selbst zu betrachten. Trotz der völligen Finsternis kann ich meine Finger sehen, wenn ich sie mir vor die Augen halte: Sie leuchten bläulich. Ein faszinierender Anblick. Mein Körper wippt noch immer nach vorn und zurück. Ich schaue an mir herab, dabei fallen mir meine Haare ins Gesicht. Ich erschrecke fast zu Tode, denn meine Haare haben sich in Lianen, in grüne Gräser und schlanke Blätter verwandelt. Auch meine Beine, meine Arme ... alles ist grün. Mein Körper besteht aus ineinander verwobenen Blättern, Schlingpflanzen und Farnen. Ich bin ganz Pflanze, ganz Regenwald.

Dann zieht mich eine ungeheure Kraft zu Boden – auf die Erde des Regenwaldes, in die sich der Lehmboden der Hütte verwandelt hat. Ich bin Tier, bin Pflanze, bin lebendiger Regenwald. All die animalischen Instinkte – tief in meinem Hirnstamm, vor Jahrmillionen dort abgelegt und im Laufe der Evolution vergessen und überholt – drängen an die Oberfläche meines Bewusstseins. Tierlaute entringen sich meiner Kehle, meine Gesichtsmuskulatur scheint einem anderen Wesen in mir zu gehorchen. Ich verwandele mich in einen Bewohner des Regenwaldes ... brülle und fauche. Aus der Schwärze vor mir kommt etwas auf mich zu ... zuerst ist es nur ein Gefühl, dann Realität: Die Wildkatze setzt zum Sprung an, zeigt ihre Reißzähne. Die messerscharfen Krallen blitzen auf, das schwarze Fell glänzt. Ich warte auf das Ende; darauf, die ungeheure Muskelkraft des Jaguars zu spüren zu bekommen. Doch der Schmerz, der Aufschlag bleibt aus. Keine Knochen splittern, keine Krallen bohren sich in mein Fleisch.

Die Wildkatze dringt einfach in mich ein, verbindet sich mit mir. Ich glaube zu zerbersten, schreie, stöhne, brülle. Alles vermischt sich, tierisches und menschliches Gewebe wird eins. Dann folgt Stille. In mir und um mich herum herrscht Dunkelheit. Jetzt flackert ein Lichtschein auf ... Muster, Bilder einer Dschungelwelt vor *meinen* Katzenaugen. Ich jage durch den Regenwald ... geduckt, lautlos, unsichtbar. Wurzeln, Farne, Lianen ... alles zieht schnell an mir vorüber. Dann ist es wieder dunkel ... und wieder blitzt ein Licht auf. Ich wirble herum, hetze einen Wasserlauf entlang, meinen Kopf halte ich nahe am Boden. Ich laufe einen Hügel hinauf – mühelos, ohne jede Anstrengung, ich habe keinen Durst, keinen Hunger, spüre nur den Rausch der Geschwindigkeit des nächtlichen Jägers. Mein Herz schlägt schnell; es ist kein Menschenherz. Meine Ohren nehmen jedes Geräusch wahr. Ich bestehe aus Muskeln, Reflexen und Instinkten. Da ist wieder das grelle Licht, weit hinter mir, alles bewegt sich rückwärts. ... Ich werde zurückgesogen in einem Strudel aus Zeit und Raum. Ich entwickle mich zurück, verliere Fell und Krallen, bin wieder nackt und ungeschützt, bin verwundbar ... ein Mensch.

Die Rückkehr in die reale Welt trifft mich wie ein Donnerschlag. Zuerst rieche ich ... Moder und Rauch, dann nehme ich die Geräusche wahr. Enrique singt ... mein Herz schlägt bis zum Hals, mein Atem ist laut, er geht stoßweise. Ich versuche wieder auf die Beine zu kommen, aber eine gewaltige Kraft drückt mich zu Boden, hält mich dort fest. Ich kann mich nicht mehr bewegen, bin wie gelähmt, alles ist taub. Mein Gesicht berührt den Staub, die Erde. Enrique singt. Sein Lied ist fordernd, lockend, beschwörend. Noch einmal trägt es mich in die Kälte des Alls hinaus, aber diesmal bleibe ich Mensch, bleibe ich in meinem Körper. Ich bin unfähig, mich zu bewegen, und starre, die Augen sind weit aufgerissen, ins Nichts. Schreien möchte ich und weinen, aber ich kann nicht, ich bin wie eingefroren. Mein Herz schlägt. Es donnert, hämmert irgendwo in mir; es pumpt

Blut, erhält den Körper am Leben. Aber ich sterbe, es macht mir nicht einmal Angst. Die Kälte kommt wie die Dämmerung, langsam, milde, lässt meiner Seele Zeit zu gehen. Ich warte auf den Augenblick der Erlösung, der Loslösung … erwarte den letzten Schmerz. „Ob er wohl dem Geburtsschmerz gleicht? Und Gott oder das Danach, wie wird es sein?“ Ich warte vergebens. Die Zeit dehnt sich unglaublich, ich bin gefangen in eiskalter Erstarrung, das Leben fließt nur zäh aus mir heraus. Dann kommt die Angst. Ich will zurück: in die Wärme, ins Licht, ins Leben … in *mein* Leben. Ich glaube, meine Grenzen überschritten zu haben; vielleicht die eine, die letzte Grenze. Ein Schritt zu viel, kein Weg zurück. Ich gerate in Panik. Aber die Zeit dehnt sich träge und verschluckt meinen Schrei.

Und dann die Bilder! Jetzt sehe ich mich aus der Vogelperspektive, am Boden liegend, die Arme ausgestreckt, farblos. An meinen Handgelenken nehme ich tiefe Löcher wahr, aus ihnen fließt weißes Licht heraus und verliert sich im Nichts. Noch immer höre ich den Schlag meines Herzens, noch ist Hoffnung, noch führt vielleicht ein Weg zurück! Gebete aus meiner Kindheit kommen mir in den Sinn, dann Bilder aus meiner näheren Vergangenheit, aus meiner Gegenwart und meiner Zukunft – sie ziehen zu schnell an mir vorüber, als dass ich mich darauf konzentrieren könnte. Panik macht das Denken schwer. Und wieder gerät alles in Bewegung – das Bild, in dem ich mich befinde, die Situation. … Alles fällt in sich zusammen wie ein Kartenhaus. Ich werde entlang bunter, leuchtender Linien fortgetragen. Immer wieder flammen leuchtende geometrische Figuren auf, dann habe ich den Eindruck, über eine fremde Stadt hinwegzufliegen. Unvermittelt sehe ich einen Lichtblitz und ich bin wieder bei Enriques Lied.

„Was machst du mit mir?“, will ich fragen, aus meiner Kehle dringen aber nur grunzende Laute. Immer noch ist es dunkel; dann und wann kann ich Enriques Gesicht aufflackern sehen. Jemand hilft mir auf die Beine, setzt mich an den Tisch. Es ist

Antonio, erkennen kann ich ihn allerdings nicht. Dann kommen die Dämonen, Gesichter schälen sich aus der Dunkelheit heraus und schießen auf mich zu … erst eins, dann immer mehr … verzerrte Teufelsfratzen, Tierköpfe mit menschlichen Zügen, bizarre Wesen aus einer anderen Welt. Von allen Seiten werde ich bedrängt, eine Heerschar von Dämonen scheint auf mich losgelassen worden zu sein. Vergleiche mit Passagen aus der Bibel drängen sich mir auf, aber die Realität und die Präsenz dieser Wesen lähmen meine Gedanken. In Abwehr will ich meine Hände vors Gesicht schlagen, aber sie gehorchen mir nicht. Ich will den Kopf abwenden, aber ich kann es nicht. Alles in mir rebelliert. Ich will abwehren, aber nichts geschieht, ich bin der Vision ausgeliefert. Selbst wenn ich die Augen schließe – was mir nur kurz und mit großer Mühe gelingt –, strömen die Bilder auf mich ein.

Dann kommt die Erlösung: Die dämonischen Fratzen verschwinden im Dunkel, ziehen sich zurück, klagend, jammernd, schrecklichste Geräusche von sich gebend. Enriques Lied hat mich zurückgeholt. Er steht neben mir; singt, dann pfeift er und raschelt mit dem Blätterbüschel. Nach kurzer Zeit bin ich erstaunlich klar im Kopf und kann mich wieder bewegen. Ich bin schweißnass, mein Magen ist ein einziger harter Klumpen.

Enrique steht jetzt hinter mir und raschelt unablässig mit seinem Blätterbüschel. Mit lautem „Schaaaah!“ bläst er Tabakrauch auf meinen Kopf. Ein weißer Blitz durchzuckt meinen Körper, es fühlt sich an wie Elektrizität. Der Energiestoß jagt mein Rückgrat hinunter und explodiert in meinen Beinen. Das geschieht noch ein zweites, dann ein drittes Mal. Ich beginne unwillkürlich zu zittern und zu stöhnen. Der Schamane bläst mir mit einem lauten, kraftvollen „Schaaaah!“ den Rauch auf die Stirn. Es fühlt sich an, als ob eine Art Bombe hinter meiner Stirn explodierte, Millionen von silbernen Sternchen füllen meinen Kopf, dann verliere ich kurz das Bewusstsein ... Antonio hat mich gestützt, denn ich sitze noch immer am Tisch. Ich öffne die

Augen und sehe zuerst einmal gar nichts, dann das helle Licht der Kerze, die Antonio entzündet hat. Ich kann noch nicht klar sehen, fühle mich aber wieder ganz gut. Enrique setzt sich wieder mir gegenüber nieder und bereitet noch einmal Pflanzensaft vor und zieht ihn durch die Nase ein. Antonio tut das Gleiche. Ich versuche, die Flüssigkeit in meiner zitternden hohlen Hand zu halten ... und ziehe sie dann durch die Nase ein. Die Pflanzenmedizin brennt mir noch einmal in Nase und Hals, diesmal aber weniger stark ... und sie entfaltet eine angenehme Wirkung: Ich kehre schnell wieder zurück ... zumindest für kurze Zeit. Immer noch ist meine Wahrnehmung geschärft: Alles ist klarer und differenzierter als sonst, besonders die Geräusche. Antonio bereitet eine der Urwaldzigarren vor. Ich rauche in tiefer Dankbarkeit, noch am Leben zu sein.

Enrique nimmt neben mir Platz und beobachtet mich neugierig. Dann spricht er mich an. „*Tsentsak, tsentsak!*", sagt er. *tsentsak*, die magischen Pfeile, sind so etwas wie Hilfsgeister, die sowohl Krankheiten verursachen als auch heilen können. Böse Schamanen können ihren Opfern *tsentsak* schicken, die in den Körper des Betroffenen eindringen und dort Krankheit verursachen. Der heilende, der gute Schamane, verwendet seine *tsentsak*, die denen im Körper des Erkrankten entsprechen müssen, um Menschen zu heilen. Der Schamane saugt die Krankheit aus dem Körper der betreffenden Person heraus. Seine *tsentsak* helfen ihm dabei und verhindern wiederum, dass dabei ein böser *tsentsak* – also die Krankheit – in den Körper des Schamanen eindringen kann. Enrique zieht immer wieder Tabakwasser durch die Nase ein, um seine Hilfsgeister, seine *tsentsak*, wach und bereit zu halten.

Da fühle ich eine neue Welle von Halluzinationen auf mich zukommen, aber ich bin mir bewusst, dass es keine Trugbilder sind. Denn in allem, was ich sehe, steckt eine Botschaft. Alles, was ich wahrnehme, ist nur ein weiterer Aspekt dieser Welt, ist das, was der Mensch verlernt hat zu sehen. *ayahuasca* ermöglicht es mir, die ganze Bandbreite dieser Welt zu erfahren. Diesmal bleibt die Drehbewegung aus, aber wieder sehe ich alles wie durch eine Röhre. Jetzt, da die Kerze brennt, sehe ich den Raum, in dem wir sind, ganz anders. Abgesehen von den bunten Linien, dem Gitternetz, in das alles und jeder in dieser Hütte verwoben zu sein scheint, stelle ich verblüfft fest, wie deutlich ich alles sehen kann: jede Kante, das Muster der Fasern im Holz, Enriques faltige Haut ... Zwischendurch habe ich wieder den Eindruck, in die Körper hineinsehen zu können. Wie mit einem Röntgenblick schaue ich durch Kleidung, Organe und Gewebe hindurch und erkenne tief im Inneren von Enriques Körper, in der Leistengegend, ein rotes, tennisballgroßes Gerinnsel ... es sieht wie ein Wollknäuel aus und besteht aus dunkelroten, sich bewegenden Fäden. Der Eindruck hält nicht lange an. Dann sehe ich, dass Enrique vor mir steht, und spüre, dass Antonio seine starken Hände auf meine Schultern gelegt hat.

Der Schamane singt wieder sein monotones Kraftlied. Erst hält er lange Zeit die Augen fest geschlossen, dann – mir kommt es vor wie nach einer Ewigkeit – schaut er mir in die Augen und nickt. Ich weiß, dass Schamanen ihre *tsentsak* im Magen aufbewahren. Enrique lässt einige davon in seinen Mund hinaufwandern. Er beginnt schauerlich zu würgen, schneidet Grimassen und gibt tierische Laute von sich. Plötzlich erstarrt er, seine Lippen sind fest aufeinandergepresst, die Augen weit aufgerissen. Während er mir mit der linken Hand bedeutet, den Mund zu öffnen, starre ich auf seine vollen Backen: Er hat etwas in seinem Mund, etwas Lebendiges, es bewegt sich! Dann geht alles sehr schnell. Enrique spuckt mir einen feinen Nebel in den Mund hinein. Kalt und weiß fühlt er sich an ... und sofort breitet sich ein metallischer Geschmack in meinem Mund aus. Antonio weist mich an zu schlucken. Ich tue es und spüre beim Schlucken einen Widerstand. Etwas Hartes, Spitzes scheint sich widerstrebend meine Speiseröhre hinabzubewegen.

Ich habe den ersten *tsentsak* in mir ... und Enrique beginnt erneut zu würgen. Diesmal bin ich gefasster, spüre aber ein unangenehmes Ekelgefühl. Nachdem ich zweimal den *maen* – den heiligen Speichel des Schamanen, der die *tsentsak* enthält – übertragen bekommen habe, fällt Enrique in eine Trance, die ihn weit weg zu führen scheint. Fasziniert beobachte ich sein Mienenspiel. Sein Atem geht schnell und angestrengt, dann höre ich wieder das Kraftlied des Schamanen. Noch einmal trägt mich eine Welle in den Ozean der Visionen hinein, diesmal allerdings fühlt sich alles milder und angenehmer an. …

Stunden später sitzen wir in Antonios Haus, ziehen wir noch einmal Tabakwasser durch die Nase ein und rauchen Urwaldzigarren. Antonios Frau hat Tee gekocht und es gibt gebratene Bananenscheiben. Die Wirkung des *ayahuasca* ist längst abgeklungen. Seit einer guten Stunde nehme ich die Welt wieder so wahr, wie ich es gewohnt bin. Aber ich fühle deutlich, dass sich etwas in mir verändert hat. Ich habe jetzt eine deutlich spürbare Verbindung zur schamanischen Welt. Ich kann sie nicht mehr leugnen. Beide Realitäten scheinen sich in den *tsentsa*k in mir zu vereinen. Ich habe so viele Fragen, doch Enrique ist erschöpft. Er spricht kaum, lächelt mir nur von Zeit zu Zeit schelmisch zu, als wisse er genau, wie es mir geht, was mich bewegt. Und wahrscheinlich weiß er es tatsächlich. Doch ich muss den Rest des Weges allein gehen, denn der Weg zu mir, in meine Mitte, ist nur mir selbst bestimmt. Ich hoffe, dass ich mit der Zeit lernen werde, die *tsentsak* richtig einzusetzen. Meine Verbündeten in der nicht alltäglichen Welt der Schamanen sind wundervolle Lehrer und Ratgeber, die mir stets zur Seite stehen. Und ich wünsche mir von Herzen, dass ich die Ruhe und den Frieden, die ich im Augenblick empfinde, bewahren kann.

Die letzte Zigarre ist geraucht und das Feuer ist niedergebrannt, den Tee haben wir getrunken. Es ist Zeit, ins Bett zu gehen. Wir verabschieden uns kurz voneinander und wünschen uns eine gute Nacht. Ich versuche noch, das Feuer in meiner Unterkunft wieder zu entfachen, doch ohne Erfolg. So befreie ich im Schein meiner Taschenlampe Schlafsack und Schlafstelle von Kakerlaken, krieche tief in den Schlafsack hinein und treibe kurze Zeit später auf das Meer der Müdigkeit hinaus ... und hinein in einen tiefen, traumlosen Schlaf.

Mitten in der Nacht – ich schätze, es ist gegen drei Uhr – rüttelt mich Antonio aus dem Schlaf. Ich bin verwirrt, will ihn gerade beschimpfen, ihn fragen, wie er dazu komme, mich nach dem vorhergegangenen Tag und nach den paar Stunden Schlaf zu wecken, da legt er mir die Hand auf den Mund. „*Jojo, té*", flüstert er mir ins Ohr. Ich begreife nicht ... Meine Gelenke schmerzen, ich fühle mich matt und ausgelaugt – so schäle ich mich aus meinem warmen Schlafsack. Antonio hat inzwischen die Kerze angezündet und das Feuer wieder entfacht. In der Tür erscheint Enrique, er trägt Shorts und lächelt breit; er ist gut gelaunt. Der Schamane erkundigt sich danach, wie es mir geht. Ich bringe ein krächzendes „*Bien, bien*" heraus.

Völlig lautlos ist Antonios Frau hereingekommen. Sie trägt zwei große Kalebassen, stellt sich schüchtern neben ihren Mann und schlägt die Augen nieder. Enrique bedeutet ihr, die Kalebassen neben Antonio abzustellen, was sie auch tut. Dann verschwindet sie rasch und lautlos im Dunkel der Nacht. Antonio meint, es sei Zeit, Tee zu trinken. Ich finde den Zeitpunkt ungewöhnlich, habe aber tatsächlich großen Durst. Doch wir trinken jetzt keineswegs gemütlich Tee am Lagerfeuer. Enrique geht voran, ihm folgt Antonio mit den beiden Kalebassen und ich trotte hintendrein. Zwischen dem Langhaus und meiner Gästehütte bleiben wir stehen. Das Gras reicht mir hier bis zu den Kniekehlen. Ich bin barfuß und habe in diesem Augenblick große Angst vor Schlangen. Schwärme von Moskitos fallen über uns her. Antonio nimmt einen großen Schluck des Getränks, dann Enrique und danach bin ich an der Reihe. Der Tee schmeckt fade, ist lauwarm und ungezuckert. Ich habe Durst und trinke darum, bis ich nicht mehr kann. Die Kalebasse macht noch einmal die Runde, diesmal lehne ich dankend ab, aber Antonio und Enrique sind unnachgiebig und so nehme ich noch einmal ein paar Schlucke. Als die erste Kalebasse leer ist, kommt die zweite an die Reihe. Die beiden Shuar trinken so viel Tee wie möglich, scheint mir, und Enrique drängt mich, den letzten Rest auch noch zu trinken. Jeder von uns hat wohl gut zwei Liter Flüssigkeit zu sich genommen. Jetzt warten wir, aber worauf eigentlich? Doch bevor ich Antonio fragen kann, wird mir klar, worauf wir warten: Der Absud verursacht heftiges Erbrechen. Und das wird uns von innen her reinigen, bevor wir den neuen Tag beginnen. Es ist eine alte Shuar-Tradition.

Antonio erbricht sich zuerst in die tropische Vegetation. Dazu schreit er fürchterlich und bricht danach in schallendes Gelächter aus. Auch mein Magen beginnt sich zu rühren und will seinen Inhalt wieder loswerden. Erst wehre ich mich gegen den Brechreiz, dann bricht es fast explosionsartig aus mir heraus. Ich tue es Antonio gleich und brülle dazu, es klingt fast tierisch … und ist sehr befreiend. Ich muss zugeben, dass das Erbrechen keineswegs unangenehm ist – vielmehr ist es eine Befreiung, eine Reinigung, fast wohltuend, denn ich übergebe mich, ohne dass mir übel ist. Der Magen entleert sich, ohne Krämpfe und dennoch mit voller Kraft. Enrique behält den „Morgentee", so nennen ihn die Shuar, etwas länger im Magen als Antonio und ich. Er hat mehr Übung darin und geht die ganze Sache ernst an. Er reinigt sich sehr bewusst, um den neuen Tag frei von den Belastungen des Vortages zu beginnen. Aber auch Enrique gibt wilde Geräusche von sich und später, nachdem wir uns drei oder viermal erbrochen haben, lacht auch er mit uns mit. Nachdem wir unsere Mägen entleert haben, steht noch ein Bad im jetzt empfindlich kühlen Fluss auf dem Programm. Nackt waten wir zur Mitte des Flusses, dort wird das Wasser tiefer. Wir tauchen unter, schwimmen ein paar Züge; trinken das kühle, süße Wasser; lassen uns auf dem Rücken treiben und lauschen der nächtlichen Musik des Regenwaldes.

Der Weg zurück, barfuß über die glitschigen Stufen, ist kühl. Ich friere und bin froh, meine Unterkunft zu erreichen und mich ein paar Minuten am Feuer wärmen zu können. Antonio und Enrique haben sich von mir verabschiedet. Frühstück gibt's erst spät am Vormittag, denn auch Antonio will morgen ein wenig länger ausruhen. Ich sitze noch eine Zeit lang am Feuer und lasse mich trocknen. Dann schlüpfe ich wieder in meinen Schlafsack und gereinigt, erleichtert und gut gelaunt freue ich mich auf ein paar Stunden Schlaf. Das Letzte, woran ich denke, ist Enriques Kraftlied, das er während der *ayahuasca*-Zeremonie gesungen und gepfiffen hat. Die Melodie bekomme ich nicht mehr aus dem Kopf, sie nimmt mich gefangen und geleitet mich in einen erholsamen und heilenden Schlaf, aus dem ich erst spät am Vormittag erwachen werde.

25

Es schüttet in Strömen! Alles verschwimmt in Nebel und Regen, der wie eine Wand vor mir steht. Ich schaue aus meiner Hütte und kann das Langhaus nur vage erkennen. Der Himmel hat seine Pforten geöffnet. Dicke Tropfen fallen auf die großen Blätter der riesigen Bananenstauden und machen dabei einen unglaublichen Lärm. Der Graben um meine Hütte herum ist voller Regenwasser; an einigen Stellen ist das Dach undicht. Ich bringe mein Gepäck ins Trockene. Schaben und Käfer haben sich vor der Sintflut in die Hütte geflüchtet. Unter meinem Bett haben zwei Hühner Schutz gesucht. Sie dürfen bleiben, die Kakerlaken und Käfer vertreibe ich zumindest aus meinem Rucksack. Das Feuer glimmt immer noch, in der Glut steht ein kleiner Topf mit gesüßtem Kaffee. Der Nebel scheint bis in meine Hütte zu kommen; es ist empfindlich kühl. Meine Kleider, die ich über Nacht an einem Seil über der Feuerstelle zu trocknen gehofft hatte, sind immer noch feucht.

Es ist Zeit für meine Morgentoilette. Ich trete in den Regen hinaus, um mich zu duschen und meine verfilzten Haare zu waschen. Lange halte ich es nicht aus im Regen, denn die dicken Tropfen prasseln mit solcher Gewalt auf mich nieder, dass es schon fast wehtut. Nach wenigen Minuten flüchte ich also wieder in den Schutz meiner rauchigen Unterkunft. Nackt kauere ich am Feuer und versuche, mich zu trocknen und aufzuwärmen. Mein Handtuch habe ich heute früh im weichen Boden des Regenwaldes vergraben. Eine Unzahl von winzigen, pelzigen Raupen hatte sich in der Nacht darin einquartiert. … Das Feuer qualmt, denn das Holz, das um die Feuerstelle herum auf der Erde liegt, hat viel Feuchtigkeit aufgenommen. Ich huste, muss das feuchte Holz wieder herausnehmen und die Hütte eine Weile verlassen. Als sich der Rauch verzogen hat, wage ich mich wieder hinein. Mir ist kalt. Noch nass vom Regen, schlüpfe ich in meine Kleider. Alles klebt an mir, ich fühle mich unbehaglich, sitze mit dem Rücken zum Feuer, schlürfe den heißen Kaffee und starre in eine rauschende Welt aus Regen und Nebel hinaus. Sanfter Donner grollt über den Regenwald und übertönt das Prasseln des Regens.

Lange Zeit sitze ich so zusammengekauert am Boden und sinniere vor mich hin. Plötzlich glaube ich, im Nebel eine Gestalt zu erkennen, und tatsächlich kommt eine der Indiofrauen auf meine Hütte zu. Es ist eines der Mädchen vom Fluss. Sie ist völlig durchnässt, trägt einen Wickelrock und ein durchlöchertes T-Shirt. Ich biete ihr einen Platz an meinem schon recht kleinen Feuer an. Sie nimmt dankbar an und so sitzen wir schweigend nebeneinander, den Blick auf das nebelige Chaos draußen gerichtet. Aus dem Augenwinkel versuche ich meinen Besuch anzuschauen. Sie bemerkt meine Neugierde und kichert verlegen. Vermutlich habe ich wieder einmal gegen die Etikette der Shuar verstoßen. Das Mädchen, vielleicht sechzehn Jahre alt, beginnt nun ganz selbstverständlich, in der Hütte nach trockenem Palmenholz für das Feuer zu suchen.

Unter dem Bettgestell findet sie dann auch einige graue, trockene Holzscheite. Wenige Minuten später brennt ein stattliches Feuer, das die Hütte zu einer wohlig warmen Insel im Nebelmeer macht. Unterhalten können wir uns leider nicht und auf meine Fragen nach ihrem Namen reagiert sie nur mit Gekicher. Also sitzen wir schweigend am Feuer. Nach einiger Zeit scheint sie jedoch Mut zu fassen. Meine langen Haare scheinen ihr sehr zu imponieren und sie beginnt sie schließlich zu entwirren, kämmt sie mit ihren Fingern durch und flicht mir viele kleine Zöpfe. Ich genieße die menschliche Zuwendung und es ist eine der seltenen Gelegenheiten, zu anderen Mitgliedern dieser Shuar-Familie Kontakt haben. Sonst ist Antonio immer in der

Nähe und ich stelle fest, dass sich die Frauen in seiner Abwesenheit ungezwungener und natürlicher verhalten. Antonio nimmt natürlich eine besondere Stellung ein. Er ist eine wichtige Persönlichkeit im Dorf. Bei Versammlungen und Festen gebührt ihm der Platz neben seinem Vater Enrique, dem Schamanen der Shuar. Ich weiß nur sehr wenig über die sozialen Strukturen dieses Volkes und über Antonios Familienleben. Meine Haare sind inzwischen zu vielen kleinen Zöpfen geflochten, ich kann sie nur mit den Händen fühlen und mir ungefähr vorstellen, wie ich jetzt aussehe. Ich bedanke mich höflich bei der schönen Unbekannten.

Antonio tritt durch die Tür und gesellt sich zu uns ans Feuer. Das Shuar-Mädchen murmelt ein leises „*Buenas*" und geht. Sie lächelt mich keck an und schon ist sie im Regen verschwunden. Antonio sieht mich eindringlich an; er versucht sich offenbar darüber klar zu werden, was er von der Sache halten soll. Schließlich wage ich den ersten Schritt und mache ihn auf meine neue Frisur aufmerksam. Er lacht und beteuert, dass mir die Zöpfchen sehr gut stünden. Wir lachen beide ausgelassen über meine neue Frisur.

Später klärt mich Antonio über grundlegende Regeln im Umgang mit den Frauen der Shuar auf. Im Großen und Ganzen lässt es sich folgendermaßen zusammenfassen: Ein Mann sollte die Frau eines Shuar niemals zu lange anschauen. Beachtet er sie gar nicht, beleidigt er den Hausherrn und seine Gattin. Krieg mit einem Shuar zu haben bedeutet natürlich, auch Krieg mit dessen Bruder, Schwager, Sohn … zu haben. Die Shuar sind ein kriegerisches Volk und trotz der Einflüsse von außen sind sie immer noch bereit, jemanden, der zum Beispiel die Frau eines anderen geraubt hat, etwa mit einem vergifteten Blasrohrpfeil zu töten. Und ich bin mir sicher, dass auch Antonio durchaus einen Mord begehen würde, wenn seine Ehre auf dem Spiel stünde. Ich bin als Fremder in diesen Kulturkreis gekommen und akzeptiere seine Regeln natürlich vorbehaltlos.

Der Regen prasselt immer noch nieder. Antonio meint, dies sei keineswegs ungewöhnlich und manchmal würde es auch tagelang durchregnen – wobei meist böse Schamanen und Schwarzmagier ihre Finger im Spiel hätten. Mein Magen knurrt, Antonios Magen ebenso, Frühstück ist angesagt. Ich verzichte darauf, meinen Regenponcho aus dem Rucksack zu holen. Wir nehmen die hundert Meter bis zum Langhaus im Laufschritt und kommen dort völlig durchnässt an. Antonios Frau erwartet uns bereits mit einem üppigen Frühstück: fingerdicke Tortillas aus Maismehl, Marmelade, Bananen, Kaffee und das unvermeidliche Popcorn, dazu die Reste vom Vortag – ein Frühstück der Sonderklasse. Antonios kleiner Sohn spielt in der Nähe des Feuers mit Steinen und Hühnerknochen. Das Mädchen, das mir zuvor die Zöpfe geflochten hat, reinigt gerade die wenigen Töpfe, die Antonios Frau stolz zu ihrem Hausrat zählt.

Von Enrique und Simon ist nichts zu sehen. Der Schamane ist in sein Haus zurückgekehrt; er will dort einige Vorbereitungen für die Behandlung eines Kindes treffen. Simon ist im Urwald auf der Jagd. Ich hätte Enrique gern getroffen und Antonio versichert mir, dass er in den nächsten Tagen wieder in die Gegend kommen werde, um ein Kind zu behandeln. Er brauche frisches *ayahuasca* und das bereite er bei sich zu Hause zu.

Wir lassen uns das Frühstück schmecken. Die letzte Nacht, die Visionen, die Übertragung der *tsentsak* und das Geschenk der schamanischen Kraft, die Enrique auf mich übertragen hat, all das hat mich hungrig gemacht. Von allem ist genug da. Ich halte mich an die Tortillas, die ich dick mit dem Rest der Marmelade bestreiche, die wir mitgebracht haben. Als Krönung meines üppigen Mahles gönne ich mir ein paar kleine, süße Bananen. Ich sitze neben Antonio am Feuer, schlürfe den heißen Kaffee und genieße die trockene Wärme in der Nähe der Feuerstelle. Hier und da wirft mir das Shuar-Mädchen ein flüchtiges

Lächeln zu, das ich ebenso flüchtig erwidere. Es ist später Vormittag, noch immer regnet es, die Sonne hat sich heute noch nicht blicken lassen.

Erst gegen Mittag lässt der Regen nach und bald gewinnt die Sonne ihren Kampf gegen den dichten Nebel. Jetzt herrscht wieder ein tropisch heißes Klima und am Nachmittag wird die Schwüle erdrückend sein. Auch Enrique hat den Regen abgewartet. Er kommt mit Simon, der die Utensilien des Schamanen in einem Bündel aus grobem Stoff über der Schulter trägt. Wir begrüßen uns, als ob wir alte Bekannte seien. Dann sitzen wir auf den Bänken, Antonio auf seinem *chimpui, d*em traditionellen Holzschemel des Hausherrn. Es dauert nicht lange und Antonios Frau bringt uns Maniokbier und gebratene Bananen. Simon steuert eine frisch gerollte Urwaldzigarre bei, deren aromatischer Duft das Langhaus erfüllt. Wir schlürfen das säuerliche Bier und nach einer Weile beginnen die drei Shuar miteinander zu sprechen. Leider verstehe ich kein Wort, bleibe ein Beobachter. Dann wendet sich Enrique mir zu und Antonio rückt näher, um für mich zu übersetzen. Der Schamane will von mir wissen, was ich bei dem *ayahuasca*-Ritual erlebt, was ich gesehen habe, welche Visionen mir in Erinnerung geblieben sind. Es fällt mir nicht leicht, all die Dinge, die ich in diesen Stunden erlebt habe, in Worte zu fassen. Noch schwerer ist es, Antonio meine Erfahrungen so zu vermitteln, dass er sie richtig übersetzen kann. Die Sprache ist eine Hürde, aber als ich immer mehr Gestik und Mimik zur Hilfe nehme, kommt Fluss in meine Erzählung. Immer wieder unterbricht Enrique meine Schilderung, um nachzufragen. Besonders interessiert ihn, was ich an ihm wahrgenommen habe. Ich erinnere mich an den „Röntgenblick" und versuche – so gut es eben geht –, das rote Knäuel, das ich in Enriques Körper gesehen habe, zu beschreiben. Enrique nickt und lässt mir durch Antonio bestätigen, dass er an dieser Stelle wirklich Probleme habe. Ein böser *tsentsak*, die Waffe eines mächtigen Schamanen, der schwarze Magie und Schadenszauber betreibt, sei dort vor einiger Zeit in ihn eingedrungen und verursache ihm nun Beschwerden beim Gehen. Aber, so berichtet Enrique, es sei ihm in dieser Nacht gelungen, den *tsentsak* herauszubekommen und ihn an den Adressaten zurückzuschicken. Er habe noch mit den Folgen dieser schamanischen Operation zu tun, glaube aber, dass sein Problem in wenigen Tagen vollständig behoben sei. Der Schwarzmagier hingegen werde in nächster Zeit schmerzhaft daran erinnert werden, was er Enrique angetan habe.

Ich will wissen, warum ich nach der Einnahme des *ayahuasca* nicht heftig erbrochen hätte, was ich befürchtet hatte. Denn in verschiedenen Büchern hatte ich immer wieder von massiver Übelkeit und heftigem Erbrechen gelesen. Der Schamane meint, das sei ein gutes Zeichen, weiterhin sei er der Ansicht, dass die *tsentsak*, die er mir übertragen habe, auch in mir bleiben wollten. Sie müssten allerdings von Zeit zu Zeit mit Tabakwasser erweckt und genährt werden. Im Übrigen sei es ein Zeichen von viel schamanischer Kraft, sich nicht zu übergeben. Er ist offensichtlich sehr zufrieden mit meinem Zustand. Das nächste Mal, lässt er mir von Antonio übersetzen, bräuchte ich kein *ayahuasca* mehr, dann werde er mich mit dem Geist einer anderen Pflanze konfrontieren. Mehr will er dazu jetzt nicht sagen. Enrique hört meinen Ausführungen weiter zu; fragt immer wieder nach, nickt zustimmend. Er scheint mit seiner schamanischen Arbeit und meiner Reaktion darauf zufrieden zu sein.

Ein neuer Besucher kündigt sich mit einem lauten Schrei an. Es ist der schweigsame „Dschungeltiger“ in seiner verschlissenen Militäruniform. Alle werden begrüßt, auch ich. Ich nehme seine Reserviertheit mir gegenüber allerdings eher gelassen zur Kenntnis. Er nimmt Antonios Einladung zu Maniokbier und gebratenen Bananen gern an. Wieder wird die Schale mit Maniokbier im Kreis weitergereicht und Simon holt noch eine Zigarre aus seinem Beutel hervor. Es wird über Alltägliches gesprochen. Immer wieder übersetzt mir Antonio ein paar Brocken des Gesprächs, sodass ich zumindest verfolgen kann, worum es geht: Ein neues Schamanenhaus soll gebaut werden. Antonio würde einen Teil seines Landes dafür zur Verfügung stellen. Darüber, wo es genau gebaut werden soll, wird hitzig diskutiert. Das Maniokbier fließt in Strömen und löst die Zungen der Männer. Sie streiten allerdings nicht, obwohl sie ihre Stimmen erheben, wichtige Aussagen untermauern, indem sie mit Nachdruck auf den Boden spucken oder mit einem Fuß aufstampfen. Jeder von ihnen spricht so lange, bis er seine Sicht der Dinge vollständig dargelegt hat, ohne dass ihm ein anderer ins Wort fällt. Erst wage ich nichts dazu zu sagen, dann finde ich aber den Mut dazu und merke an, dass ein neues Schamanenhaus ja auch ein heiliger Ort sein könne, den man nur in traditioneller Kleidung, ohne Digitaluhr, T-Shirt und so weiter betreten solle. Es vergeht einige Zeit, bis Antonio alles übersetzt hat. Die Männer stimmen mir zu. Und ich freue mich, dass auch mein Wort hier etwas gilt.

Die Stimmung ist nun heiter und gelöst; es wird viel gelacht, auch über meine neue Haartracht. Dann ergreift Enrique das Wort und alle anderen schweigen. Er werde heute Abend ein Kind behandeln, in einer kleinen Ansiedlung, gute zwei Stunden von hier entfernt. Er wünsche, dass ich ihm dabei assistiere. Antonio übersetzt mir leise, alle Augen sind auf mich gerichtet. Ich sage natürlich zu, denn es ist eine große Ehre für mich, dem Schamanen assistieren zu dürfen. Die Männer sehen mich voller Achtung an. Enrique bedankt sich knapp und wir vereinbaren, dass Antonio und ich uns nach Sonnenuntergang in der Ansiedlung mit Enrique treffen. Enrique bittet mich, meine schamanischen Utensilien – mein Handwerkszeug – mitzubringen. Woran das Kind leidet, will er vor Ort feststellen. Die Mutter habe zur Erkrankung des kleinen Jungen keine weiteren Angaben machen können. Natürlich bin ich tief berührt und aufgeregt gleichzeitig, versuche aber, mir nichts anmerken zu lassen.

Das Maniokbier steigt mir in den Kopf und es fällt mir

schwer, mich auf das Gespräch der Männer zu konzentrieren. Antonio übersetzt ohnehin nicht mehr und so sitze ich einfach nur da und hänge meinen Gedanken nach. Irgendwann stehe ich auf und gehe ins Freie hinaus. Mein Weg führt mich zum Fluss. Ich finde ein Stück flussabwärts eine kleine, von der Sonne beschienene Sandbank, auf der ich mich niederlasse. Ich bin allein mit mir und das tut gut, schafft Klarheit. Ich ertrage die Hitze nicht lange, gehe bald ins Wasser, schwimme mit kräftigen Zügen zur Mitte des Flusses und lasse mich dort auf dem Rücken durch das Paradies aus Sonne und wilder Vegetation treiben.

Die Zeit scheint langsamer zu vergehen ... nach all den Erlebnissen in den letzten Tagen. Ich habe Zeit, nach links und nach rechts zu schauen; habe Zeit, alles genau zu betrachten, jede Botschaft aufzunehmen ... und sei es auch nur das Flüstern des Windes. Niemand drängt mich zu irgendetwas. Ich bin nur mir selbst verpflichtet, niemandem sonst. Ich fühle mich frei, unabhängig. Hier muss ich nur den Gesetzen der Natur folgen, die sich zum Teil sehr deutlich in den Gesetzen der Menschen, die hier im Regenwald leben, widerspiegeln. „Was für ein Paradies!", denke ich – und obwohl ich mir bewusst bin, dass es nicht der Garten Eden ist, durch den ich gerade treibe, will ich im Moment nichts wissen von dem Überlebenskampf der Menschen hier und den Bedrohungen durch die Zivilisation, aus der auch ich komme.

Während ich zurückschwimme, der Weg durch den Regenwald erscheint mir doch zu beschwerlich, habe ich den Eindruck, beobachtet zu werden. Ich denke, dass es Antonios Kinder sind, die dem *gringo*, dem Weißen, beim Baden zusehen. Also mache ich mir keine Sorgen, hoffe jedoch inständig, dass meine Kleider noch an den Ästen bei der Sandbank hängen werden, wenn ich zurückkomme. Und Gott sei Dank, es ist alles noch da und in der Zwischenzeit sind meine Kleider sogar getrocknet. Noch steht die Sonne am Himmel, ich lege mich hin, der feine, heiße Sand passt sich meinem Körper an. Es dauert nicht lange und das Rauschen des Flusses entführt mich in eine bizarre Traumwelt:

Zuerst glaube ich, dass dies die Bilder eines früheren Traumes sind. Nach kurzer Zeit ist mir bewusst, dass es gar kein Traum ist, sondern eine „Nachvision" des *ayahuasca*. Alles beginnt wieder mit der Drehbewegung, die ich in der Nacht des Rituals zum ersten Mal erlebt habe. Als ich die Augen öffne, um der Bewegung, der Vision zu entkommen, stelle ich verblüfft fest, dass meine Wahrnehmung nahezu unverändert ist. Ich blinzle in den strahlend blauen Himmel hinein, erkenne einige wenige Kumuluswölkchen. Umrahmt wird das Bild von den Blättern und Zweigen der Baumriesen. Ich versuche mich aufzusetzen, was mir mit einiger Anstrengung auch gelingt. Plötzlich ist es wieder, als ob ich durch eine Röhre sehen würde. Die Farben sind allerdings unverändert und die Geräusche sind nicht intensiver oder anders als zuvor. Ich bin verwirrt, befürchte kurz, dass mein Gehirn Schaden genommen hat und dies nun öfters passieren könnte. Meine rechte Gesichtshälfte wird von unten nach oben taub; ist dann ganz gelähmt. Mein Unterkiefer fällt nach unten und ein massiver Speichelfluss setzt ein. Ich will mein Gesicht befühlen, kann meine Hand aber nicht bewegen. Meinen Kopf kann ich ebenfalls nicht mehr bewegen, bin aber in der Lage, mich in die gewünschte Richtung zu „denken" – was mir auffällt, als ich mir meiner Nacktheit bewusst werde und mich zu entsinnen versuche, wo ich meine Kleider aufgehängt habe. Augenblicklich rückt genau der Ausschnitt meiner Umgebung in mein Blickfeld. Nach einigen Versuchen kann ich mich dann in jede gewünschte Richtung „denken", ohne dabei den Kopf zu bewegen. Nur nach oben schaffe ich es nicht. Meine nähere Umgebung – den Weg, auf dem ich gekommen bin; den Regenwald direkt um die Sandbank herum; den Fluss, das andere Ufer und meine Beine – kann ich bewusst anvisieren. Ich nehme all das intensiv wahr, quasi überdeutlich. Ich bin gleichermaßen schockiert wie fasziniert.

Ich experimentiere weiter mit dem, was ich für mich den „Tunnelblick“ nenne. Wenn ich mich in eine Richtung gedacht habe und mich dann auf ein Detail konzentriere, habe ich den Eindruck, durch ein Fernrohr zu sehen. Je mehr ich mich konzentriere, desto näher rückt der Punkt, den ich fixiert habe. Wenn ich versuche, zwischen den Blättern hindurch einen bestimmten Punkt im Halbdunkel des Regenwaldes zu erspähen, beginne ich mich in diese Richtung, zu diesem Punkt hin, auszudehnen. Etwas im Grün des Waldes erregt plötzlich meine Aufmerksamkeit. Erst ist es das Geräusch, ein leises Rascheln, das immer wiederkehrt ... zu rhythmisch, als dass es der Wind sein könnte. Ich nehme es wahr und denke mich dann blitzartig an die Stelle, von der das Geräusch zu kommen scheint. Wie der Haken einer hinausgeschleuderten Angel verfängt sich mein Blick an einer Gestalt im Regenwald, „zoomt“ diese förmlich heran ... ganz nahe, zum Greifen nahe ... und dennoch bleibt sie weit entfernt. Es ist Enrique oder vielmehr *ein* Enrique, vielleicht seine spirituelle Persönlichkeit. Ein Tiermensch, ein Jaguarmensch, eine Mischung aus beidem – und doch jedes für sich.

Wie zwei übereinandergelegte Dias, ein Doppelbild, ständig changierend nehme ich ihn wahr ... er schleicht durch den Regenwald, verfolgt meine Fährte. Unentwegt wechselt er seine Gestalt, einmal schauen die Augen eines Tieres in meine Richtung, dann die eines Menschen. Fast lautlos bewegt er sich in meine Richtung, immer näher kommt er. Ich möchte flüchten, kann es aber nicht. Auch dies fasziniert und schockiert mich zugleich. Dann, nur mehr wenige Meter trennen uns, löst sich die Erscheinung in nichts auf. Und ich bin schlagartig wieder in der alltäglichen Wirklichkeit, die Lähmung, die mich befallen hatte, ist verschwunden. Meine Augen haben noch Probleme, richtig zu fokussieren, doch schon nach wenigen Minuten kann ich wieder normal sehen. Mein Nacken ist verspannt und in meinen Oberschenkeln spüre ich ein unangenehmes Ziehen.

Auf den Platz, an dem ich mich befinde, fällt jetzt der Schatten der Urwaldriesen. Es wird Zeit für mich, den Rückweg anzutreten. Obwohl ich wieder in der alltäglichen Wirklichkeit bin, scheint ein Teil von mir in der anderen Wirklichkeit, in der Vision zurückgeblieben zu sein. Immer wieder tauchen Enriques Bilder vor meinem geistigen Auge auf. Ich fühle eine innige Verbundenheit mit der anderen Welt und weiß, dass die Verbindung, die Brücke in die schamanische Welt, immer da ist, egal, wo ich mich gerade aufhalte, ob in Ecuador oder in meiner Heimat.

26

Als ich wieder bei Antonios Haus angekommen bin, setzt der tägliche Regenguss ein. Wir sitzen im Langhaus, trinken Maniokbier, Antonios Frau bereitet das Abendessen vor. Enrique werde ich erst am späten Abend wieder treffen. Nachdem wir gegessen haben, packe ich meine Sachen zusammen und verabschiede mich kurz, aber herzlich von Antonios Familie. Ich werde am nächsten Tag sehr früh wieder abreisen, wenn sie noch schlafen. Fast alle Bewohner des kleinen Weilers sind gekommen. Die Mädchen, denen ich bei meinem Bad im Fluss begegnet war, kichern verlegen, als ich ihnen die Hand zum Abschied reiche. Ich bin mir sicher, dass ich wiederkommen werde, dass es kein Abschied für lange Zeit ist.

Schnell hat sich die Dämmerung in undurchdringliches Dunkel verwandelt. Im Schein meiner Taschenlampe machen Antonio und ich uns auf den Weg. Uns steht ein Marsch durch den nächtlichen Regenwald bevor. Wir folgen einem gut begehbaren Pfad. Lange Abschnitte sind sogar mit Steinen ausgelegt, die verhindern, dass die üppige Vegetation sich den Weg wieder einverleibt. Brücken haben die Indianer allerdings nicht gebaut. Nicht einmal Baumstämme erleichtern das Überqueren der vielen Rinnsale und kleinen Bäche, die unseren Weg kreuzen. Der Lichtkegel meiner Taschenlampe leuchtet nur wenige Meter Boden vor mir aus. Antonio geht sehr schnell, es fällt mir schwer, mit ihm Schritt zu halten. Obwohl er keine Taschenlampe zur Verfügung hat, bewegt er sich sicher durch den nächtlichen Dschungel. Er ist diesen Weg sicherlich schon Hunderte Male gegangen ... kennt jede Abzweigung, jeden Fluss, jeden Stein in diesem Gebiet. Es ist seine Heimat, der Wald, in dem er aufgewachsen ist. Der Regenwald ist die Welt seiner Kindheit; er ist sein Lehrer, sein Freund, sein Feind – er hat ihm alles beigebracht, was zum Überleben im Urwald nötig ist.

Nach einer guten Stunde machen wir halt; das Wasser eines kleinen Baches löscht unseren Durst. Um uns dunkler Regenwald, Tiere, Feuchtigkeit. Für mich ist alles so geheimnisvoll und aufregend wie an meinem ersten Tag hier. Aber jetzt habe ich keine Angst mehr; ich habe viel dazugelernt, verstehe das Wesen des Regenwaldes, seinen Geist; habe ihn gespürt, erfahren, mich mit ihm verbündet.

Nach knapp zwei Stunden Fußmarsch erreichen wir endlich die kleine Ansiedlung. Schon am Tage sind die einzelnen Hütten nur schwer im Dickicht des Dschungels zu erkennen. Jetzt, in tiefschwarzer Nacht, lässt nur das Licht, das durch die Ritzen der Wände fällt, vermuten, wo sich die Häuser der Shuar befinden. Antonio folgt ausgetretenen Wegen, die zu finden nur ein Shuar in der Lage ist. Auf der kleinen Lichtung vor uns kann ich schemenhaft die Umrisse von Menschen erkennen. Alle sitzen um ein Feuer herum, der Rauch steigt weiß in den nachtblauen Himmel auf. Die kleine Gruppe am Feuer ist leise in ein Gespräch vertieft. Unsere Ankunft beendet die Unterhaltung. Nach der üblichen Begrüßung und nachdem ich vorgestellt wurde, werden wir eingeladen, Maniokbier mit den Männern am Feuer zu trinken.

Die Frauen halten sich im Hintergrund, nur ab und zu beleuchtet der Feuerschein das Gesicht der Shuar-Frauen, wenn sie Maniokbier nachschenken oder die gebratenen Bananen reichen. Wieder fühle ich mich der Heimat so fern, unsagbar fern, inmitten dieser Menschen, der fremden Kultur, von der ich so wenig weiß. Enrique und Simon stoßen einige Zeit später zu uns. Simon bringt Urwaldzigarren mit, die der Schamane benötigen wird, um das Kind zu behandeln.

Meine Freunde halten sich mit dem Genuss des Maniokbieres zurück, Enrique nippt nur ein wenig und gibt die Schale dann weiter. Die Stimmung ist eigenartig, irgendetwas liegt in der Luft. Die Männer am Feuer, mittlerweile sind noch einige dazugekommen, lauschen Enriques ruhigen Ausführungen. Ich vermute, es geht um die bevorstehende Behandlung. Sechs Männer und ebenso viele Frauen sind es, die, fast unsichtbar im Dunkel, dem Schamanen zuhören.

Hier zeigt sich Enriques Autorität deutlich. Sein Wort ist Gesetz, niemand würde es wagen, ihm zu widersprechen oder seine Kompetenz infrage zu stellen. Unvermittelt wendet sich die Aufmerksamkeit der Anwesenden mir zu. Unzählige Augenpaare sind auf mich gerichtet, während Enrique in ruhigem Tonfall über mich spricht. Mehrmals höre ich ihn meinen Namen sagen, mit dem Zusatz *chamán*. Antonio flüstert mir ins Ohr, dass Enrique große Stücke auf mich halte. Ich bin stolz und verunsichert zugleich. Hoffentlich sind seine Erwartungen und die der Männer und Frauen nicht zu hoch ... Es ist ernst geworden. Bisher war es ein spielerisches Kennenlernen der Materie, nun geht es um einen anderen Menschen – um ein krankes Kind, darum, es zu behandeln und zu heilen.

Aus dem Dunkel kommt eine Shuar-Frau auf zu uns. Die Anwesenden machen ihr Platz, in ihren Armen hält sie ein Bündel, aus dem ein leises Wimmern zu hören ist. Die Frau kniet vor Enrique und mir und hält uns das Bündel aus schmutzigen Tüchern entgegen, in dem ich das unsagbar kleine Gesicht eines wenige Monate alten Kindes erkennen kann. Die Frau weint, dicke Tränen laufen ihr übers Gesicht. Sie ist vielleicht zwanzig Jahre alt, aber das harte Leben im Regenwald hat ihr Gesicht vorzeitig altern lassen. Trotz ihrer offensichtlichen Verzweiflung, ihrer Angst um das Kind, ist diese Frau stolz. Sie sucht Hilfe bei Enrique, ist keine Bittstellerin. Die Hilfe des Schamanen ist ihr gewiss. So wie schon Generationen vor ihr, wird ihr der Schamane helfen. Er wird den Kampf gegen die bösen Geister, die für die Erkrankung des Kindes verantwortlich sind, aufnehmen und wird sie, wenn er stark genug ist, besiegen und das

Kind heilen. Schluchzend beginnt die Shuar-Frau, Enrique den Verlauf der Erkrankung ihres jüngsten Sohnes zu erklären. Immer wieder schaut sie mich verlegen an. Endlich sagt Enrique ihr, wer ich bin, und ein Lächeln huscht über ihr Gesicht. Sie ergreift meine Hand und redet auf mich ein. Ich verstehe kein Wort, so bleibt mir nichts übrig, als zu lächeln und zu nicken, als sie geendet hat. Enrique schaut sich das Kind an, scheint sich zuerst allerdings mehr für das Befinden der Mutter zu interessieren. Leise, mit kraftvollen Worten, spricht er mit ihr. Sie lächelt erleichtert, unter den Anwesenden am Feuer entsteht ein leises Murmeln, nacheinander erheben sich alle und verabschieden sich von Enrique, Antonio, Simon und mir.

Nach wenigen Minuten sind wir allein. Wir folgen der Frau zu ihrer Hütte, dort hat sie alles hergerichtet. Sie hat genügend Feuerholz zusammengetragen und einige mit Maniokbier gefüllte Kalebassen für uns bereitgestellt, die wir nach der Behandlung des Kindes trinken dürfen. Die Hütte selbst ist sehr klein – in der Mitte eine Feuerstelle, ein kleiner Kochbereich, zwei Bettgestelle, einige Körbe, Pfannen, der Boden ist aus gestampfter Erde. Hier lebt sie mit ihrem Mann und ihren beiden Söhnen, die gerade für einige Tage mit dem Vater zum Fischen unterwegs sind. Wir nehmen auf der schmalen Besucherbank Platz, die sie zum Feuer gerückt hat. Ein kleiner Tisch vor uns dient als Ablage für unsere Kraftobjekte.

Ich lege meinen Beutel vor mich hin, Enrique breitet seine Kristalle und Steine auf einem ehemals weißen Tuch aus. Antonio legt die Urwaldzigarren bereit und Simon hat in einer kleinen Holzschale Blätter in Wasser eingeweicht. Die grünliche Flüssigkeit – ich nehme an, es ist Tabakwasser – zieht Enrique nun lautstark durch die Nase ein. Er fordert mich auf, es ihm gleichzutun. Wie Feuer schießt mir die Flüssigkeit durch die Nase und explodiert in meinem Gehirn. Aber dieser eher unangenehme Zustand dauert nur kurz an. Minuten später fühle ich mich trotz des anstrengenden Fußmarsches, den ich hinter mir habe, und obwohl es schon spät ist, wach und ausgeruht. Enrique nimmt das *ayahuasca* zu sich. Ich assistiere, also kein *jagé* für mich. Antonio erklärt mir im Flüsterton, welche Aufgaben ich während der Behandlung des Kindes habe: Ich solle beobachten, was geschieht, und vor allem meine Krafttiere, meine Verbündeten, zur Hilfe rufen, um das Kind zu heilen. Enrique vermutet einen bösen Geist, einen Eindringling aus der Schattenwelt der Toten in dem zarten Wesen, das vor uns auf dem Tisch liegt und die kleinen Fäuste ballt.

Ich beuge mich zu dem Bündel herab. Das kleine Kind sieht mich aus verklebten Augen an; es wimmert; die kleinen Hände sind schmutzig, greifen ins Nichts und über allem liegt der süßliche Geruch des Todes – wie ich ihn von früher, von meiner Arbeit auf der Pflegestation des Altersheims, kenne. Nie werde ich diesen Geruch vergessen, den Vorboten des nahenden Endes. Er entströmt den Sterbenden mit jedem gequälten, seufzenden Atemzug, dringt ihnen aus jeder Pore und haftet noch Stunden, nachdem die Trauernden das Sterbezimmer verlassen haben, an ihren Kleidern. Wieder soll ich also mit dem Tod eines Menschen konfrontiert werden, diesmal mit dem eines Wesens, das erst vor Kurzem auf die Welt gekommen ist. „Was hat Gott vor? Gibt es einen Plan, in dem wir alle unsere Bestimmung finden? Und weshalb soll dieses Leben nach so kurzer Zeit beendet werden? Welchen Sinn hat das?“, frage ich mich. Mein Magen rebelliert, ich bin schweißnass und würde am liebsten aus dieser Situation fliehen.

Enriques Gesang reißt mich schlagartig aus diesen trüben Gedanken. Rhythmisch drängt sein Kraftlied ins Dunkel der Hütte, erreicht jeden Winkel, erfüllt die schmutzige Unterkunft mit Kraft und Hoffnung. In kürzester Zeit verändert sich die Stimmung. Die Mutter lächelt ihr Kind an, sie scheint weder beunruhigt noch besorgt über den Zustand des Säuglings zu sein.

In ihrem Gesicht sind der Schein der einzigen Kerze, die den Raum erhellt, Zuversicht, Liebe und vor allem grenzenloses

Vertrauen in die Fähigkeiten des Schamanen zu erkennen. Enrique lächelt ebenfalls, während er singt, um seine Hilfsgeister zu rufen. Nun nimmt er sein *shinkishinki*, sein Büschel aus Blättern, zur Hilfe. Rhythmisches Rascheln erfüllt den Raum. Zusammen mit Enriques Gesang, dem Duft des Tabaks, geraten alle Anwesenden in einen tranceähnlichen Zustand. Mein Magen beruhigt sich wieder. Der ganze Raum scheint von Magie erfüllt zu sein. Zeitweise verändert sich sogar meine Wahrnehmung. Wie bei dem Erlebnis auf der Sandbank am Fluss habe ich auch jetzt wieder das Gefühl, meinen Blick „werfen" zu können. Das unangenehme Gefühl der Bewegungsunfähigkeit fehlt diesmal allerdings.

Antonio reicht mir eine Zigarre. Ich blase den Rauch auf meine Kraftobjekte, meine schamanischen Werkzeuge. Dann gebe ich die Zigarre an Enrique weiter. Er unterbricht seinen Gesang, nimmt einige tiefe Züge und bläst den Rauch mit einem lauten, markerschütternden „Schachaaaaaah!" auf den Kopf des Säuglings. Der Kleine, der vor uns liegt, gluckst und kichert. Er wimmert nicht mehr, sieht uns vielmehr durch die Rauchschwaden mit großen, klaren Augen erwartungsvoll an. Die kleinen Händchen greifen in unsere Richtung. „Schachaaaaaah!" Wieder trifft den kleinen Shuar eine von Enriques Rauchwolken, diesmal auf den Bauch. Er schubst mich an und zeigt mit dem Finger auf eine Stelle knapp über dem Nabel des Kleinen. Erst sehe ich nur Rauch, der mir in den Augen brennt. Aber plötzlich, als hätte jemand einen Schalter umgelegt, erkenne ich auf der Hautoberfläche eine starke Rötung. Sie erscheint mir wie ein Fenster, durch das ich in den Körper des kleinen Jungen hineinsehen kann ... und mit einem Mal kann ich tief im Gewebe des Kleinen eine dunkelrote Geschwulst erkennen. Wie ein leuchtendes Wollknäuel, fast so groß wie eine Walnuss, sehe ich es vor mir. Greifbar, fassbar und doch unwirklich. Ich gebe Enrique zu verstehen, dass auch ich es gesehen habe. Er lächelt mich an, so als wolle er sagen: sehr gut, Prüfung bestanden. Ich habe „es“ zwar gesehen, kann es aber nicht deuten. Natürlich ist mir bewusst, dass es sich bei der Erkrankung des kleinen Jungen um einen „Eindringling“ – vielleicht um eine Infektion – handeln muss. Und diese Infektion ist durch etwas verursacht worden, das im schamanischen Kontext eben als „Eindringling“ bezeichnet wird … von einem bösen Geist, einem schlimmen *tsentsak,* der dem Kind nun ernsthafte Probleme macht.

Wieder beginnt Enrique damit, den Kleinen in Rauch zu hüllen und zu „berascheln“. Das Kind lacht und gluckst, als ob es kerngesund wäre. Bilde ich es mir ein oder hat sich auch der süßliche Geruch des Todes verflüchtigt? Mag sein, dass der Zigarrenqualm alle anderen Gerüche überdeckt, aber ich bin mir sicher, dass der Tod nun nicht mehr gegenwärtig ist. Der Eindringling ist lokalisiert, jetzt schreiten wir zur Operation, zur Extraktion des Eindringlings – eine der geheimnisvollsten und schwierigsten Praktiken der Schamanen. Es gilt, den Eindringling aus dem Körper des Erkrankten herauszusaugen und ihn dann möglichst weit entfernt zu entsorgen. Die entfernten Eindringlinge sind wie konzentriertes Gift, die konzentrierte Krankheit sozusagen.

Enrique bereitet sich auf die Extraktion vor, indem er fürchterlich zu würgen beginnt. Er würgt die *tsentsak* in seinen Mund, um zu verhindern, dass die Erkrankung des Jungen in seinen Körper eindringt. Endlich scheint Enrique die Pfeile an der richtigen Stelle in seinem Gaumen zu haben und somit geschützt zu sein. Er beugt sich zum Bauch des Kindes hinab und presst seine Lippen auf die Haut des Kleinen. Dann beginnt er, mit aller Kraft zu saugen, und spuckt die „ausgesaugte Krankheit“ mit fürchterlichen Geräuschen in ein vorbereitetes Gefäß. Mehrmals wiederholt er das Ganze, zwischendurch bläst er Tabakrauch auf den Bauch des kleinen Patienten. Dieser ist ganz ruhig und lässt alles geduldig über sich ergehen.

Dann bittet der Schamane mich, noch einmal in den Bauch des Kindes hineinzusehen, was mir erst nach einigen Minuten gelingt. Und tatsächlich: Anstatt der walnussgroßen, roten Geschwulst erkenne ich jetzt einen Hohlraum in ebendieser Größe. Ein paar rote Fäden hängen noch im Gewebe fest. Antonio übersetzt Enrique, was ich sehe. Er lächelt wieder zustimmend, ist offensichtlich zufrieden mit mir. Und dann saugt er noch weitere Male am Bauch des Jungen, so lange, bis ich keine Reste der „Wucherung" mehr feststelle – was nach siebenmaligem „Aussaugen" der Fall ist. Der Eindringling ist nun nicht mehr im Körper des Kindes auszumachen.

Nun beginnt die „Nachbehandlung" der Extraktion, die ebenso viel Aufmerksamkeit und Zeit in Anspruch nimmt wie die Extraktion selbst. Enrique singt wieder laut seine Kraftlieder und ich singe meine im Stillen. Mehrmals behandelt er den Bauch des Kindes ganz gezielt mit dem Rauch der Zigarre. Zum Schluss werden alle Anwesenden, vor allem aber die Mutter des Kindes, „beraschelt". Diese bricht in Tränen aus, denn eine große Last fällt von ihr ab. Nachdem sie sich wieder beruhigt hat und ihren Sohn entgegennimmt, erhält sie von Enrique Anweisungen, wie sie ihn pflegen muss. Das Kind lacht und gluckst; sein Zustand hat sich in den letzten drei Stunden sichtlich verbessert. Für unsere Bemühungen werden wir mit Maniokbier und gekochtem Huhn belohnt. Während wir essen und trinken, zieht sich die Mutter ans Feuer zurück und stillt ihr Kind, ein gutes Zeichen.

Wir treten ins Freie, die Luft ist lau. Die Männer haben bereits am Feuer Platz genommen. Wir setzen uns zu ihnen, trinken und lachen. Antonio erzählt die Einzelheiten der Behandlung, alle sind gut gelaunt. Nach der fünften Runde Maniokbier verlasse ich die Feuerstelle, um dem Ruf der Natur zu folgen. Auf meinem Weg in den Busch treffe ich auf die Shuar-Mutter mit ihrem Kind. Überschwänglich bedankt sie sich bei mir. Ich bin verlegen, leider fehlen mir die Worte, um auszudrücken, was ich empfinde. Sie verabschiedet sich umständlich und verschwindet in ihrer Hütte. Zu gern würde ich erfahren, wie es dem Jungen weiterhin ergeht.

Später kommen noch einige Männer dazu, nebenan haben die Frauen ein kleines Feuer entzündet und unterhalten sich laut kichernd. Auch bei uns haben Frauen Platz gefunden. Das Patriarchat der Shuar bröckelt ... doch die Männer nehmen es gelassen hin. Es gibt Grund zu feiern: Das Kind ist geheilt, der Schamane hat geholfen. Daran, dass sich sein Zustand wieder verschlechtern könnte, scheint niemand zu denken. Aus einer der Hütten dringt lautes Kinderlachen, ich horche kurz auf, dann widme ich mich der Schale Maniokbier, die mir eine Frauenhand aus dem Dunkel hinter mir reicht. Ich fühle mich wohl und vor allem fühle ich mich von den Shuar aufgenommen. Die Männer erzählen, lachen, feuern einander mit wilder Gestik an, noch tollere Geschichten aus ihrem Leben im Regenwald zum Besten zu geben. Eine fröhliche Insel, warm, leuchtend, ein kleiner, heller Punkt im unendlichen nächtlichen Regenwald.

Viele Schalen Maniokbier später machen wir uns wankend auf den Rückweg zu Antonios Haus – zwei Stunden Fußmarsch liegen vor uns, eine gute Gelegenheit, wieder nüchtern zu werden. Es wird meine letzte Nacht im Regenwald sein. Morgen schon werde ich ihn verlassen. Mir ist die Welt der Shuar so vertraut und die Zivilisation und die Stadt sind mir so fremd geworden. Ein letztes Mal krieche ich tief in meinen Schlafsack hinein, zufrieden und müde gleite ich in den Schlaf hinüber. Ein Traum entführt mich auf den heiligen Berg, zu den Wasserfällen, in die Bambuswälder des Regenwaldes.

Früh am Morgen weckt mich Antonio. Es ist Zeit, die Rückreise anzutreten. Noch schlafen alle hier. Ein letzter Blick auf den Fluss stimmt mich traurig. ... Zwei Stunden später sind wir wieder in der kleinen Ansiedlung, kalter Rauch hängt in der Luft, nur wenige Menschen sind zu sehen. Meine Schultern schmerzen, denn in den letzten Tagen hatte ich keinen Rucksack tragen müssen und bin es nun nicht mehr gewohnt. Nach einer weiteren Stunde erreichen wir die Piste, die sich durch den Regenwald zieht. An einer windschiefen Hütte machen wir halt. Stumm sitzen wir nebeneinander in der brütenden Mittagshitze. Immer mehr werde ich mir des nahenden Abschieds bewusst. Es wird wohl ein Abschied für lange Zeit sein. Auch Antonio hängt seinen Gedanken nach. Enrique und ich haben uns in der Nacht schweigend mit einer festen Umarmung voneinander verabschiedet. Der Schamane geht ganz selbstverständlich davon aus, dass ich bald zurückkommen werde, um meine Ausbildung bei ihm fortzusetzen. Wir sind Freunde, *amigos,* und somit ohnehin miteinander verbunden. Wenn ich an ihn denke, wenn sein Bild vor meinem geistigen Auge entsteht, kann ich seine Anwesenheit ganz deutlich spüren.

Eine Gestalt tritt aus dem dichten Grün des Regenwaldes in die flirrende Hitze der kleinen Lichtung, auf der wir uns befinden. Es ist Simon. Wir begrüßen uns überschwänglich; ich freue mich wie ein kleines Kind darüber, dass er gekommen ist. So warten wir zu dritt auf den Pick-up, der mich zurückbringen soll in die Zivilisation. Simon bietet mir eine letzte Urwaldzigarre an und so genießen wir gemeinsam noch einmal das süße Aroma des „Dschungeltabaks". Wir sprechen nicht viel.

Bald kündigt eine Staubwolke am Horizont die Ankunft des Pick-ups an. Jetzt muss ich mich verabschieden. Wir umarmen uns herzlich, wünschen uns Glück, schütteln uns lange die Hände. Ein Abschied, der mir sehr zu Herzen geht, der mich zu Tränen rührt. Lange Zeit werde ich den Namen, den mir die Shuar gegeben haben, nicht mehr hören: *Jojo-chamán.* Der feine Staub, den der Wagen aufgewirbelt hat, legt sich auf mein Gepäck, dringt mir in Mund und Nase und ich muss an die vielen Stunden Fahrt denken, die vor mir liegen. Es ist derselbe Fahrer, mit dem ich hierhergekommen bin. Er grinst mich an, wechselt einige Worte mit Antonio und schaut mich dann erneut an … erstaunt und mit Respekt. Ich schenke ihm ebenfalls ein Lächeln.

Im Rückspiegel verliert sich die Piste im Staub, der Regenwald verschluckt den holprigen Weg, Stunde um Stunde wächst die Distanz zu den Shuar.

Doch Enrique, der Schamane der Shuar, ist mir nahe. Ich fühle seine Anwesenheit, spüre die innige Verbindung, erinnere mich an die mystischen Erlebnisse, die unsere beiden Lebensfäden für immer verknüpft haben.

Wir nähern uns dem Hochland und damit der Zivilisation. Ich beginne, mich auch auf deren Vorzüge zu freuen: Eine Dusche, Seife, frische Bettwäsche, ein kühles Bier und vor allem die Aussicht auf ein gutes europäisches Essen lassen mich den Abschied von diesem Land leichter ertragen. Die Fahrt ist wieder ein Erlebnis. Wir fahren über eine wackelige Hängebrücke, holpern durch breite Bäche ... und als am Nachmittag der Regen einsetzt, wird die staubige Piste zu einem schlammigen Band, das sich an wilden Schluchten entlang dem Hochland entgegenwindet. Immer öfter sehe ich unterwegs liegen gebliebene Fahrzeuge. Einige Gruppen völlig mit Schlamm bespritzter Indios waten durch knietiefen Schlamm. Am Rand der Piste haben zwei Mountainbiker aufgegeben.

Unser Gefährt überwindet jedoch alle Hindernisse, der Fahrer beherrscht die Strecke im Schlaf. Nach vielen Stunden anstrengender Fahrt durchstoßen wir eine dichte Nebelbank und erreichen die Stadt. Vor Mikes Büro setzt mich der Fahrer ab. Ich bedanke mich bei ihm mit ein paar Dollar Trinkgeld, die er gern annimmt. Eben kommt die Sonne durch und ich lasse eine herzliche Verabschiedung und Glückwünsche des Fahrers über mich ergehen. Dann mache ich mich müde und abgekämpft auf den Weg ins Zentrum der kleinen Stadt.

27

Banòs mit seinen Touristen in sauberen Shorts und bunten Hemden erscheint mir sehr fremd. Auf der Hauptstraße, an der die meisten Cafés und Restaurants liegen, wimmelt es nur so vor Touristen. Bewaffnet mit Videokamera und Fotoapparat lauern sie auf lohnende Motive. Ich bewege mich wie in einer fremden Welt. Sogar der Asphalt unter meinen Füßen fühlt sich unangenehm hart an. Ich bin schmutzig, unrasiert, rieche sicherlich nicht besonders gut und komme mir mit meinem verdreckten Rucksack vor, als wäre ich ein Überlebender einer Expedition, der den Weg zurück in die Zivilisation gefunden hat. Ein großartiges Gefühl! Am Tisch eines der Cafés lasse ich mich nieder und bestelle mir ein kühles Bier und eine Schachtel Zigaretten. Wie wunderbar! Ich sitze lange Zeit einfach so da und beobachte das bunte Treiben auf der Straße. Das Bier steigt mir zu Kopf und ich erinnere mich daran, dass ich noch fast nichts im Magen habe.

Hungrig und leicht benommen, mache ich mich auf den Weg zum Hotel. Dort wartet meine zurückgelassene Kleidung auf mich: Sie ist sauber, trocken und sie duftet. Alle sind froh, mich wiederzusehen. Ich dusche sicherlich eine halbe Stunde lang, ziehe mich um und suche mir auf der von der Sonne beschienenen Terrasse ein ruhiges Plätzchen. ... Gegen Abend suche ich Mike in seinem Büro auf und wir verabreden uns für den nächsten Tag zum Mittagessen. Ich gönne mir ein anständiges Abendessen und schlendere durch die Straßen. Bereits knapp nach Sonnenuntergang lege ich mich hin und genieße das weiche Bett und die saubere Hotelbettwäsche.

Von der Straße dringen die Geräusche gedämpft in mein kleines Zimmer – es sind ganz andere Geräusche als die des Regenwaldes, weniger romantisch, aber ebenso einschläfernd. Ich schlafe tief, traumlos und lang. Die Sonne steht schon hoch am Himmel, als mich das Zimmermädchen weckt. Ich ringe ihr noch eine halbe Stunde ab, um mich frisch zu machen und anzukleiden. Es ist fast zwölf, alle Gäste sind ausgeflogen, ich komme gerade noch rechtzeitig zum gemeinsamen Mittagessen mit Mike. Ich erzähle von meinen Erlebnissen und er hört gespannt zu. Obwohl ich mich sehr genau an alle Details erinnern kann, gibt meine Geschichte das, was ich erlebt habe, doch nicht wirklich wieder. Die Aufzeichnungen in meinem Tagebuch sind mir auch keine Hilfe. So wird mir schmerzlich bewusst, wie schwierig es sein wird, meine Freunde an meinen Erlebnissen teilhaben zu lassen.

Wir sitzen lange an dem einfachen Holztisch und sprechen über die Shuar, das Leben im Regenwald und in Ecuador allgemein. Ich spüre den Abstand zum Regenwald ebenso wie die Nähe der Zivilisation, in die es mich nun zieht. Die Autos auf den Straßen, dort eine Baustelle, Taxis, Touristen, all die Lokale und Hotels. Die Natur ist zurückgedrängt worden, das Verhältnis hat sich verschoben. Nur in dem kleinen Park, der von einer Steinmauer umgeben ist, findet man einige verkümmerte tropische Gewächse. Das üppige Grün des Regenwaldes hat Asphalt und Beton weichen müssen. Mich beruhigt die Tatsache, dass die Natur sich ihren Raum zurückerobern würde, wenn der Mensch nicht unentwegt Energie auf Instandhaltung und Erneuerung verwenden würde. Während ich mir vorstelle, wie die Natur über die Zivilisation siegt, prasselt der nachmittägliche Regen auf die dampfenden Straßen und verwandelt manche asphaltierte Gasse in einen kleineren Wildbach. Die Menschen suchen Schutz in Hauseingängen und unter den Vordächern der steinernen Häuser. Die Schlaglöcher im Asphalt der Hauptstraße füllen sich in wenigen Minuten und werden so zu großen Pfützen mit schlammigem Wasser. Der Regen frisst sich in die

Gemäuer, löst kleine Brocken aus Straßen und Häuserwänden, spült sie fort, schwemmt Kiesel und Erde durch die engen Gassen, um alles wieder an anderer Stelle liegen zu lassen, wo dann aus dem neuen Boden kleine Pflänzchen sprießen und sich dem Licht entgegenstrecken. Hat die Rückeroberung durch die Natur schon begonnen?

Mike teilt zwar meine Ansichten über Natur und Menschheit, aber er sieht das Ganze mehr vom praktischen Standpunkt aus. Wenn wir nur darauf warten, dass der Regenwald sich zurückholt, was der Mensch ihm in jahrhundertelanger Arbeit abgerungen hat, wird die Situation der Indios in keiner Weise verbessert. Der Regen hört so plötzlich wieder auf, wie er begonnen hat. Ich begleite Mike zu seinem Büro. Als die Tür hinter mir zufällt, spüre ich, dass nun etwas endgültig abgeschlossen ist. Kein Blick zurück, kein Gefühl der Wehmut, immerhin habe ich die Möglichkeit zurückzukehren. Wie bei Enrique habe ich auch bei Mike nicht das Gefühl, dass es ein Abschied für immer sein wird. So trete ich in die Sonne, die sich durch die Wolken gekämpft hat. Den Abend verbringe ich auf der Dachterrasse meines Hotels und versuche, mein Tagebuch auf den neuesten Stand zu bringen. Ich überfliege die Seiten und muss laut lachen. Es ist wirklich unglaublich, was ich erlebt habe. Stellenweise kann ich meine eigene Schrift nicht mehr entziffern. Kein Datum gliedert meine spärlichen Aufzeichnungen, keine Ortsangaben finden sich auf den feuchten Seiten.

Die Nacht senkt sich über die Stadt. Weit im Südosten liegt der Regenwald, das unendliche tropische Becken des Amazonas: dampfend und verlockend, voll von Geheimnissen, von denen ich nun einige zu kennen glaube. Und im Norden liegen die Berge, Schnee und Gletscher, aktive Vulkane, das Hochland mit seinen Feldern, die von oben wie ein Schachbrettmuster aussehen. Ich merke, wie sehr ich dieses Land liebe. Noch nie habe ich so deutlich diese Freiheit gespürt, dass ich gehen kann, wohin ich will, und mich zugleich mit der Landschaft und den

Menschen so verbunden gefühlt. Morgen früh werde ich nach Quito aufbrechen, vielleicht werde ich noch einen Zwischenstopp in Riobamba, Ambato oder Latacunga machen und dabei die eine oder andere Sehenswürdigkeit besichtigen. Aber mehr noch als meine Rückreise beschäftigt mich die Frage, wie ich die Erfahrungen zu Hause in mein Leben integrieren und umsetzen soll. Ich bitte Enrique im Stillen um Beistand und kann dabei die Verbindung zu dem Schamanen der Shuar sehr deutlich spüren. Sie ist wie ein feines Band aus Licht, das uns über Tausende von Kilometern verbinden wird.

So vieles hat sich für mich verändert, die Auswirkungen auf mein bisheriges Leben kann ich noch gar nicht abschätzen. Vielleicht mache ich mir zu viele Gedanken über die Zukunft. Im Regenwald war es einfacher: Da zählte der Augenblick, dieser eine Tag. Nun denke ich schon wieder an morgen, an meine Rückkehr in die verschneite Heimat, an Kälte und Schneematsch. Hier ist es schwül, in der Ferne grollt der Donner über den Regenwald, der Kaffee ist stark und süß, ich bin hellwach und glasklar im Kopf, ich lebe, intensiv, bewusst, blicke auf die Lichter der Stadt hinunter und lache still in mich hinein. Das Leben ist völlig verrückt, Gott sei Dank!

28

Es ist sechs Uhr in der Frühe und ich habe keine Zeit zu frühstücken. Es ist kühl, die Hotelrechnung habe ich am Vortag bezahlt. „*On the road again*“, denke ich, als ich dem Fahrer des Busses meinen Rucksack gebe, den er auf dem Dach des Gefährtes verstaut. Der Bus ist aus den Fünfzigerjahren und wieder typisch ecuadorianisch: Sitzreihen für Menschen bis maximal ein Meter fünfundsechzig Körpergröße, das heißt für mich, dass ich keinen Platz für meine Beine finden werde. Nur wenige Fahrgäste sind an der Haltestelle. Ein alter Ecuadorianer, gebückt, mit Stock und in schmutzig beigem Anzug und Panamahut, nimmt vor mir Platz und verströmt den unangenehmen Geruch einer pikanten Mischung aus Schweiß und billigem Alkohol. Eine Indio-Familie – aus der bunten Tracht der überaus molligen Frau schließe ich, dass es Otavalo-Indianer sein müssen – verstaut ihre Bündel in den Gepäcknetzen über den Sitzreihen. Ich vermute, dass sie bis Quito fahren und dass es von dort aus weiter geht in Richtung Norden, dort liegt Otavalo, bekannt für seinen Markt und die Geschäftstüchtigkeit der Einheimischen. Die beiden kleinen Kinder kuscheln sich verschlafen an die Mutter. Papa nimmt eine Reihe weiter hinten Platz, rückt seinen Filzhut tiefer ins Gesicht und schläft schon Minuten später tief. Sein Schnarchen kann man bis zu mir – und ich sitze in der letzten Reihe – hören. Drei Mestizen sitzen in den ersten Reihen, ein Touristenpärchen findet in der Reihe vor mir Platz, die Kamera schussbereit. Mit ihrer aufgeregten und lauten Art stören sie die morgendliche verschlafene Stimmung im Bus.

Ich stelle mich auf mindestens fünf Stunden holperige Straße ein, dazu das überlaute Radio. ... Endlich schwingt sich der

Fahrer auf den Sitz und wirft den Motor an. Kurz nach der kleinen Stadt endet die asphaltierte Straße und damit die ruhige Fahrt. Der Motor des uralten Dieselbusses trägt uns knatternd dem Bergland entgegen. Welcher Gegensatz zur Fortbewegung im Regenwald! Schon nach kurzer Zeit habe ich mich an die unzähligen Schlaglöcher gewöhnt. Stunde um Stunde gewinnen wir an Höhe, bis wir gegen Mittag endgültig das Hochland, die Sierra, erreicht haben.

Erst will ich zurück nach Quito. Die wenigen Tage, die mir bis zu meinem Abflug bleiben, will ich nicht damit verbringen, von einem Ort zum anderen zu hetzen – so interessant und verlockend manche Gegenden auch sein mögen. Viel zu sehr beginnen mich die mystischen Erlebnisse im Regenwald zu beschäftigen. Wie eine Rückblende, klar und deutlich, spielt sich alles noch einmal vor meinem geistigen Auge ab. Ich will die letzten Tage in Ecuador noch einmal alles vor meinem geistigen Auge Revue passieren lassen. Noch habe ich Abstand zu meiner Heimat und kann mich ganz auf die jüngste Vergangenheit konzentrieren.

Vor zwei Tagen bin ich in Quito angekommen. Diesmal machen mir die dreitausend Meter Höhe nichts aus. Dafür glaubte ich gestern noch, es hier nicht aushalten zu können. Zu viel Elend auf den Straßen, zu viel Verkehr und Schmutz. Die Luft voller Abgase der unzähligen Autos und dazu die Menschenmassen. Von allem zu viel. Heute geht es mir etwas besser. Die Rückkehr war ein Kulturschock für mich. Die Geschäftigkeit im Hotel und in den Straßen hat mich verwirrt. Jetzt bin ich ruhiger, sitze im Hof des Hotels in der Sonne, die gnädigerweise ein kurzes Gastspiel gibt. Der tägliche Regenguss ist fast zum Dauerregen geworden und obwohl die Sonne gerade scheint, ist es empfindlich kalt. Vielleicht ist das die richtige Vorbereitung auf meine Rückkehr in den europäischen Winter. Die meiste Zeit verbringe ich im Zimmer oder in der Cafeteria; nachmittags brennt hier ein Feuer im offenen Kamin. Darauf freue ich mich immer besonders: Dann sitze ich vor dem Kamin, die Füße nahe am Feuer, und denke wehmütig an die Lagerfeuer der Shuar zurück. Nur das Essen im nahe gelegenen Restaurant empfinde ich als Verbesserung und natürlich, dass ich heiß duschen kann – manchmal zumindest. … Abends stellen dann die Neuankömmlinge ihre Fragen. … Genüsslich räkle ich mich am Feuer und schlürfe süßen Tee. Die Schwüle des Regenwaldes ist der Kälte des Hochlandes gewichen. Nur nachts, wenn ich träume und schweißgebadet aufschrecke, glaube ich mich im tropischen Klima des Regenwaldes zu befinden.

Meine Träume sind intensiv, klar und fühlen sich sehr real an. Jede Nacht begegne ich dem Jaguar, jede Nacht laufe ich mit ihm an Wasserläufen entlang und gehe mit ihm auf den schmalen Pfaden, die den Regenwald wie ein Netz von Adern durchziehen. Ich finde mich am Fluss wieder, treibe im Wasser und die Landschaft zieht an mir vorüber. Und ich begegne Enrique – dem mächtigen, kraftvollen Enrique. Der Schamane der Shuar steht vor mir, über mir; er ist mit den Federn des Tukans geschmückt und ruft mir Worte zu, die ich nicht verstehe, noch nicht verstehe. Immer wieder träume ich auch vom Geist des Regenwaldes, der sich durch Dröhnen und Donnern ankündigt … und wie alles zerspringt in Millionen Teile und sich neu zusammenfügt zu einem Wesen aus Wurzeln, Farnen, Blättern und Lianen, einem Wesen … in dem auch ich bin, lebe und atme.

Erst haben mir die Träume Angst gemacht, doch jetzt begreife ich langsam ihre Botschaft. Durch Enriques Ritual, die Verbindung mit dem Geist des Regenwaldes und dem *ayahuasca*, habe ich wohl eine unglaubliche Menge an Information in sehr kurzer Zeit erhalten und in den Tagen in Quito beginnt ein kleiner Teil dieses Wissens aus mir herauszufließen. Die Träume sind Anleitung und Hilfe; sie enthalten Botschaften, wie ich an dieses Wissen gelangen, wie ich es nutzen kann. Für mich beginnt ein neuer Weg, der ebenso aufregend und neu ist wie der

Weg, der mich in den Regenwald zu den Shuar und dem Schamanen geführt hat.

Seit vier Stunden sitze ich in dem Flugzeug, das mich zurück ins kalte Europa bringt, und bin einer Flut von Bildern und Gefühlen ausgeliefert. Die Wolkenbänke, die wir durchfliegen, verwehren den Blick auf die offene See. Zwölf Stunden Flug, zwölf Stunden Zeit nachzudenken. Ich starre in das Weiß der Wolken und versuche die Bilder, die in meinen Kopf drängen, zu ordnen. Nur unterbrochen durch Mittagessen, Abendessen und Frühstück dehnt sich die Zeit unendlich lange. Als schließlich, nach einer unruhigen Nacht, in der ich keinen Schlaf finden kann, der Kapitän unsere Ankunft in Amsterdam ankündigt, bin ich froh, auch wenn ich wieder warten muss … auf den Weiterflug in meine verschneite Heimat.

Österreich empfängt mich so, wie ich es erwartet habe: Es ist kalt, Schnee und Matsch auf den Straßen, eine eintönige Mischung aus verschiedenen Grautönen und Weiß … mir fehlt das Grün des Regenwaldes. Meine Freunde und meine Lebensgefährtin nehmen mich in Empfang und zu Hause sitzen wir Stunden zusammen und ich erzähle ihnen von dem, was ich erlebt habe – von meiner Ankunft in Ecuador, meiner Reise durch den Regenwald, den Geistern und Wesenheiten des Urwaldes; von Enrique, Antonio und Simon; dem heiligen Berg der Shuar, den Wasserfällen; von der *ayahuasca*-Zeremonie … und meinen mystischen Erfahrungen. Erst spät in der Nacht gehen wir zu Bett. Ich genieße die vertraute Umgebung, die Gerüche, Geräusche, die ruhigen Atemzüge eines geliebten Menschen an meiner Seite. Die Nacht nimmt mich gnädig auf und gewährt mir den wohltuendsten und ruhigsten Schlaf seit Langem.

Etwas hat mich geweckt. Erst bin ich verwirrt und desorientiert, dann fügt sich alles ineinander. Ich bin zu Hause, die Wintersonne steht bereits hoch am Himmel. Draußen spielen Kinder im Schnee, die Wohnung riecht nach frischem Kaffee.

29

Eine Woche bin ich schon wieder hier und beginne erst jetzt, meine Ausrüstung zu reinigen und zu verstauen. Es ist ein ruhiger Abend nach einem ereignislosen Tag. Alles scheint zum Stillstand gekommen zu sein, nichts bewegt sich, ich hänge fest in einer warmen Wolke aus geronnener Zeit. Ich flüchte mich in die Erinnerung an die Tage im Regenwald. Die Fotos habe ich entwickeln lassen und in ein Album eingeklebt, aber viele der glänzenden Papiererinnerungen scheinen mir blass, nichtssagend, stumm. Per E-Mail bekomme ich Nachrichten von einigen Menschen, die ich in den letzten Tagen in Quito kennengelernt habe: Sue ist in Venezuela, Martin in Peru, Sylvia in Richtung Brasilien unterwegs. Ich bin in Österreich und krame in Erinnerungen, draußen fällt der Schnee in großen, feuchten Flocken ... und fühle mich ein wenig depressiv. Wenn ich in meinem Tagebuch blättere, glaube ich die Aufzeichnungen eines Fremden zu lesen. Ich erlebe die Abenteuer einer Romanfigur; eines Wahnsinnigen, der glaubt, im Regenwald einen Schamanen als Lehrer zu finden. Gerade überfliege ich das Kapitel in meinem Tagebuch, in dem ich Enrique treffe. Nach einer Woche wird das Bild wieder klar, wird die blasse Erinnerung zu erlebter Realität. Ich erlebe Ähnliches wie damals, am Ufer des Flusses: Eine Lähmung, das Gefühl, einer fremden Kraft ausgeliefert zu sein, die ich weder verstehen noch beeinflussen kann; der Unterkiefer fällt mir herunter, meine rechte Gesichtshälfte fühlt sich taub und gelähmt an, dann habe ich ein Klingeln in den Ohren. Der Raum in meinem Blickfeld beginnt sich zu verändern, die Wände bekommen Risse, durch die sich sattes Grün drängt und mit dem Muster des Teppichs zu einer formlosen

Masse aus Blättern, Zweigen, den unzähligen Ranken hellgrüner Lianen vermischt. Alles bewegt sich schnell auf mich zu ... wie ein mächtiger Strom aus Pflanzen.

Jetzt erreichen mich die ersten Ausläufer der Schlingpflanzen. Die Triebe bohren sich durch die Haut meiner Beine, dringen in mich ein, wandern durch Arterien, Venen, Nervenbahnen; beginnen mich auszufüllen, in Besitz zu nehmen. Es ist unmöglich zu entkommen; meine Beine gehorchen mir nicht mehr, mein Körper ist Teil des Urwaldes geworden. Ein stummer Schrei entringt sich meiner Kehle, strömt aus der dunklen Tiefe an die Oberfläche und fließt wie Wasser aus meinem Mund nach draußen. Die Risse in der Wand werden größer, weiten sich aus, die grünen Fluten nehmen den Raum in Besitz, stülpen sich über mich, verschlucken mich, ziehen mich in eine Dschungelwelt, in der ich selbst ein Teil des Regenwaldes bin.

Ist das eine Nachwirkung des *ayahuasca?* Ich kann diese Erfahrung in keiner Weise in mein Leben integrieren. Vielleicht hätte ich im Regenwald, vor nur wenigen Wochen, anders damit umzugehen vermocht. Aber hier erscheint mir diese Vision nicht am richtigen Platz, sie beängstigt mich. Ich kämpfe gegen die Furcht, dem, was gerade geschieht, nicht mehr entfliehen zu können. Ich versuche, all meine Kraft aufzubringen, um diese Vision zu beenden – aber vergeblich. Ich würde gern weinen, wenn ich könnte. Plötzlich, als ich gerade beginne, mich der Vision, dem Unabänderbaren hinzugeben, sehe ich Enriques Gesicht in dem Pflanzengeflecht vor mir.

Er spricht ... langsam. Und ebenso langsam dringen seine Worte zu mir durch. Plötzlich erinnere ich mich: Der Schamane hat schon einmal zu mir gesprochen, im Traum – nur damals habe ich ihn nicht verstehen können. Und heute, tausende Kilometer vom Ort des Geschehens entfernt, mit dem nötigen Abstand zu all den Erlebnissen, beginne ich seine Botschaft zu verstehen. Ich weiß nicht einmal, welche Sprache er spricht, aber das spielt keine Rolle. Der Schamane spricht, die Worte treiben zu mir, erreichen mich durch den Raum, durch die Zeit … und als ich verstehe, was er sagt, als ich seine Worte begreife, wird auch die Vision angenehm und aufregend. Enriques Botschaft ist klar, der einzige Ausweg aus der Sackgasse, in der ich mich die letzten Tage befunden habe: „Tue es. Lebe es. Denk nicht zu viel darüber nach. Entdecke das Wissen in dir, mit den Methoden, die du bereits beherrschst“, das ist die Botschaft des Schamanen, würde man sie in Worte fassen. Für mich ist alles klar und ich versuche, Enrique ebenfalls eine Botschaft zukommen zu lassen. Im Geist lasse ich die Sätze entstehen und schicke sie auf die Reise … durch diese Welt … an ihren Bestimmungsort. Die Vision beginnt sich zu verändern, alles gerät in Bewegung. Noch hält die Lähmung meinen Blick starr auf die Szene vor mir gerichtet, aber langsam kommt wieder Gefühl in meine Beine und Arme. Die Szene verändert sich, alles läuft wie im Zeitraffer rückwärts.

Und ehe ich begreife, was geschehen ist, finde ich mich im Halbdunkel des Zimmers wieder. Ich kann mich wieder bewegen, alles ist normal, die Kerze ist weit hinuntergebrannt, meine Augen tränen und mein Rücken schmerzt. Ich bin zurück. Um eine Erfahrung reicher, gehe ich ins Bett, dankbar für Enriques Botschaft. Schon morgen werde ich beginnen, nach meinem verborgenen Wissen, nach dem Wissen, das der Schamane auf mich übertragen hat, zu suchen. Die schamanischen Techniken, die ich erlernt habe und schon seit langer Zeit praktiziere, werden mir dabei helfen. Eine aufregende und spannende Arbeit liegt vor mir.

Wieder träume ich. Ich werde nach unten gezogen, ganz sanft, weich, langsam. Ich fühle mich wie in weichen Samt gehüllt. Die Schwärze um mich herum kreist, dämpft alle Geräusche. Ich gleite weiter nach unten, durch das Dunkel … es ist kein Fallen, eher ein stetes Nach-unten-gezogen-Werden, dem Nichts entgegen. Auf einmal sind Geräusche da. Erst fern, dann höre ich sie näher und näher. Ein feines Singen, viele Töne von einem Punkt weit unter mir. Die Geräuschkulisse schwillt an. Tierlaute und Wind, das Rascheln der Blätter, ein Wasserfall und dazwischen menschliche Stimmen. Ich gleite weiter hinab und kann in der Tiefe einen kleinen hellen Punkt erkennen. Er wird größer, heller, ähnelt dem Ausgang aus einer dunklen Höhle. Je näher ich diesem Ausgang komme, desto lauter werden die Geräusche. Mir ist kalt. Ich kann den Ausgang erkennen, meine Füße berühren nassen, kalten Fels. Vor mir öffnet sich der schwarze Fels; ich schaue in helles Licht, zögere kurz, dann lasse ich mich ins Freie tragen.

Ich stehe im Grün des feuchtheißen Regenwaldes. Die Sonne dringt durch das Blätterdach weit über mir und zeichnet bizarre Schatten der Baumkronen auf den dunklen Urwaldboden. Um mich herum tönt es tausendfach: Alles ist lebendig, alles spricht zu mir, teilt sich mir auf unterschiedlichste Weise mit. Ein Wasserfall rauscht, in den Baumkronen singen Vögel. Der Wind streicht über das Blätterdach des Waldes, erreicht den Boden aber nicht. Immer wieder höre ich menschliche Stimmen ... ein tiefes Gemurmel kommt von irgendwoher.

Ich stehe und lausche angestrengt in meinen Traum hinein. Es zieht mich weiter, ohne dass ich es will ... einen breiten Pfades gehe ich entlang, dem Rauschen des Wasserfalles entgegen. Ich kann den Boden unter meinen nackten Füßen spüren und nehme die schwüle Hitze wahr. Der Pfad führt nun an einem kleinen Bach entlang, der sich wie eine Schlange durch den Urwald windet. Immer weiter – die Geräusche des Waldes begleiten mich, die Stimmen der Urwaldbewohner werden lauter. Der Pfad mündet auf eine kleine Lichtung. Dort, viele Meter vor mir, sehe ich den Wasserfall. Die Felswand, von der das Wasser tief hinab in ein Becken stürzt, ist unglaublich hoch. Und überall schwebt Nebel, dessen feine Wassertröpfchen die Sonnenstrahlen in ihre Spektralfarben zerlegen. Auf beiden Seiten des Wasserfalles klammert sich das Pflanzengrün an die glatte Felswand. Ich stehe auf feinem weißem Kies; er sieht aus wie Bruchstücke von Bergkristall und Quarz. Das Rauschen des Wassers liegt über allem, dazwischen das Gemurmel der Menschen, die ich auch jetzt nicht sehen kann. Ich gehe auf den Wasserfall zu, komme immer näher, bis ich die weiße Wand aus Wasser direkt vor mir habe.

Und dann, nach einem kurzen Augenblick des Zögerns, trete ich durch die Wand aus Wasser hindurch … und stehe auf einer großen Lichtung in der Sonne. Um mich herum ist undurchdringlicher Regenwald, über mir strahlend blauer Himmel. Ich taumle zur Mitte des Platzes, setze mich ins Gras, bin wie betäubt von der Sonne und dem Licht. Ich schaue in die Richtung, aus der ich gekommen bin, zum Wasserfall, durch den ich auf diese Lichtung gelangt bin. Da tritt eine Gestalt durch die tosenden Wassermassen; ein Indianer bewegt sich stolz und ohne Eile auf mich zu. Die Zeit vergeht langsam, es dauert lang, bis ich ihn erkennen kann: Es ist Enrique, der Schamane. Er lächelt breit, ist nur mit einem Lendenschurz bekleidet, in einer Hand hat er sein Blasrohr und den Köcher mit den Giftpfeilen in der anderen. Er kommt auf mich zu. Keinen halben Meter von mir entfernt bleibt er stehen. Ich kann jede Falte auf seinem stolzen Gesicht genauso klar erkennen wie die Tätowierungen und seinen Kopfschmuck aus Tukanfedern. Alles ist so real, gar nicht wie ein Traum. Ich kann Enriques Präsenz auch körperlich spüren, kann seinen erdigen Atem riechen. Er lacht laut, und kraftvoll … über meine Überraschung, über meinen Unglauben. Im Schneidersitz setzt er sich vor mich und legt Blasrohr und Pfeile zur Seite. Lange sehen wir einander an, lächeln uns an. Es gibt nichts zu sagen. Die Zeit steht still in diesem Augenblick.

Dann deutet Enrique zum Wasserfall. Eine zweite Gestalt tritt durch die Wand aus Wasser. Ich kann nicht erkennen, ob es ein Mensch oder ein Tier ist. Doch mit einem Mal wird mir bewusst, dass mein Jaguar, der schwarze Begleiter bei meinen schamanischen Reisen, auf uns zukommt. Erst geht er langsam, dann immer schneller, sein Fell glänzt in der Sonne, feine Wassertröpfchen wirbeln um seinen Körper herum. Immer näher kommt er, ich kann seine gelben Raubtieraugen schon erkennen, sehe seine Reißzähne: messerscharf, weiß, blitzend. Dann spüre ich sein Gewicht auf mir und kann seinen Geruch wahrnehmen. Er wirbelt mich herum, spielt mit mir wie eine Katze mit einer toten Maus. Ich fühle mich emporgehoben und durch die Luft geschleudert. Alles dreht sich und immer wieder höre ich den Schamanen lachen. Kurz denke ich an Schmerz, die Sonne blitzt auf, blendet mich, dann herrscht Dunkelheit. Wieder ist alles um mich herum schwarz.

Ich falle aus dem Traum, aus dem Schlaf und stürze zurück in eine andere Realität. Ich möchte schreien, bin aber außer Atem und ringe nach Luft. Ich bin schweißnass und mein Herz schlägt zum Zerspringen. Das Licht des jungen Tages fällt durch die Schlafzimmerfenster, draußen glänzt noch der letzte Rest Schnee in der Frühjahrssonne. Mühsam setze ich mich auf. Meine Schulter und mein rechtes Bein schmerzen. Ich gehe ins Badezimmer. Die heiße Dusche tut gut, der Schmerz in meiner Schulter lässt nach. An meiner rechten Wade finde ich fünf Kratzer, nichts Ernstes, aber ungewöhnlich ... ich kann sie mir nicht erklären. Sie sind so ungewöhnlich wie der Traum, seine Botschaft und die Intensität seiner Bilder.

Langsam werde ich lernen, mit den Botschaften des Schamanen umzugehen. Und vielleicht werden diese Träume ebenso wie die schamanischen Reisen etwas Alltägliches werden. Noch stehe ich am Anfang. Ich habe erst begonnen, die schamanische Welt zu erforschen, mit den Geistern zu sprechen.

Ein Jahr ist vergangen ... Meine Hand ruht wenige Zentimeter über dem Körper der Frau. Ich fühle den Eindringling, kann ihn tief im Gewebe wahrnehmen, um uns herum ist Regenwald, Dämmerung. Die Tiere des Tages begeben sich zur Ruhe. Neben mir steht Enrique, der Schamane der Shuar. Er hat seine

Hand auf meine Schulter gelegt, freundschaftlich, väterlich. Ich blicke in sein Gesicht, er nickt und lächelt. Zu meinen Füßen liegt der schwarze Jaguar: mächtig, ruhig, stark. Ich rieche ihn, höre seinen heißen Atem.

Vorsichtig beuge ich mich nach unten, setze meine Lippen an die Haut der Frau. Ich sauge mit aller Kraft, fühle, wie eine heiße, schleimige Masse meinen Mund zu füllen beginnt. Übelkeit steigt in mir hoch, ich würge, spucke den Eindringling in das vorbereitete Gefäß. Der Schamane lächelt, klopft mir sanft auf die Schulter. Der Jaguar zu meinen Füßen regt sich, steht auf und verschwindet im Regenwald. Ich beginne mein Kraftlied zu pfeifen. Der Wald beginnt sich aufzulösen, verschwindet, mischt sich noch kurz mit der alltäglichen Wirklichkeit des Zimmers, in dem wir uns befinden. Dann bin ich wieder ganz in der alltäglichen Wirklichkeit angekommen.

Einige Ortsnamen und die Namen von Personen wurden zur Wahrung der Privatsphäre geändert.

Die Shuar – Menschen im Regenwald

Den größten Teil der indigenen Bevölkerung Ecuadors stellen die Shuar; etwa 40.000 Shuar leben als Wanderbauern, Jäger und Fischer in den östlichen Ausläufern der Anden bis nach Peru. Noch bis Mitte des 20. Jahrhunderts war dieses stolze Volk als Stamm wilder Kopfjäger bekannt und berüchtigt. Halbwahrheiten und Missverständnisse führten dazu, dass sich viele Legenden um das Thema „Shuar und *tsantsa* (Schrumpfkopf)“ rankten, die im Widerspruch zum wirklichen Leben dieses Volkes standen. Der religiöse und kulturelle Reichtum der Shuar und ihr Wissen um die Medizinpflanzen des Regenwaldes, ihre Meisterschaft im Umgang mit der *ayahuasca*-Medizin blieben lange Zeit unbekannt.

Tatsache ist sicherlich, dass die Shuar das wehrhafteste aller indigenen Völker Ecuadors sind. So widerstanden sie der Landnahme der Spanier, führten 1599 eine Revolte gegen die Besatzer durch; um ihr Stammesgebiet zu schützen, vertrieben und töteten sie rund 25 000 Spanier mit ihren Sklaven. Erst zu Beginn des 20. Jahrhunderts wagten sich Siedler und Abenteurer in das Gebiet dieses kriegerischen und unbeugsamen Volkes, das bis heute, zusammengeschlossen in *federaciónes,* mit Stolz seine kulturellen Wurzeln pflegt. Selbst die negativen Auswirkungen des „*ayahuasca*-Tourismus” scheinen die Shuar zu bewältigen, indem sie sich wieder mehr auf den traditionellen Gebrauch der Medizin besinnen und sie nur noch wenigen ausgewählten Menschen zugänglich machen. Der Missbrauch und Ausverkauf ihres medizinischen Wissens wird vor allem durch Menschen vorangetrieben, die nicht dem Stamm der Shuar angehören. Dieses Thema wird immer wieder von den *Uwishin,* den Schamanen der Shuar, diskutiert und mit Sorge beobachten sie den botanischen und kulturellen Ausverkauf, der sich seit den Siebzigern massiv auszuweiten droht.

Die Kultur der Shuar ist geprägt vom Kampf ums Überleben und der Kommunikation mit ihrer beseelten Natur, dem Regenwald. Tiefer im Regenwald siedeln die Familien, wobei sich der Hausstand meist aus zwei Ehefrauen, einigen Kindern und einem stolzen Hausherrn zusammensetzt, der seine Familie im Zeitalter der Feuerwaffen durchaus mit *chonta*-Speer, Blasrohr oder zur Not auch mit der Machete zu verteidigen weiß. Trotzdem gelten die Shuar als freundlich und aufgeschlossen, sofern man ihre Gesetze und Lebensgewohnheiten zu respektieren weiß. Die Schamanen spielen nach wie vor eine zentrale Rolle in der Gemeinschaft, wobei ihre Kompetenz nicht nur in Fragen der Gesundheit und der Religion gefragt ist, ihr Wort hat auch politisches Gewicht. In den Schulen der indigenen Gemeinden wird schon seit Jahren nicht nur Spanisch, sondern auch Shuar unterrichtet. Und den Kindern werden im Rahmen des Unterrichtes die Kultur der Shuar und das Wissen über die Welt der Heilpflanzen vermittelt.

Der ununterbrochene Kampf gegen äußere Einflüsse – wie die Missionierung, das Vordringen der Ölgesellschaften, der Straßenbau und die illegalen Siedler, Holzdiebstahl und Überjagung, die Verschmutzung der Flüsse und der Raubbau durch Pharmakonzerne – haben das Volk der Shuar neu erstarken lassen. Ihre durch *ayahuasca* geprägte Naturreligion ist unverändert präsent. Dennoch sind die Shuar kein Naturvolk, das fern jeder Zivilisation lebt und nichts von ihr weiß. Vielmehr sind sie emanzipierte Bewohner des gefährdeten Ökosystems „Regenwald“, das sie auf der einen Seite zu verteidigen und auf der anderen Seite mit Interessierten zu teilen gelernt haben. Ihre Offenheit und ihre Bereitschaft, uns Einblicke in ihre Welt zu gewähren, dürfen nicht missbraucht werden – nicht von einzelnen Individualtouristen und nicht von Pharmakonzernen oder der Tropenholz-Industrie.

Letztlich sind die Shuar vor allem eines: Menschen. Und tatsächlich: *Shuar* ist in der Sprache ihres Stammes das Wort für „Mensch"

Dank

Mein Dank gebührt vor allem meinem Lehrer und Freund Don Enrique, der mir das größte Geschenk machte und zugleich die größte Verantwortung übergab, die ich mir vorstellen kann. Ich danke Antonio und Simon, die mich sicher und fast unbeschadet nicht nur durch den Regenwald, sondern auch zu meiner Mitte geführt haben; meinen Verbündeten in der schamanischen Welt, die den Weg gewiesen haben; meinem Freund und Lehrer Don Babatuco in Mexiko, der mir den Zugang zu den Mayo-Yorme eröffnete; meinen Eltern, ohne die es mich nicht gäbe; meinen treuen Freunden und ganz besonders meiner Frau Heidi für ihre Geduld mit mir. Ebenso gilt mein Dank dem Volk der Shuar sowie allen indigenen Völkern und Gemeinschaften, die ich besuchen durfte. Sie haben mich gelehrt, dass Respekt das Wichtigste ist, was wir als Menschen zu geben imstande sind.

Georg O. Gschwandler

Über den Autor

Georg O. Gschwandler folgte konsequent einer Vision und wurde von einem Schamanen der Shuar-Indianer in den Regenwäldern Ecuadors als Heilerschamane initiiert und – als nur einer von zwei Weißen – in Mexiko in die Tradition der Mayo-Yoreme-Indianer als *curandero/jiteveri*, das heißt in die traditionelle Heilkunst des *curanderismo* eingeweiht.

Immer wieder besucht er seine Lehrer und Freunde in Süd- und Lateinamerika, um tiefer in die Heilgeheimnisse einzudringen und diese dann auch in Europa anwenden zu können. Er ist baut Brücken zwischen den Kulturen und bewahrt ein ihm anvertrautes jahrtausendealtes Wissen, welches er anderen interessierten Menschen in seinen *consultas* und Seminaren zugänglich macht. Außerdem ist er ein unermüdlich Reisender auf der Suche nach unverfälschtem Wissen und traditionellen Zugängen zu Bewusstwerdung und Heilung. Sein Weg begann vor mehr als 20 Jahren, als er selbst schwer erkrankt war – ein Weg, der ihn in die Bergwelt Österreichs, zu seinen Lehrern in die Regenwälder Ecuadors und die Wüsten Mexikos … und letztlich zu seiner eigenen Heilung und zu seiner Bestimmung geführt hat.

Georg Gschwandler ist traditioneller Heiler in der Tradition der Shuar- und Mayo-Yoreme Indianer, Autor und Seminarleiter. Er lebt und arbeitet in Jenbach/Tirol, in Österreich.